Friedrich L. Graf zu Stolberg

Homers Ilias

.

Friedrich L. Graf zu Stolberg

Homers Ilias

ISBN/EAN: 9783744721592

Hergestellt in Europa, USA, Kanada, Australien, Japan

Cover: Foto ©Thomas Meinert / pixelio.de

Weitere Bücher finden Sie auf **www.hansebooks.com**

Homers Ilias.

Verdeutſcht

durch Friedr. Leop. Graf zu Stolberg.

Zweyter Band.

Mit Begnehmigung des churfürſtl. Büchereenſur - Collegiums in München.

AMBERG,
bey Johann Georg Koch.
1780.

Ilias.

Dreyzehnter Gesang.

Ilias.

Dreyzehnter Gesang.

Als Kronion die Troer und Hektor den Schiffen der Griechen
Hatte nahe gebracht, da ließ er sie unablässig
Müh' erdulden und Noth; er wandte die stralenden Augen,
Schauend auf das Land der rossenährenden Thräker,
5 Naheftreitenden Müser und edlen Hippämolgen:
Arme Völker, von Milch genährt, die gerechtesten Menschen.
Gegen Troia wandt' er nicht mehr die stralenden Augen;
Denn er meynte gewiß, der Unsterblichen würde nicht einer
Kommen, den Troern, oder zu helfen der Danaer Schaaren.

10   Des ward bald gewahr der erderschütternde König;
Denn er sah herab auf der Heere Waffengemenge,
Von dem obersten waldichten Gipfel des thräkischen Samos,
Ida überschauend, die Stadt, und die Schiffe der Griechen.
Alda saß er, dem Meer entstiegen; der überwundnen
15 Danaer jammerte ihn, und heftig zürnt' er Kronion.

Sich er stieg herab vom steinichten Gipfel des Berges;
Eilend schritt er einher, es bebten Wald und Gebürge
Unter dem Tritt der unsterblichen Füße des Poseidaon.
Dreymal hebt sich sein Schritt, der vierte bringt ihn gen Aigä.
20 Hier ist in der Tiefe des Meers sein Tempel erbauet,
Hochberühmt, von Golde schimmernd und unvergänglich.

A 3   Alda

Alda spannt' er die Roſſe, mit ehernen fliegenden Füſſen
Und mit wallenden goldnen Mähnen, vor ſeinen Wagen.
Selber rüſtet' er ſich mit Gold, die wohlgeflochtne
25 Goldne Geiſſel ergriff er, und ſtellt' ſich in den Wagen.
Ueber die Wogen fuhr er; es tanzten unter dem Gotte,
Ihren Klüften entſchlüpfend, die Ungeheuer der Tiefe,
Sie erkannten den König des Meers; die freudigen Fluthen
Wichen von beyden Seiten zurück; es flogen die Roſſe,
30 Eilend einher, und ohne zu nezen die ehernen Axen;
Zu den Schiffen brachten ihn bald die flüchtigen Springer.

Eine weite Höhl' iſt in der Tiefe des Meeres,
In der Mitte von Tenedos und dem ſteinichten Imbros;
Alda ſtellte Poſeidon der Erderſchütter die Roſſe,
35 Spannte ſie ab, und reichte ihnen ambroſiſches Futter.
Goldene, unzerbrechliche, unauflösliche Feſſeln
Legt' er um ihre Füſſ', auf daß erwarten ſie möchten
Ihren kehrenden König; er ging zum Heer der Achaier.

Dichtgedrängt und kampfbegierig folgten die Troer,
40 Aehnlich einer Flamm' und Stürmen, ähnlich, dem Hektor,
Brauſend und ſchreyend; ſie hofften gewiß, die Schiffe der Griechen
Zu erobern, und alle Achaier den Tag zu ermorden.

Aber Poſeidon der ſtarumgürtende Erderſchütter,
Welcher war vom Meere gekommen, ermahnte die Griechen,
45 In der Geſtalt des Kalchas, mit unermüdeter Stimme;
Beyden Aias rief er, die ſelber des Kampfes begehrten:

Aias, ihr, ihr werdet erretten das Volk der Achaier,

Feſt

Fest entschlossen zum Streit, und nicht zum schändlichen Fliehen.
Nirgends fürcht' ich sonst die tapfern Hände der Troer;
50 Welche haufenweise die grosse Mauer erstiegen;
Diese werden bestehn, die fußgeharnischten Griechen.
Hier nun fürcht' ich sehr, daß wir ein Unglück erdulden,
Hier wo, einer Flamme gleich, der Wütende anführt,
Hektor, welcher sich rühmet, zu seyn von Kronion entsprossen.
55 O so der Unsterblichen einer ins Herz euch gäbe,
Selber tapfer zu stehn, und die andern zum Kampf zu ermuntern;
Siehe so würdet ihr fern von den Schiffen, wie sehr er auch wütet,
Ihn vertreiben, und ob auch Zeus ihn selber erregte!

Also sprach der Gestaderschüttrer, und rührte sie beyde
60 Mit dem Zepter, und füllte sie beyde mit herzlichem Kriegsmut,
Stärkte die Glieder beyder Helden, die Hand' und die Füsse.

Wie von der obersten Spize des ungeheuren Felsen
Sich ein Habicht erhebt; er fliegt mit eilenden Schwingen,
Einen andern Vogel in hohen Lüften verfolgend:
65 So entriß sich Poseidon, der Erderschüttrer, den Helden.

Ihn erkannte zuerst der schnelle Sohn des Oileus,
Und er wandte sich also zu Aias dem Telamoniden:

Aias, seit uns einer der himmelbewohnenden Götter,
In des Kalchas Gestalt, befahl, bey den Schiffen zu kämpfen:
70 (Denn dieß war nicht Kalchas, der vogelkundige Seher;
Seinen Fußtritt hab' ich bemerket, als er davon ging,
Leicht sind von den sterblichen Menschen die Götter zu kennen!)
Siehe so begehret in meinem Busen die Seele

Mehr noch als vorher, in blutigem Streite zu kämpfen,
75 Meine Füsse begehren der Schlacht, mit ihnen die Hände!

Drauf antwortete Aias ihm, der Telamonide:
Ja auch meine Hände freun sich der bebenden Lanze,
Und mein Herz ist erregt, die Füsse Kampfes begierig;
Gern möcht' ich allein den Priamiden bestehen.

80 Also sprachen die beyden Aias unter einander,
Ihres Mutes sich freuend, mit welchem der Gott sie beseelte.

Unterdeß erregte der Erderschüttrer die Griechen,
Welche müde vom Kampf sich bey den Schiffen erfrischten.
Ihre Glieder waren ermattet von schwerer Arbeit,
85 Ihre Seelen ergriff der Schmerz; beym Anblick der Troer,
Welche haufenweis' erstiegen hatten die Mauer;
Diese schäuten sie an mit niederrinnenden Thränen,
Hofften nicht zu entfliehen dem Uebel. Der Erderschüttrer
Nahte sich ihnen, leicht die starken Schaaren erregend.
90 Erst kam er zu Teukros ermahnend und zu Láitos,
Zu Pánelcos und Thoas und Däipüros,
Márionás und Antilochos die treffenerfahrnen;
Diese Helden ermahnte der Gott mit fliegenden Worten:

O der Schmach, Argeier, ihr jungen Krieger! euch hab' ich
95 Mehr als andern vertraut, ihr würdet retten die Schiffe.
So auch ihr anizt im wütenden Treffen euch schonet;
O so kam der Tag, da uns die Troer bezwingen!
Traun! es ist ein Wunder, das ich mit Augen erblicke,
Ja ein schreckliches Wunder, und nimmer hätt' ichs erwartet:
100 Un

100 Unsern Schiffen nahen die Troer, welche vor diesem
Aehnlich waren flüchtigen Hinden, die in den Wäldern
Bald die Beute werden der Wölfe oder der Pardeln,
Schwach und mutlos irrend, und nicht zum Kampfe gebohren.
Also durften die Troer vordem den Mut der Achaier,

105 Durften ihren Arm auch nicht ein kleines bestehen;
Und nun streiten sie fern von der Stadt bey den hohlen Schiffen,
Durch des Königs Boßen, und durch die Trägheit der Völker,
Welche gegen ihn zürnend die schnellen Schiffe der Griechen
Nicht vertheidigen, sondern ermordet werden bey ihnen.

110 Aber so auch würklich der Held an allen dem Schuld ist,
Atreus Sohn, der weitbeherrschende Agamemnon,
Weil er den Päleionen mit schnellen Füssen geschmäht hat;
Dennoch müssen wir nicht träge werden im Kampfe.
Lasset davon euch heilen; die Herzen der Guten sind heilbar.

115 Nein euch ziemet es nicht, der stürmenden Kraft zu vergessen,
Denn ihr seyd die besten des Heeres. Keinen Schwachen
Werd' ich schelten, welcher anitzt des Treffens sich weigert;
Desto eifriger bin ich auf euch von Herzen erzürnet.
O ihr Lieben, ihr werdet bald das Uebel vergrößern

120 Durch die Trägheit; denket, in seinem Herzen ein jeder,
An die Schmach, den Vorwurf! Heftig wütet die Schlacht schon;
Hektor der starke Treffenerfahrne kämpft bey den Schiffen,
Hat die Thore, hat den grossen Riegel durchbrochen.

So ermahnend erregt der Gestadumgürter die Griechen.
125 Um die Aias reiheten sich zwo rüstige Schaaren,
Welche, wär' er erschienen, Aräs nicht hätte getadelt,
Nicht die völkererregende Pallas. Auserlesen,
Wollten diese die Troer und Hektor den edlen bestehen,

Speer

Speer an Speer, und Schild an Schild zusammen gedränget,
130 Helm an Helm, und Mann an Mann. Manch wallender Roßschweif
Wehte über den andern vom nickenden schimmernden Helme;
Stralend bebten, gehalten in kühnen Händen, die Speere;
Vorwärts strebte der Schritt der kampfbegierigen Krieger.

Dicht gedränget fielen die Troer zuerst auf die Griechen,
135 Hektor eilte voran. So stürzet ein Stein von der Höhe,
Den auf Gipfeln des Bergs der hochherrauschende Waldstrom
Durch unendliche Kraft vom harten Felsen gerissen;
Hüpfend erhebt er sich oftmal in fliegendem Laufe, bis endlich
Er die Ebne erreichet, und nun sich nicht mehr wälzet:
140 Also Hektor, so lang er drohte, die Wogen des Meeres
Und bald zu erreichen die Zelt' und Schiffe der Griechen,
Alles mordend. Doch als das wohlgereihte Geschwader
Ihm begegnete, stand er still; die Söhne der Griechen,
Fallend mit scharfen Schwertern auf ihn und langen Lanzen,
145 Stießen ihn von sich; rücklings wich er erschüttert, und rufte
Zu den Troischen Schaaren mit überlauter Stimme:

Troer und Lükier, Dardaner, welche streitet von nahem,
Bleibt, es werden die Griechen mich nicht mehr lange bestehen!
Ob sie gleich in dichtester Ordnung sich haben gereihet,
150 Dennoch weichen sie meinem Speere; so würklich der größte
Aller Götter, der donnernde Gatte Härä's mich antrieb.

Sprach's, und erregte den Mut und die Stärke jegliches Streiters.
Leicht schwebt Dáïfobos daher mit hohem Mute,
Priams Sohn, bedeckt mit seinem schützenden Schilde.
155 Gegen ihn zielet Märíonäs mit stralendem Speere,

Wirft

Wirft und trift das Fell des runden Schildes; die Lanze
Drang nicht durch, es brach der Schaft an der Oese des Erzes.
Von sich hielt Daifobos den Schild, er furchte die Lanze
Márionás des kriegrischen; dieser wich in den Haufen
160 Seiner Genossen zurück, und zürnte heftig im Herzen,
Ob des verlornen Siegs und ob der zerbrochenen Lanze.
Eilend ging er längst den Zelten und Schiffen der Griechen,
Einen grossen Speer aus seinem Zelte zu holen.

Aber die andern kämpften mit ungeheurem Getöse.
165 Einen Starken ermordet zuerst Telamonios Teukros,
Imbrios, den Sohn des rossereichen Mentors.
Dieser wohnte zu Pädaion, eh die Achaier
Kamen; er hatte zum Weibe die schöne Mädesikasta,
Welche Priam der König mit einem Kebsweib' erzeuget.
170 Aber als der Dänaer Schiffe gen Ilios kamen,
Zog er zurück, er war der Tapfersten einer im Kriege,
Wohnte bey Priam, und ward wie seine Söhne geliebet.
Diesen traf der Telamonide unter dem Ohre,
Zog dann seine Lanze zurück; er fiel, wie ein Eschbaum,
175 Welcher auf hohem Gipfel des weitgesehenen Berges
Stürzet, und die Erde bedeckt mit zartem Laube;
Also fiel der Jüngling, von eherner Rüstung umrasselt.

Teukros eilte herbey, begierig die Waffen zu rauben.
Aber Hektor warf ihm entgegen die schimmernde Lanze.
180 Teukros sah den Flug des ehernen Speeres, und wich ihm
Aus; er traf Amfiniachos, Sohn des Aktorionen
Kteatos, er fiel, von seiner Rüstung umrasselt.

Hektor

Hektor lief hinzu, den Helm des edelgesinnten
Amfimachos zu rauben. Ihn traf die Lanze des Aias,

185 Ohn ihn zu verlezen, er war mit schrecklichem Erze
Ganz bedeckt; es stieß die Lanze des Aias den Nabel
Seines Schildes mit grosser Kraft, und zwang ihn, zu weichen
Von den Todten; es zogen sie beyde die Griechen zu sich:
Stichios und der edle Menestheus, der Athänaier

190 Führer, trugen Amfimachos ins Heer der Achaier,
Und den Imbrios beyde Aias mit trozender Stärke.

Wie zween Löwen entreissen den scharfen Zähnen der Hunde
Eine Ziege, sie tragen den Raub durch dichte Gesträuche,
Hoch in ihren Rachen ihn haltend über der Erde;

195 Also hielten diesen die beyden gepanzerten Aias
In die Höh, und raubten die Waffen; der Oiläide
Hieb ihm, wegen Amfimachos zürnend, das Haupt von dem zarten
Nacken, und ließ es rollen dahin wie eine Kugel,
Bis es im Staube liegen blieb vor Hektors Füssen.

200 Aber es zürnete Poseidon von ganzem Herzen,
Wegen seines gefallnen Enkels im grimmen Gefechte;
Eilend ging er längst der Achaier Zelten und Schiffen,
Zu ermuntern die Griechen, er sann aufs Unglück der Troer.
Idomeneus begegnete ihm, der Speerberühmte;

205 Dieser kam von seinem Genossen, welcher die Feldschlacht
Neulich verlassen, am Knice mit scharfem Erze verwundet;
Fremde hatten ihn weggetragen, der König empfahl ihn
Aerzten, und verließ das Zelt, nach dem Treffen sich sehnend;
Mit der Gestalt und Stimme Thoas des Andraimoniden,

210 Welcher im ganzen Pleuron und in der hohen Kalûdon

Ueber Altolet herrschte, geehrt wie einer der Götter,
Trat zu Idomeneus der erderschütternde König:

Idomeneus, was ist aus allem Unglück geworden,
So der Achaier Söhne den Troern hatten gedrohet?

215 Ihm erwiederte Idomeneus, der Rath der Kreter:
Thoas, des mag keiner von uns beschuldiget werden,
Denn wir wissen alle zu kämpfen; keiner der unsern
Ueberläßt sich mutlos der Furcht, und keiner der Trägheit.
Aber ich fürchte; Zeus der übermächtige wolle
220 Fern von Argos alhier und ruhmlos die Griechen verderben.
Thoas wohlan, du bist von jeher streitbar gewesen;
Pflegst auch zu ermuntern, wenn andre sich schonen im Treffen;
Kämpfe rastlos selbst, und ermuntre die andern zum Kampfe.

Drauf erwiederte ihm der Gestaderschütterer Poseidon:
225 Idomeneus, der müsse nicht von Ilion kehren,
Müsse hier den Hunden von Troia werden ein Schauspiel,
Welcher willig heute die Hände läßt sinken im Streite!
Auf nim deine Waffen, und komm! Nun müssen wir eilen,
Ob wir vielleicht, nur zween, doch so, noch etwas vermögen.
230 Denn vereinte Kraft, auch schwacher Menschen, ist nützlich;
Und wir sind des Kampfs mit tapfern Männern erfahren.

Also der Gott, und mischte sich in das Gemenge der Streiter.
Bald erreichte Idomeneus sein Zelt; mit schönen
Waffen rüstet' er sich, und nahm zwo schimmernde Lanzen,
235 Ging dann, einem Wetterstral ähnlich, welchen Kronion
Schleudert mit der Rechten vom weiterhellten Olympos,

Sterb-

Sterblichen Menschen zum Zeichen, es leuchtet die stralende Flamme;
Also stralte das Erz an der Brust des laufenden Helden.
Ihm begegnete Mårionås, sein wackrer Genosse,
240 Nah am Zelt, er ging, um eine eherne Lanze
Sich zu holen, da sprach zuerst der König von Kråta:

Moles schneller Sohn, du liebster meiner Genossen,
Warum hast du den Krieg, warum verlassen die Feldschlacht?
Traf dich ein Speer, und quälet dich noch die schmerzende Schärfe?
245 Oder kommst du zu mir mit Botschaft? Wahrlich ich werde
Hier im Zelte nicht sizen; ich eile wieder zu kämpfen.

Drauf antwortete Mårionås, der weise Krieger:
Idomeneus, du Rath der erzgepanzerten Kråter,
Eine Lanze zu suchen, geh' ich zu deinem Gezelte;
250 Jene, mit welcher ich vormals kämpfte, hab' ich zerbrochen,
Treffend Dåifobos Schild, des trozenden Kriegers.

Ihm erwiederte Idomeneus, der König der Kråter:
Ein und zwanzig Troische Speere, so dir gelüstet,
Kannst du finden in meinem Gezelt; an schimmernden Wänden
255 Stehn sie gelehnet, der Raub von Erschlagnen. Denn ich bekenne,
Daß ich nimmermehr mit Feinden streit' in der Ferne;
Darum hab' ich Lanzen und Schilde mit tiefer Wölbung,
Habe Helm' erbeutet, und schimmernde Panzer der Feinde.

Ihm

V. 242. Unzählige Stellen der Ilias und der Odüssee beweisen, daß schon
zu den Zeiten des troianischen Krieges die Griechen ein freyes
Volk waren. Das waren die Troer auch. Die Fürsten dieser
Heldenzeiten waren erbliche Rathgeber, βουληφόροι, Richter und
Feldherren.

Ihm erwiederte Mårionås, der weise Krieger:

260 Auch in meinem schwarzen Schiff' und in dem Gezelte
Hab' ich, aber zu weit vor hier, viel Beute der Troer.
Sieh ich denk', ich habe des Mutes nimmer vergessen,
Sondern steh in den Reihen der ehrekrönenden Feldschlacht
Immer voran, so bald die Heere das Treffen beginnen;

265 Weiß nicht, ob vielleicht manch erzgepanzerter Grieche
Mich verkennt; du aber, o König, kennst mich, das weiß ich!

Ihm erwiederte Ibomeneus, der Führer der Kråter:
Deine Tapferkeit kenn' ich, was brauchst du solches zu sagen?
So die Edelsten nun bey den Schiffen würden erkohren,

270 Um im Hinterhalte zu stehn, wo am besten erkannt wird,
Welcher da ist ein Feiger im Streit, und welcher ein tapfrer:
(Denn die Farbe des Feigen verändert sich mannichfaltig,
Und es erlaubet ihm auch sein Herz nicht, stille zu sizen;
Sondern er beuget die Kniee, und sizet auf beyden Beinen,

275 Und es hüpfet das klopfende Herz im Busen gewaltig,
Weil er mit klappenden Zähnen die Stunde des Todes erwartet;
Aber nicht verwandelt sich die Farbe des Tapfern,
Denn er fürchtet sich nicht so sehr, und wünschet von Herzen,
Bald im schrecklichen Kampf mit dem Feinde zusammen zu treffen:)

280 Siehe da würde dein Herz und deine Arme nicht Einer
Tadeln. So ein Pfeil, so eine Lanze dich träfe,
Würde sie nicht den Nacken verwunden oder den Rücken,
Sondern deiner Brust und deinem Bauche begegnen,
Wenn du vorwärts strebtest im Vordertreffen der Feldschlacht.

285 Aber laß uns nicht alhier, gleich müssigen Gecken,
Stehn, und schwazen, auf daß nicht der Tapfern einer uns zürne.
Geh, nim eine starke Lanz' aus meinem Gezelte.

Also

Also sprach er; Mārionās ging, ähnlich dem Arās,
Eilend nahm er aus dem Gezelte die eherne Lanze,
290 Folgte dann dem Idomeneus, des Kampfes begehrend.

Wie der menschenvertilgende Arās gehet zum Kriege;
Ihn begleitet sein starkes und schreckliches Kind, das Entsetzen,
Welches oft mit Graun den tapfersten Krieger erfüllet,
Gegen Efūrer rüsten sie sich im Thrazischen Lande,
295 Oder gegen die edelgesinnten Flegūer; beyde
Völker erhören sie nicht, der Sieg wird einem gewähret:
Also gingen Mārionās und der König von Krāta
In die Schlacht, sie waren gerüstet mit schimmerndem Erze.
Mārionās begann zu reden, er sagte zum König:

300 Sohn Deukalions, wo willst du ins Treffen dich stürzen?
In den rechten Flügel des Heeres? in die Mitte?
Oder den linken Flügel? Denn sieh, ich glaube, daß nirgends
Nun die hauptumlockten Achaier des Streites ermangeln.

Ihm erwiederte Idomeneus, der Führer der Krāter:
305 Bey den mittelsten Schiffen sind noch andre, die helfen,
Beyde Aias, Teukros, vor allen Achaiern des Bogens
Kundig, und auch tapfer im stillestehenden Kampfe.
Diese vermögen, so stark er auch ist und hitzig im Streite,
Dennoch Hektor zu steuren den Priamiden; es wird ihm
310 Schwer seyn, ob er gleich aus allen Kräften nun streitet,
Ihren Mut und unüberwundnen Arm zu besiegen,
Und an die Schiffe Feuer zu legen, wenn nicht Kronion
Selber eine lodernde Fackel wirft in die Schiffe.
Keinem weichet Aias, der grosse Telamonide,

315 Wenn

315 Wenn, er sterblich ist, Dámátars Früchte geniesset,
Und verwundet kann werden mit Erz und grossen Steinen.
Selber Achilleus würd' er nicht weichen, dem Schaarendurchbrecher,
In dem Kampf; doch würd' er im Laufe weichen ihm müssen.
Uns laß gehn zu dem linken Flügel, bald zu erfahren,
320 Ob wir andern Ehre verleihen, oder uns selber!

Also sprach er, Mârionás dem Kriegsgotte ähnlich
Ging voran, bis beyde den linken Flügel erreichten.
Als, gleich einer Flamme, die Schaaren der Troer den König
Und den Mârionás in prächtiger Rüstung erblickten,
325 Rückten sie sich ermahnend, und fielen all' auf den König.
Gleich ward nun die Schlacht der Heer' an den äussersten Schiffen.

Wie wenn hochherrauschender Winde Stürme sich heben,
Eines Tages, da vieler Staub die Wege bedecket;
Bald erheben sie einen grossen staubichten Nebel:
330 Also war der Streit der Heere. Sie wünschten von Herzen,
Haufenweis' einander mit spizem Erze zu morden.
Sieh' es starrte die menschenvertilgende Feldschlacht mit scharfen
Langen Sperren empor; die Augen wurden geblendet
Von dem ehernen Schimmer der fernhinglänzenden Helme,
335 Und der neugeglätteten Panzer und stralenden Schilde,
Welche dicht an einander rückten. Mutiges Herzens
Müßte seyn, wer solches Anblicks erfreuen sich könnte!

Aber Kronos ungleichgesinnte mächtige Söhne
Sannen auf schweren Kummer der beyden streitenden Heere.

B   340 Hektorn

340 Hektorn wollte Zeus und den Troern den Sieg verleihen,
Zu verherrlichen Päleus Sohn; doch wollt' er nicht gänzlich
Vor den Mauren von Ilion tödten das Heer der Achaier,
Wollte nur Thetis ehren und ihren starken Achilleus.

Aber Poseidon ermunterte nun die Argeier,
345 Heimlich entstiegen dem grauen Meer'; ihn schmerzte, die Griechen
Von den Troern bezwungen zu sehn, er zürnte Kronion.
Gleich war beyder Götter Geburt, von selbigen Eltern;
Aber älter Zeus, und grösser an mancherley Kunde:
Darum durfte Poseidon nicht öffentlich schüzen,
350 Sondern ermahnte heimlich die Griechen, in menschlicher Bildunge
Diese flochten des starken und gleichgefährlichen Krieges
Feste unauflösliche Bande über die Völker,
Daß noch viele sollten ihr Leben in Schlachten verlieren.

Mit halbgrauem Haupt erhub sich der König von Kräta,
355 Idomeneus, sprang gegen die Troer, und trieb in die Flucht sie.
Denn er tödtete Othrüoneus, der war von Kabäsos,
Neulich erst, gereizt vom Ruhm des Krieges, gekommen;
Er begehrte zum Weibe die schönste der Töchter des Priam,
Kassandrá, sie wollt' er durch grosse Thaten erwerben,
360 Nicht durch Gaben, er wollte die Griechen von Troia vertreiben,
Und ihm hatte Priam, der Greis, die Tochter versprochen;
Darum focht der Jüngling, vertrauend dem Worte des Königs.
Gegen ihn schwang Idomeneus die stralende Lanze,
Traf ihn, da er stolz einher ging; der eherne Harnisch
365 Hemmte die Lanze nicht, sie stach in die Mitte des Bauches;
Rasselnd fiel er; der Kräter erhub die jauchzende Stimme:

Othrüoneus;

Othrioneus, dich rühm' ich vor allen sterblichen Menschen,
So du ausführst, was du dem Enkel Dardanos, Priam
Hast verheissen, der dir auch seine Tochter verlobt hat.
370 Gleiches hätten wir versprochen, und hättens gehalten,
Dir zu geben die schönste der Töchter des Sohnes von Atreus,
Sie von Argos kommen zu lassen, so du uns hülfest,
Ilions wohlbewohnete Stadt in Asche zu legen.
Komm, wir wollen noch bey den meerdurchwallenden Schiffen
375 Mehr von der Hochzeit reden; wir sind freygebige Schwäher!

Also sprach Held Idomeneus, und zog ihn beym Fusse
Durch die blutige Schlacht. Da kam als Rächer des Todten
Asios, stand vor seinem Wagen, ihn schnoben die Rosse
Auf die Schultern, er wünschte zu treffen den König von Kräta;
380 Aber ihm kam Idomeneus zuvor, denn er stieß ihm
Durch die Kehle, unter dem Kinn, die eherne Lanze.
Wie ein Eichbaum, fiel, wie eine Pappel, der Jüngling,
Wie die stattliche Fichte, welch' im Gebürge die Künstler
Fällen mit scharfen Beilen, auf daß sie nüze dem Schiffbau;
385 So lag vor dem Wagen und seinen Rossen der Jüngling,
Knirschend, ausgestreckt, bedeckt mit blutigem Staube.
Staunend und starrend stand sein Wagenführer, vermochte
Nicht zu lenken die Ross', auf daß er den Feinden entrönne.
Da durchbohrt' ihn Antilochos; der eherne Panzer
390 Schützet' ihn nicht, der Speer stack in der Mitte des Bauches;
Röchelnd fiel er vom köstlichgezierten Wagen herunter.
Antilochos, der Sohn des edelgesinneten Nestors,
Trieb zu den fußgepanzerten Griechen Asios Rosse.

Däifobos nahte sich Idomeneus, und traurend,
B 2   395 We=

395 Wegen Aſios, ſchwang und warf er die ſtralende Lanze.
Aber Idomeneus vermied die eherne Waffe,
Denn ihn deckte der Schuz des gleichgerundeten Schildes,
Welcher aus Rinderfellen und ſchimmerndem Erze gewölbt war,
Und mit zwo Handhaben verſehen; unter dieſem

400 Duckte der König, und über ihn flog die eherne Lanze;
Heiſer erſcholl der geſtreifte Schild vom Speere des Troers.
Nicht vergebens entfloh er der ſtarken Hand Däifobos,
Traf Hüpſänor, Hippaſos Sohn, den Hirten der Völker,
In die Leber, und löſte die Kraft der ſinkenden Knice.

405 Drob rief Däifobos laut mit jauchzender Stimme:

Aſios liegt nicht ungerochen; er wird ſich freuen,
Wandelnd über die Schwelle der ſtarken Thore des Aidäs,
Daß ich zum Begleiter ihm dieſen Griechen gegeben!

Alſo ſprach er, ſein Jauchzen erregte Kummer den Griechen,
410 Aber vor allen dem mutigen Herzen des Neſtoriden.
Dennoch, ſo ſehr er auch traurte, vergaß er nicht ſeines Genoſſen,
Sondern deckte ihn mit ſeinem ſchüzenden Schilde.
Ihn enttrugen der Schlacht zween herzgeliebte Geſellen,
Mäfiſtheus, des Echios Sohn, und Alaſtor der edle;
415 Tiefaufſtöhnend brachten ſie ihn zu den hohlen Schiffen.

Idomeneus vergaß nicht ſeiner mächtigen Stärke,
Wünſchte, mit Todes Nacht der Troer einen zu decken,
Oder, die Griechen ſchüzend, mit raſſelnder Rüſtung zu fallen.

Alkathoos den Helden, den Sohn des Zöglings Kronions,
420 Aiſuätäs, (er war ein Eidam des Königs Anchiſäs,

Hatte

Hatte Hippodameia gefreyt, die älteste Tochter,
Welche daheim der Vater und Mutter liebten von Herzen,
Die, die lieblichste war vor allen ihren Gespielen,
Durch Verstand und Schönheit und Werke der Hände, drum freyte
425 Auch um sie der tapferste Mann in der grossen Troia;)
Diesen tödtete Jdomeneus durch Hülfe Poseidons,
Der ihm die Augen mit Nacht umgab, die Glieder ihm hemmte,
Daß er nicht rückwärts zu fliehn und zur Seite zu weichen vermöchte.
Einer Seule gleich, und einem hochlaubichten Baume,
430 Stand er unbeweglich; Jdomeneus warf ihm die Lanze
Auf die Brust, sie drang durch seinen ehernen Panzer,
Der da hell erscholl, vom Speere des Königs zerbrochen.
Raßelnd fiel er; die Lanze stack im Herzen des Mannes,
Welches noch klopfend den bebenden Schaft des Speeres bewegte,
435 Bis im gebrochnen Herzen nun auch die Lanze still stand.
Jdomeneus erhub die lautaufjauchzende Stimme:

Däifobos, scheinen wir recht zu rechnen? Wir morden
Eurer drey für einen Argeier! Wie eitel dein Rühmen,
Armer Thor! Doch komm, und stelle dich gegen mich selber,
440 Daß du den Arm des Enkels von Zeus Kronion erfahrest!
Zeus Kronion hat Minos gezeugt, den Hüter von Kräta,
Minos zeugte Deukalion, den tadellosen,
Dieser mich, den König der grossen Kräta, zu herrschen
Ueber viele Männer. Mich brachten Schiffe gen Troia,
445 Dir und deinem Vater und allen Troern zum Unglück!

Also sprach er; des bedachte sich Däifobos,
Ob er einen der edlen Troer zum Helfer sich riefe,
Rückwärts weichend, oder allein den Zweykampf bestände.

B 3   Ein

Ein Entschluß gefiel ihm zuletzt am beßten, zu gehen
450 Zu Aineias. Er fand ihn hinter den Haufen der Streiter;
Denn Aineias zürnte beständig dem göttlichen Priam,
Weil er ihn, der so tapfer doch war, nach Würden nicht ehrte;
Ihm naht Däifobos mit diesen geflügelten Worten:

Aineias, du Rath der Troer, nun ziemet dir wahrlich,
455 Deines Schwagers Leiche zu schützen, so er dich jammert.
Folge mir, Alkathoos zu rächen, welcher vor diesem
Dich erzog in seinem Palaste, als du noch klein warst.
Ihn hat Idomeneus der speerberühmte getödtet!

Däifobos sprachs, und erregte das Herz des Aineias,
460 Daß er ging zu Idomeneus, des Kampfes begehrend;
Welcher nicht erschrack gleich einem verzärtelten Knäblein,
Sondern stand, wie ein Keuler, der, seiner Stärke vertrauend,
Steht, und das Jagdgeräusch der kommenden Männer erharret,
In einsamer Stäte; ihm starrt mit Borsten der Rücken,
465 Funken sprühn aus den Augen hervor, er wetzt die Zähne,
Fest entschlossen, sich gegen die Hund' und Jäger zu wehren:
So bestand der lanzenberühmte König von Kräta
Aineias, den rüstigen Krieger, und rief die Genossen,
Schauend Askalafos und Afareus und Däipyros,
470 Märionäs und Antilochos, die treffenerfahrnen;
Dies' ermahnend, rief er mit schnellgeflügelten Worten:

Kommt zu mir, ihr Lieben; ich bin allein, und mich grauet
Vor dem kommenden schnellen Aineias, welcher mich angreift.
Denn sehr stark ist er, im Kampf die Männer zu tödten,
475 Ist noch reich an frischen Kräften der blühenden Jugend.

Wär'

Wär' auch ich mit meinem Mute noch seines Alters,
O ich kämpfte gleich mit ihm um die Ehre des Sieges!

Also Jdomeneus; da kamen seine Genossen,
Traten neben ihm, die Schild' an die Schultern gelehnet.
480 Seinen Freunden rief von der andern Seite Aineias,
Däifobos, Paris und den edlen Agänor,
Welche mit ihm die ersten der Troer waren; es folgten
Ihre Schaaren. So folgen die Wollenheerden den Widdern,
Von der Weide zum Bach, es freut sich von Herzen der Schäfer;
485 Also freuete sich das Herz im Busen Aineias,
Als er die Fürsten erblickte, mit ihren folgenden Schaaren.

Gegen einander stritten sie nun um Alkathoos Leiche,
Stiessen sich mit langen Schäften; schrecklich ertönte
An der Brust der Krieger das Erz. Zween mächtige Helden
490 Thaten sich vor den andern hervor, dem Kriegsgott ähnlich,
Aineias und Jdomeneus; sie wünschten von Herzen,
Jeder den andern zu treffen mit seinem grausamen Erze.

Sieh' Aineias warf zuerst die eherne Lanze
Gegen Jdomeneus; er sah sie kommen, und mied sie.
495 Irrend flog Aineias Speer, und bebte im Boden,
Von der gewaltigen Hand des Helden vergebens geschwungen.

Jdomeneus warf Oinomaos; die Wölbung des Panzers
Und den Bauch durchdrang die Lanze des Königs von Kräta;
Oinomaos fiel, den Staub mit den Händen ergreifend.
500 Jdomeneus entriß dem Todten die lange Lanze,
Aber konnte nicht von seinen Schultern die schöne

B 4   Rüstung

Rüstung ihm reissen; er ward zu sehr von Speeren gedränget;
Seinen Knöcheln fehlte die Kraft der blühenden Jugend,
Wieder zu holen den eignen Speer, und die fremden zu meiden.
505 Wohl vermocht' er im stehenden Kampf dem Tode zu wehren,
Aber zum Flüchten taugten nicht mehr die Kniee des Greisen.

Langsam ging er; gegen ihn warf die stralende Lanze
Däifobos, er haßte von Herzen den König von Kräta,
Aber fehlt' ihn auch nun: es drang die stürmende Lanze
510 Durch die Schulter Askalafos, des Sohnes von Aräs;
Auf die Erde sank er, den Staub mit den Händen ergreifend.

Sieh, es wußte noch nicht der schreyende stürmende Aräs,
Daß sein Sohn in der hizigen Feldschlacht wäre gefallen;
Sondern auf Olümpos Gipfeln, in goldenen Wolken
515 Eingehüllet, saß er mit den Unsterblichen allen,
Welche Kronions Befehl von Ilions Mauren zurückhielt.

Jene stritten noch in der Näh um Askalafos Leiche.
Däifobos hatte den stralenden Helm des Gefallnen
Eben erbeutet; Märionäs, dem Kriegsgott ähnlich,
520 Sprang auf ihn zu, den Arm mit seiner Lanze verwundend,
Daß ihm tönend der länglichte Helm auf den Boden entrollte.

Abermals erhub sich Märionäs, wie ein Habicht,
Und zog aus dem Arme des Troers die starke Lanze,
Wich dann in den Haufen der Seinen. Es faßte Politäs,
525 Däifobos Bruder, ihn um die Mitte des Leibes,
Ihn der tönenden Schlacht entführend, bis er erreichte
Seine schnellen Rosse, die hinter den streitenden Haufen

Hielt

Steht der Wagenführer vor einem prächtigen Wagen.
Diese zogen den matten tiefaufstöhnenden Krieger
530 Zu der Stadt, es trof ihm das Blut die Hand hinunter.

Aber die andern fechten mit ungeheurem Getöse.
Gegen den Kalátoriden Afareus stürzet Aineias,
Trifft mit seiner spizen Lanze die Kehle des Griechen;
Seitwärts senkt sich sein Haupt, ihm senken sich Schild und Helm nach;
535 Ihn umfliessen die Schauer des uutberaubenden Todes.

Antilochos bemerkt den gewandten Thoon, und stößt ihn
Ungestüm mit dem Speere, die ganze Ader zerschneidend,
Welche über den Rücken lauft bis hin zu dem Nacken,
Diese zerschnitt er durch und durch; es fiel in den Staub hin
540 Rücklings Thoon, und reichte die Hände den theuren Genossen.
Antilochos sprang zu, und riß von den Schultern die Rüstung,
Um sich schauend, denn hier und dorther warfen die Troer
Lanzen auf seinen breiten und bunten Schild. Sie vermochten
Dennoch nicht ihn selbst zu verwunden mit grausamem Erze;
545 Denn Poseidaon der Erderschütter beschüzte
Antilochos, den Sohn des Nestors, mitten in Pfeilen.
Denn der Jüngling entfernte sich nicht von den Troern; beständig
War er unter ihnen, ihm rastete nimmer die Lanze,
Bebte, wie er sich wandte, in seiner Rechten; er zielte,
550 Werfend bald von ferne, und stoßend bald in der Nähe.

Als er den Speer schwang, sah ihn Adamas mitten im Haufen,
Asios Sohn, und traf mit dem Erze die Mitte des Schildes,
Stürzend gegen ihn; der schwarzgelockte Poseidon
Brach den Speer, er gönnte ihm nicht das Leben des Griechen,

555 Daß

555 Daß die Hälfte stecken blieb im Schilde, gleich einem
Hartgebrannten Pfale, die andre lag auf dem Boden.
Rücklings wich zu den Seinen der Troer, den Tod zu vermeiden.
Aber Märionäs verfolgte den Weichenden, traf ihn
Unter dem Nabel, wo den mühbeladenen Menschen

560 Sehr gefahrvoll sind die harten Waffen des Krieges;
Dahin traf die Lanze des Griechen. Adamas stürzte,
Zuckend wie ein Stier, den Hirten in dem Gebürge
Wider seinen Willen führen, mit Seilen gebunden,
Also zuckte Adamas; aber nicht lange so nahte

565 Märionäs, und zog ihm aus dem Leibe die Lanze,
Und des Todes Schatten bedeckten Adamas Augen.

Helenos traf Däipüros mit grossem Thrazischen Schwerte
Ueber die Schläfe, und theilte den Riemen des Helms; auf die Erde
Fiel der Helm, da nahm ihn einer der streitenden Griechen,

570 Als er rollte vor seinen Füssen, auf von dem Boden;
Dunkle Nacht bedeckte die Augen des Däipüros.

Schmerz ergriff den kriegrischen Menelaos Atreidäs,
Dräuend ging er auf Helenos zu, den Helden und Fürsten.
In der Rechten bebte sein Speer, es spannte der Troer

575 Seinen Bogen; so eilten sie beyde gegen einander.
Jeder war begierig, den andern zu treffen, der eine
Mit dem scharfen Speer, und mit dem Pfeile der andre.

Helenos Pfeil flog auf die Brust des Menelaos,
Aber es prallte der bittre Pfeil zurück von dem Panzer.

580 Wie in einer grossen Tenne von breiten Schaufeln
Hüpfet die schwarze Frucht der Bohnen oder der Erbsen,

                                                    Unter

Unter sausendem Wind' und unter dem Schwunge des Wurfers;
So flog von dem Panzer des ehretrunknen Atreidas,
Weit abprallend, zurück die bittre Waffe des Todes.

585   Aber Atreus Sohn, der kriegrische Menelaos,
Traf die Hand, mit welcher der Priamide den Bogen
Hielt; es drang durch Helenos Hand die eherne Lanze,
Und blieb stecken im Bogen; es wich der Priamide
Zu dem Haufen der Seinen, des Todes Schicksal vermeidend,
590 Mit durchborter Hand, und schleppte mit sich die Lanze.
Diese riß aus der Wunde der hochgesinnte Agänor,
Und verband die Hand mit einer wollenen Schleuder,
Die ein Kriegsgefährte gab dem Hirten der Völker.

    Gegen den ehretrunknen Atriden ging Peisandros,
595 Von dem bösen Schicksal zu seinem Tode geleitet,
Daß du ihn tödtetest, Menelaos, in schrecklichem Kampfe!
Als sie nahe an einander waren gekommen;
Fehlte Atreidas den Troer, es wandte sich seitwärs die Lanze;
Und Peisandros traf den Schild des Menelaos,
600 Aber vermochte nicht hindurch zu treiben die Lanze.
Denn ihr wehrte der breite Schild, an der Oese des Eisens
Brach sie ab; er hatte sich schon des Sieges gefreuet.
Aber Atreidas zog sein Schwert mit silbernen Buckeln,
Und sprang gegen Peisandros, welcher unter dem Schilde
605 Eine schöne eherne Axt hervorzog; geglättet
War sie, mit einem Stiele von Oelbaumholze versehen.
Beyde fielen zugleich sich an: es hieb Peisandros
Ueber den roßbeschweiften Helm des Sohnes von Atreus
Unter dem Kamm; den gegen ihn Eilenden hieb Menelaos
                                    610 Oben

610 Oben über der Nas', es krachte der Knochen, die Augen
Fielen blutig hinab in den Staub zu seinen Füßen,
Und er krümmte sich rücklings, und fiel. Da sezte Atreidäs
Auf die Brust des Todten den Fuß, und raubte die Rüstung;
Jauchzend schrie er noch mit diesen trozenden Worten:

615. Also werdet ihr doch der roßberühmten Argeier
Schiffe verlassen, ihr schlachtbegierigen treulosen Troer!
Schlimme Hunde, reich an Thaten jegliches Frevels,
Meine Beleidiger, nicht gedenkend des schrecklichen Zornes
Zeus Kronions des hochherdonnernden, welcher des Gastrechts
620 Waltet, und bald zerstören wird die thürmende Troia!
Unbeleidigt entführtet ihr meine blühende Gattin,
Mit den Schäzen, und waret in meinem Hause mir Gäste!
Und nun wollet ihr in die meerdurchwallenden Schiffe
Schreckliches Feuer werfen, und tödten die Helden Achaias.
625 Dennoch werdet ihr einst wohl rasten müssen vom Kriege.
Vater Zeus, sie sagen, du seyst an Weisheit erhaben
Ueber Menschen und Götter; doch bist du von diesem die Ursach,
Der du günstig dich zeigest den übermütigen Troern,
Deren schwindelnder Uebermut des gräulichen Krieges
630 Nimmer satt wird, so sehr er auch ihnen bringet Verderben.
Aller Dinge wird man doch satt, des Schlafes, der Buhlschaft,
Und des süssen Gesangs, und lieblichen Tanzes im Reihen,
Aller dieser begehren die Menschen mehr, denn des Krieges,
Nur die Troer werden nicht satt der blutigen Schlachten!

635 Also sprach der treffliche Menelaos, und raubte
Blutige Rüstung, und übergab sie seinen Gefährten,
Wandte sich wieder, und mischte sich ein ins vorderste Treffen.

Da

Da sprang auf ihn zu der Sohn des Königs Pülämän,
Harpolion, der zwar zum Kriege dem Vater gefolgt war.
640 Aber nicht wieder erblickte den vaterländischen Boden.
Dieser warf mit dem Speere den Schild des Sohnes von Atreus
Aus der Nähe; doch konnte das Erz den Schild nicht durchdringen,
Und er wich in die Haufen der Seinen, den Untergang meidend,
Um sich schauend, ob irgend ein Speer ihn würde verwunden.
645 Da schoß Märionäs den Jüngling, als er zurück ging,
Und es traf der eherne Pfeil die rechte Lende;
Fallend blieb er sizen, und gab in den Händen der Freunde
Seinen Geist auf, lag wie ein Wurm auf die Erde gestrecket;
Schwarzes Blut entrann der Wunde, und nezte den Boden.
650 Sein gedachten die edelgesinnten Paflagonen,
Huben ihn auf den Wagen, und brachten mit jammernder Klage
Ihn zur heiligen Ilion; weinend folgte sein Vater,
Und vermochte nicht den Tod des Sohnes zu rächen.

Tief im Herzen zürnete Paris wegen des Todten,
655 Denn er war sein Gast vor vielen Paflagonen;
Einen ehernen Pfeil drückt' er im Zorne vom Bogen.
Unter den Griechen war Euchänor, Sohn des Sehers
Polüidos, reich und tapfer, er kam von Korinthos;
Dieser folgte den Griechen, ob wohl er wußte sein Schicksal.
660 Oftmal hatte der gute Greis vorher ihm verkündet,
Daß er würd' an schwerer Krankheit sterben im Hause,
Oder bey den Schiffen der Griechen werden getödtet;
Darum wählt er lieber, zu meiden den Spott der Argeier
Und die schwere Krankheit, auf daß er die Schmerzen sich spärte.
665 Hinter den Backen am Ohre traf ihn Paris; die Seele
Flog von seinen Gliedern, und schreckliches Dunkel umfing ihn.

Also

Also fochten die Heere, wie lodernde Feuerflammen.
Aber Hektor wußte noch nicht, der Liebling Kronions,
Daß zur linken Seite der Schiffe die Seinen getödtet
670 Würden von den Argeiern, beynahe diese schon siegten;
(Denn es half der gestaderschütternde Erdumgürter,
Stets ermahnend und kräftigend stets, dem Heere der Griechen:)
Sondern blieb dort, wo er zuerst die Mauer erstiegen
Hatte, die schildgewaffneten Reihen der Griechen durchdringend,
675 Wo des Aias, und die Schiffe des Protesilaos
Standen am Ufer des grauen Meers; der Danaer Mauer
War am niedrigsten hier erbaut, am heftigsten tobte
Hier mit hizigen Streitern die Schlacht und schnaubenden Rossen.
Denn die Boioter und Jaonen in langen Gewanden,
680 Lokrer und Ftier, mit ihnen die hochberühmten Epeier,
Hielten den stürmenden Hektor ab, und dennoch vermochten
Alle nicht, den Flammenähnlichen von sich zu stoßen.

Auserlesne Athänaier führte Peteos
Sohn, Menestheus, im Vordertreffen; es folgten dem Helden
685 Feidas, Stichios, Bias der tapfre; und die Epeier
Führte Megäs, es führte sie Drakios und Amfion.

Medon stand an der Ftier Epiz' und der tapfre Podarkäs.
Medon war ein unächter Sohn des edlen Oileus,
War des Aias Bruder; er wohnte fern von der Heimat
690 In der Fülaker Lande, dieweil er hatte getödtet
Seine Stiefmutter Eriopis nahen Verwandten.
Aber Podarkäs war Ifiklos Sohn, des Fülakiden.
Vor den mutigen Ftiern standen diese gerüstet,
Schäzend ihre Schiffe zugleich mit Boiotiens Kriegern.

695 Siehe

695 Siehe Aias, Oileus Sohn, der schnelle Krieger,
Wich nicht ab von Telamons Sohn, auch nicht ein wenig;
Sondern wie zween schwärzliche Ochsen von gleicher Stärke
Neben einander ziehen den Pflug; dicht unter den Hörnern
Dringet vieler Schweiß hervor, es scheidet allein sie
700 Von einander das glatte Joch, sie gehn in der Furche
Und durchschneiden der Erde Schooß: so standen die beyden
Aias ungetrennt und standhaft neben einander.

Aias Telamons Sohne folgten viele und tapfre
Seiner Genossen, sie nahmen ihm oft den Schild aus den Händen,
705 Wenn Ermattung und Schweiß des Helden Kniee beschwerten.

Aber dem edlen Oiläiden folgten die Lokrer
Nicht, sie wagten nimmer in stehendem Kampfe zu fechten;
Denn sie hatten nicht roßbeschweifte eherne Helme,
Hatten weder runde Schilde, noch eschene Lanzen:
710 Sondern kundig des Bogens und ihrer ledernen Schleudern,
Kamen sie, diesen vertrauend, gen Ilion, warfen auch häufig
Auf den Feind, und trennten oft die Reihen der Troer.
Darum standen jene voran in prächtiger Rüstung,
Streitend mit den Troern und mit dem ehernen Hektor;
715 Diese fochten von fern, verborgen hinter den andern.

Nun vermochten die Troer nicht mehr, den Kampf zu bestehen,
Wurden zu sehr von den Pfeilen gedrängt; in bebender Rückflucht
Wären sie von den Schiffen gekehrt zur windigen Troia,
Hätte nicht Pulidamas zum tapfern Hektor geredet:

720 Hektor

720 Hektor, du bist schwer durch guten Rath zu bewegen.
Willst du, weil dir Gott die Gaben des Krieges verliehn hat,
Auch im Rath erfahren seyn vor den übrigen allen?
Dennoch wirst du nicht jegliches Loos zu erreichen vermögen.
Einem haben die Götter gegeben die Gaben des Krieges;

725 Diesem den Tanz, und jenem die Leyer mit dem Gesange;
Einem andern gab der donnernde Zeus Kronion
Weisen Sinn in die Brust; viel sterbliche Menschen geniessen
Sein, er rettet viele, das weiß er selber am besten.
Darum laß mich sagen, was mir am nützlichsten scheinet.

730 Siehe rund umlodert dich die Flamme des Krieges;
Und die edlen Troer, nachdem sie die Mauer erstiegen,
Kehren theils mit den Waffen zurück, theils streiten sie, wenig
An der Zahl, mit vielen, und sind zerstreut bey den Schiffen.
Weiche zurück, und versammle dann die Edelsten alle,

735 Daß wir, was zu thun am besten, mögen beschließen:
Ob wir gegen die Schiffe, mit vielen Rudern versehen,
Stürzen, so uns Gott den Sieg zu geben beschlossen;
Oder ob wir unbeschädigt die Schiffe verlassen.
Denn ich fürchte, daß die Argeer werden erstatten

740 Ihre gestrige Schuld; der unersättliche Krieger
Ist noch bey den Schiffen, und wird nicht lange mehr rasten!

Also sprach er, der sichre Rath behagte dem Hektor;
Eilends sprang er vom Wagen in rasselnder Rüstung herunter,
Wandte sich mit diesen Worten zu Pulüdamas:

745 Pulüdamas, versammle mir hier die Edelsten alle;

Dich

Ich will dorthin gehn', mich in das Treffen zu stürzen;
Und Befehle zu geben; und eilig wieder zu kommen.

Hektor sprach's, und schimmerte, wie ein Schneegebürge;
Schreyend durchlief er die Reihen der Troer und Bundesgenossen.
750 Seine Stimme hörend versammlen die Edlen sich alle
Um des Panthoos Sohn, den tapfren Pulidamas.

Hektor aber durchging die Vorderreihn des Treffens,
Suchend Helenos den König und Däifobos,
Asios, Hürtakos Sohn, und Adamas, Hürtakos Enkel.
755 Unverletzt war keiner von diesen; mancher getödtet;
Einige lagen nun bey, den hintersten Schiffen der Griechen,
Hatten unter den Händen der Griechen die Seele verloren;
Andre waren daheim, mit Speer und Pfeilen verwundet.

An der linken Seite der traurigen Feldschlacht entdeckt' er
760 Paris den edlen, den Mann der schöngelockten Helene,
Welcher den Seinen Mut einsprach, zum Kampfe sie antrieb;
Hektor nahte sich ihm mit diesen schellenden Worten:

Unglückseliger Weibergeck mit täuschender Bildung,
Sprich, wo hast du Helenos, wo Däifobos gelassen,
765 Asios, Hürtakos Sohn, und Adamas, Hürtakos Enkel?
Wo ist Othrioneus? Die hohe Ilios stürzet
Nun vom Gipfel, es harret auch dein gewisses Verderben!

Ihm antwortet der göttlichgebildete Alexandros:

E

Hektor,

Hektor, die gefällt, mich ohne Ursach zu schelten.

770 Manchmal hab' ich zur Unzeit, vielleicht vom Kampfe geraffet,
Dennoch hat mich die Mutter nicht ganz unkriegrisch gebohren.
Seit du bey der Danaer Schiffen die Feldschlacht erregt haft,
Stehn wir alle geordnet alhier in daurendem Kampfe.
Jene aber, nach welchen du forschest, wurden getödtet,

775 Helenos ausgenommen, der König, und Däifobos;
Diese gingen beyde von hier, mit langen Lanzen
Beyd' an der Hand getroffen; Zeus Kronion erhielt sie.
Führe, wo deinen Sinn im mutigen Herzen gelüstet,
Dein wir sind zu folgen bereit. Ich meyne, du werdest

780 Mut in keinem vermissen, so viel die Kräfte gewähren;
Ueber Vermögen könnt' ich nicht kämpfen, so sehr ich auch strebte.

Also sprach der Held, das Herz des Bruders erweichend.
Eilend gingen sie hin, wo die Schlacht am hizigsten tobte,
Dort wo Kebrionäs und der treffliche Pulidamas

785 Stritten, und Falkäs, Orthaios, der göttliche Polüfoltäs,
Palmüs und Askanios und Morüs der Hippotione,
Welche Tages vorher aus Askanias fruchtbarem Lande
Waren gekommen, um abzulösen ihre Genossen;
Zeus Kronion hatte sie selber zur Feldschlacht erreget.

790 Aehnlich den wirbelnden Stößen des hochherbrausenden Sturmes,
Welcher, mit Donnerwettern des Vaters Kronion beladen,
Wehet über das Feld, sich in die Wogen des Meers taucht,
Und lautrauschende Wasser der schwellenden Fluten erhebet,
Daß der weiße Schaum in langen Reihen sich wälzet;

795 Also

795 Also gingen reihenweise die Schaaren der Troer,
Schimmernd in eherner Rüstung, und folgten den Fürsten des Heeres.
Hektor führte sie, ähnlich dem menschenvertilgenden Ares;
Priams Sohn, bedeckt mit seinem gerundeten Schilde,
Welches dick von Fellen und überzogen mit Erz war.

800 Seine Schläfen bedeckte der Helm mit wallendem Schimmer.
Ueberall versucht' er, bedeckt mit schützendem Schilde,
Ob ihm weichen würden die tapfern Schaaren der Griechen;
Aber unerschrocken blieb der Mut der Achaier.
Aias schritt hervor, und foderte Hektor zum Kampf auf:

805 Aber, komm doch näher! Du meynst die Argeier zu schrecken?
O wir sind doch nicht so unerfahren des Kampfes;
Aber Zeus schwingt über uns die schmerzende Geissel.
Siehe nun hoffst du gewiß, zu plündern die Schiffe der Griechen;
Aber auch unsre Hände begehren, tapfer zu kämpfen.

810 Traun! eh wird die wohlbevölkerte Ilion stürzen,
Unter unsern siegenden Händen in Asche geleget!
Dir verkünd' ich den nahen Tag, an welchem du fliehend
Flehn wirst zu Kronion und zu den Unsterblichen allen,
Deinen schönen Rossen die Eile der Falken zu geben,

815 Daß sie, in stäubende Wolken gehüllet, gen Troia dich bringen!

Also sprach er, und über ihm schwebte zur rechten Seiten
Ein hochfliegender Adler; es jauchzte das Heer der Achaier,
Sich des Zeichens freuend; da sprach der stralende Hektor:

Ungeheurer Aias, du eitler Schwätzer, was sagst du?

C 2

820 Wollte

820 Wollte Gott, ich wäre der Sohn von Zeus Kronion,
   Und es hätte mich die erhabne Härä gebohren,
   Und ich würde geehrt, wie Pallas und Foibos Apollon,
   Als gewiß der Tag wird Unglück bringen den Griechen
   Allzumal! Dein harret der Tod, wofern du es wagest,
825 Meinen grossen Speer zu bestehn, dich wird er zerreissen;
   Daß sich deines Fleisches und Fettes sättigen mögen
   Bey den griechischen Schiffen die Hund' und Vögel von Troia!

   Hektor sprach es, und flug voran; die folgenden Schaaren
   Jauchzten hinter ihm mit ungeheurem Getöse.
830 So auch jauchzten laut die Achaier, entschlossen, im Kampfe
   Tapfer zu bestehn die edelsten Streiter von Troia.
   Beyder Heere Geschrey erreichte den stralenden Himmel.

Ilias.

Ilias.

Vierzehnter Gesang.

Ilias.
Vierzehnter Gesang.

Nestor vernahm der Heere Geschrey, wiewohl er im Zelte
 Trank, und sprach zu Asklapios Sohn mit geflügelten Worten:

Schaue, edler Machaon, wie wird das alles sich enden?
Lauter wird bey den Schiffen der blühenden Jünglinge Stimme.
5 Aber bleib nun sizen, und trinke des rothen Weines,
Bis Hekamädä, die schöngelockte, wärmende Bäder
Dir bereitet, zu reinigen dich des Blutes und Staubes;
Aber ich will eilig gehn, auf daß ich mich umseh!

Sprach's, und nahm des rossetummlenden Thrasumädäs,
10 Seines Sohnes, Schild, der eben lag im Gezelte,
Schimmernd von Erz; es hatte der Sohn den Schild des Vaters.
Ferner nahm er den starken Speer mit geschliffner Schärfe,
Stellte sich vor das Zelt, und sah ein schreckliches Schauspiel,
Sah die Achaier fliehn, die übermütigen Troer
15 Sie verfolgen, und eingerissen die Mauer der Griechen.

Wie sich schweigend die Wellen des grossen Meeres schwärzen,
Ahndend den schnellen Flug der mächtig brausenden Winde,
Ohne vorgewälzt auf einer Seite zu werden,
Bis ein Sturm, gesandt von Zeus Kronion, sich aufmacht;
20 Also sann mit wankendem Vorsaz die Seele des Greisen,

Ob er ging zu den Schaaren der roßtummlenden Griechen,
Oder zu Agamemnon Atreidás, dem Hirten der Völker.
Dieser Entschluß gefiel ihm zulezt von beyden am besten,
Zu Atreidás zu gehn. Es mordeten sich indessen
25 Jene Kämpfenden; laut erschall die eherne Stimme
Hellerklingender Schwerter und zwiefachschneidender Lanzen.

Aber edle Fürsten begegnen Nestor dem Greise,
Welche, vor kurzem verwundet, nun wieder die Schiffe verließen:
Tüdeus Sohn, Odüss, und Agamemnon Atreidás,
30 Deren Schiffe weit entfernet standen vom Kampfe,
Auf dem Gestade des grauen Meers. Die vordersten Schiffe
Waren ans Land gezogen, bey ihnen erhub sich die Mauer;
Denn es vermochte, so groß es auch war, das Ufer nicht alle
Schiffe zu fassen, es hätten die Völker des Raumes ermangelt;
35 Darum standen in Reihen die Schiff, und deckten die ganze
Küste, zwischen den Vorgebürgen eingeschloffen.

Mit einander gingen nun die verwundeten Fürsten,
Auf die Speere gestüzt, der Schlacht Getümmel zu sehen;
Tief in der Seele waren sie traurig. Ihnen begegnet
40 Nestor der Greis, und erschreckt noch mehr der Bekümmerten Herzen;
Agamemnon redte ihn an mit diesen Worten:

Nestor, Náleus Sohn, du großer Ruhm der Achaier,
Warum hast du verlassen die männervertilgende Feldschlacht?
Ach ich fürcht', es halte sein Wort der stürmende Hektor,
45 Welcher einst in voller Versammlung der Troer verheissen,
Nicht von unsern Schiffen gen Ilion wiederzukehren,
Bis er hätte die Schiffe verbrannt, ermordet die Streiter.

Also

Also verhieß er einst, und nun erfüllet er solches.
Wehe, wehe mir! die fußgeharnischten Griechen
50 Hegen mir alle tödlichen Haß, dem Pälerionen
Gleich; nun wollen sie alle nicht kämpfen mehr bey den Schiffen.

Drauf antwortete ihm der wagenkundige Nestor:
Dieses alles ist nun geschehen, und Zeus Kronion
Könnte, so mächtig er ist, doch nicht das Verganghe veräubern.
55 Eingerissen ist nun die Mauer, von welcher wir hofften,
Daß sie würde zur Schuzwehr dienen uns und den Schiffen.
Jene kämpfen unabläßig noch bey den Schiffen,
Und du würdest schwerlich erkennen, wie weit du dich umsähst,
Wo die gedrängten Achaier am meisten würden verfolget.
60 Denn sie fallen überall, der Feldschlacht Getöse
Steigt gen Himmel empor. Wir wollen des uns bedenken,
Ob ein Rath noch übrig; ich rath' euch nicht, in das Treffen
Wieder zu gehn; verwundete Männer können nicht fechten.

Ihm erwiederte Agamemnon, der König der Menschen:
65 Nestor, da sie nun schon kämpfen dicht bey den Schiffen,
Nun die Mauer nicht mehr, und nicht der Graben uns schützen,
Welche wir machten mit saurer Arbeit, Hoffend im Herzen,
Solches würde uns und den Schiffen dienen zur Schuzwehr;
O so hat es dem übermächtigen Zeus gefallen,
70 Ruhmlos, fern von Argos, alhier die Achaier zu tödten.
Wohl erinner' ich mich, wie er sonst die Danaer schützte;
Aber nun verherrlichet er, den seligen Göttern
Gleich, die Troer, er fesselt den Mut und die Arme der Griechen.
Nun wohlauf, izt lasset uns thun, so wie ich euch rathe:
75 Welche Schiff' am nächsten stehn den Fluten, die laßt uns

Alle

Alle ziehn hinab in die Wogen des heiligen Meeres,
Und an ihren Ankern befestigen, bis da komme
Schauervoll die Nacht. Vielleicht daß endlich die Troer
Sich alsdann enthalten der Schlacht, so können wir alle
80 Schiffe ziehen ins Meer. Es mag des keiner uns tadeln,
Wenn wir, auch bey Nacht, entfliehen diesen Gefahren.

Zürnend schaute auf ihn, und sprach der weise Odysseus:
Atreus Sohn, welch Wort ist deinen Lippen entfallen!
Schwacher, wollte Gott, du führtest schlechtere Heere,
85 Nur nicht uns! Denn Zeus Kronion hat uns gegeben,
Früh von Jugend an bis spät in Jahren des Alters,
Auszuharren die schwersten Kriege, bis wir sie enden,
Oder bis der lezte von uns ermordet dahinsinkt.
Also ist dein Wille, die Stadt mit prächtigen Strassen
90 Zu verlassen, bey welcher wir so vieles erlitten?
Schweig, auf daß der Achaier nicht einer die Rede vernehme,
Welche wahrlich ein Kluger mit seinen Lippen nicht spräche,
Der den Zepter führt, und dem die Völker gehorchen;
Solche Völker, wie wir Argeier, welche du anführst!
95 Sieh' ich tadle gänzlich den Rath, den du uns gegeben,
Daß wir sollten nun, so lange der Krieg noch währet,
Ziehen die Schiff' in die Wogen des Meeres, damit den Troern
Alles gelinge nach Wunsch, ihr Sieg noch herrlicher werde,
Und auf unsre Häupter herab der Untergang stürze.
100 Denn die Achaier werden nicht die Feldschlacht bestehen,
Wann die Schiff' in die Wogen des Meeres werden gezogen,
Sondern um sich schaun, und rückwärts weichen vom Kampfe;
Alsdann wird dein Rath uns schaden, Führer der Völker!

Drauf

Drauf erwiederte ihm Agamemnon, der König der Menschen:
105 O Oduß, dein harter Verweiß hat meine Seele
Tief getroffen. Ich heisse ja nicht die Söhne der Griechen,
Wider Willen die Schiff' in die Wogen des Meeres zu ziehen.
Komme, wer da bessern Rath als diesen ersinnet;
Laß ihn alt seyn, oder auch jung, mir ist er willkommen.

110 Da begann zu reden der kriegrische Diomädäs:
Hier ist einer! Suchet nicht länger, so ihr gehorchen
Wollet, und aus Groll nicht meine Meynung verwerfen,
Weil ich, obwohl der jüngste von allen, dennoch euch rathe.
Siehe trefflich ist mein Stamm, mein Vater war trefflich,
115 Tüdeus, welchen zu Thäbä des Grabmals Erde bedecket.
Portheus hatte drey tadellose Söhne gezeuget,
Welche Pleuron und die hohe Kalüdon bewohnten,
Agrios, Melas und den rossetummlenden Dineus,
Meines Vaters Vater, an Mut und Tugend der größte;
120 Dieser lebte daheim. Mein Vater wohnte nach langen
Irren in Argos, so wollte Zeus und die übrigen Götter;
Und er freyte eine der Töchter Adrästos, und hauste
Dann in einem schönen Palast', an fruchtbaren Aeckern
Reich, und reich an Wein, an grossen Heerden und Hainen;
125 In der Kunde des Speers war er vor allen Achaiern
Hochberühmt. Das mußt' ich, als wahr, euch alles erzählen,
Daß ihr nicht, wähnend, ich sey unkriegrischen Stammes gebohren,
Meine Meynung, die ich euch kund thun werde, verachtet:
Laßt, obwohl verwundet, uns dennoch nahen der Feldschlacht,
130 Stehend hinter den Reihen, daß Wunden nicht kommen auf Wunden;
Laßt uns dann die andern ermahnen, welche, schon lange
Sich der Trägheit ergebend, anizt das Treffen verlassen.

Also

Also sprach Diomed, und ihm gehorchten die Fürsten,
Agamemnon ging voran, der König der Menschen.

135   Diese schaute bald der berühmte Erderschütterer,
Ging zu ihnen, gehüllt in eines Greisen Geberde,
Nahm die rechte Hand des Agamemnon Atreidas,
Und begann zu reden mit diesen geflügelten Worten:

Atreus Sohn, nun freut sich das böse Herz des Achilleus
140 In dem Busen, dieweil er den Mord und die Fluche der Achaier
Schaut, und seine Seele der Weisheit gänzlich beraubt ist.
Ueberlaß ihn seinem Verderben; Gott wird ihn schmähen.
Dir sind noch nicht ganz die seligen Götter gehässig;
Sondern ich meyn', es werden die Führer und Fürsten der Troer
145 Noch mit Staub das Gefilde bedecken, du wirst sie noch sehen
Fliehen zu der Stadt von unsern Schiffen und Zelten.

Sprach's, schrie laut empor, und eilte über's Gefilde.
Laut, als schrien neuntausend auf Einmal, oder zehntausend
Männer im Kriege, das tobende Schlachtgetümmel beginnend,
150 Schrie aus seiner Brust der erderschütternde König;
Jedes Achaiers Mut beseelte von neuem Poseidon,
Daß sie wünschten, rastlos zu kämpfen in wütender Feldschlacht.

Hin und her bedachte die großgeäugete Göttin,
160 Wie sie könnte täuschen den Sinn des mächtigen Gottes.
Dieses Mittel schien ihr zulezt vor allen das beßte,
Lieblich sich zu schmücken, und auf den Ida zu gehen;
Ob er vielleicht des Liebesschlafes möchte begehren,
Ihrer Schönheit wegen, sie dann die süssesten Schlummer
165 Giessen könnte über die Wimper und Seele des Gottes.

Eilend ging sie hinein in ihre Gemächer, des theuren
Sohnes Häfaistos Werk, mit dichten Thüren versehen,
Und geheimem Schlosse, das jedem Gotte versteckt war.
Hier ging Härä hinein, und schloß die glänzenden Thüren
170 Hinter sich zu. Mit Ambrosia salbt sie die reizenden Glieder,
Und mit lieblichem, göttlichduftendem Oele des Himmels,
Dessen Geruch, so bald es im festen Palaste Kronions
Nur gerührt ward, Himmel und Erde mit Wohlgeruch füllte.
Hiermit salbete sie die schönen Glieder. Ihr Haupthaar
175 Ordnete sie mit den Händen, es floß in glänzenden Locken
Wallend hinab vom unsterblichen Haupt der göttlichen Härä.
Himmlisch war ihr Gewand, die Arbeit von Pallas Athäná,
Fein und künstlichschön, mit mancherley Bildergewebe;
Dieses hafte sie, unter der Brust, mit güldenen Häflein;
180 Und nahm eine Scherpe, mit hundert Quästen behangen;
Henkte dreyfache künstlich geschliffne Edelsteine
In die Ohren; sie glänzten mit stralenversendendem Schimmer.
Eine neue prächtige Haube bedeckte der Göttin
Scheitel mit blendender Weisse, wie Stralen der leuchtenden Sonne.
185 Zierliche Solen band sie unter die glänzenden Füsse.

Da vollendet war der Schmuck der göttlichen Härä,

Ging

Ging sie aus ihren Gemächern hervor, und rief Afroditä
Seitwärts von den übrigen Göttern, mit freundlichen Worten:

Willst du, theure Tochter, mir eine Bitte gewähren?
190 Oder des dich weigern, in deinem Herzen mir zürnend,
Weil ich der Danaer Volk, und du die Troer beschützest?

Ihr antwortete Afroditä, die Tochter Kronions:
Hárá, erhabne Göttin, und Tochter des grossen Kronos,
Sprich, was ist dein Wunsch? Denn meine Seele befiehlt mir,
195 Deinem Willen, o Göttin, wofern ich kann, zu gehorchen.

Listensinnend erwiederte ihr die göttliche Hárá:
Gieb mir Liebesgefühl und schmachtende Sehnsucht, mit welcher
Du unsterbliche Götter besiegst und sterbliche Menschen.
Denn ich geh zu den Grenzen der vielernährenden Erde,
200 Okeon den Vater der Götter, und Táthús die Mutter,
Zu besuchen; sie haben vordem in ihren Palästen
Mich erzogen, und nahmen mich auf aus den Armen der Reia,
Als der fernhindonnernde Zeus Kronion den Kronos
Unter die Erde warf und die wilden Fluten des Meeres.
205 Diese will ich besuchen, und alte Zwiste vergleichen.
Denn schon lange haben sie sich einander vermieden,
Sich aus Groll des Betts und der Liebesumarmung enthalten.
Könnt' ich diese bewegen durch überredende Worte,
Daß sie wieder im ehlichen Lager sich liebend umarmten;
210 O so würden sie immer mich lieben, immer mich ehren.

Drauf antwortete ihr die freundlichlächelnde Göttin:
Sieh' ich darf nicht, will nicht deine Bitte versagen,

Denn

Denn du schläfst in den Armen Kronions, des höchsten der Götter.

Sprach's, und lößte den bunten gestickten Gürtel vom Busen.
215 Alle Zauber waren in diesem Gürtel gesammlet:
Liebe, schmachtende Sehnsucht, und freundliche süsse Gespräche,
Bitten, welche so gar das Herz des Weisen beschleichen;
Solchen Gürtel gab Afroditá der Hárá, und sagte:

Nim den bunten Gürtel, o Hárá, und leg' ihn am Busen;
220 Alles wirst du finden in ihm. Ich meyne, du werdest
Nicht vergebens gehn; dein Vorsaz wird dir gelingen.

Hárá, die edle Göttin, die großgeäugete, lächelt;
Lächelnd legt sie alsbald an ihren Busen den Gürtel.
Afroditá geht heim, die Tochter des grossen Kronions.

225 Hárá aber entschwingt sich dem Gipfel des hohen Olümpos,
Gehet über Pierien und Aemathia die schöne,
Eilet über des kriegrischen Thraziens Schneegebürge,
Ueber die höchsten Gipfel, mit kaum berührenden Füssen,
Geht vom Athos über die flutenden Wogen des Meeres,
230 Kommt zu Lámnos dann, der Stadt des göttlichen Thoas.
Sieh' in Lámnos fand sie den Schlaf, den Bruder des Todes,
Nahm ihn bey der Hand, und sprach mit freundlichen Worten:

Schlaf, Beherrscher aller Götter und aller Menschen,
Bist du mir je gefällig gewesen, so wolltest du nun auch
235 Mich erhören; ich werde des auf ewig dir danken!
Schläfre unter den Wimpern mir ein die stralenden Augen
Zeus Kronions; so bald ich in Liebesumarmung ihn halte.

Einen prächtigen, nimmer alternden, güldenen Sessel
Will ich dir schenken; es soll mein Sohn Häfaistos ihn schmieden,
240 Soll auch einen Schemel für deine Füße dir machen,
Daß, so lange du schmausest, die schönen Füße dir ruhen.

Drauf antwortete ihr der freundliche Gott des Schlafes:
Hárá, erste Göttin, du Tochter des grossen Kronos,
Sonder Mühe wollt' ich jeden der ewigen Götter
245 Dir einschläfern, so gar die Fluten des Okeanos,
Ob gleich dieser Vater ist von den Himmlischen allen.
Aber ich darf nicht nahe kommen dem Zeus Kronion,
Ihn nicht, bis er selber es mir gebeut, einschläfern.
Deine Befehle haben, o Göttin, mich einmal gewitzigt,
250 Jenes Tages, da der gewaltige Sohn Kronions,
Als er Ilion hatte zerstöret, schiffte von bannen.
Da bezauberte ich die Sinne des grossen Kronions,
Sanft um ihn gegossen; du aber bereitetest Unglück,
Und erregtest über dem Meer die stürmenden Winde,
255 Brachtest Háraklás zur wohlbevölkerten Kos hin,
Fern von seinen Freunden. Erwachend zürnte Kronion,
Schleuderte hierhin, dorthin die Götter in seinem Palaste;
Aber vor allen suchte er mich, und hätte vom Himmel
In die Fluten des Meers' mich stürzend auf ewig verborgen,
260 Hätte die Nacht mich nicht, die Götter und Menschen besieget,
Und zu welcher ich floh, gerettet; da ließ er sein Zürnen,
Denn er scheute sich, die schnelle Nacht zu betrüben.
Und nun heissest du mich, dasselbe wieder zu wagen!

Ihm erwiedert die edle Göttin mit grossen Augen:
265 Schlaf, was läßt du solches in deinem Herzen dich kümmern?
Meynest.

Meynest du, Zeus Kronion beschütze so eifrig die Troer,
Als er seines Sohnes wegen heftig erzürnt war?
Komm, ich will dir geben der jüngsten Grazien eine,
Daß sie deine Bettgenossin werde genennet,
270 Pasithea, welcher dein Herz beständig begehret.

Also sprach die Göttin, des freute der Schlaf sich, und sagte:
Auf dann, schwöre mir bey des Styx geweihten Gewässern,
Rühre mit einer Hand die vielernährende Erde,
Mit der andern das schimmernde Meer; daß jegliche Gottheit
275 Zeuge sey, die unten bey Kronos hauft in der Tiefe,
Daß du geben mir willst der jüngsten Grazien eine,
Pasithea, welcher mein Herz beständig begehret.

Sprach's, und ihm gehorchte die Göttin mit weissen Armen,
Schwur, wie er es verlangte, und nannte alle die Götter,
280 Welche unter dem Tartaros werden Titanen geheissen.
Und so bald sie geschworen, den Eid vollendet nun hatte;
Eilten sie, Imbros die Stadt und Lamnos die Insel verlassend,
Eingehüllt in Dunkel, mit leichthineilenden Füssen.
Sie erreichten bald des quellenströmenden Ida,
285 Welche viele irrende Thiere des Waldes ernähret,
Vorderste (Erze Lekton) entstiegen den Wogen, und gingen
Ueber der Erd'; es bebten die rauschenden Wipfel des Waldes.

Hier verweilte der Schlaf, auf daß ihn Zeus nicht erblickte,
Eine hohe Tanne besteigend, welche des Ida's
290 Höchste war, und durch die Lüfte dem Himmel sich nahte.
Alda saß der Schlaf, in dichtem Gezweige verborgen,
Aehnlich einem schreyenden Vogel, den im Gebürge

                    D   Chalkis

Chalkis nennen die Götter, die sterblichen Menschen Kümindis.

Hárá bestieg mit Eile den höchsten Gipfel deß Ida,
295 Gargaron; diese sah der Wolkenversammler Kronion.
Wie er sie sah, beschlich die Liebe die Seele des Gottes,
Weniger nicht, als da sie zuerst sich brünstig umarmten,
Heimlich, ohne Wissen der Eltern ihr Lager besteigend,
Und er stellte sich vor ihr hin mit diesen Worten:

300 Hárá, wo eilest du hin von dem Gipfel des hohen Olümpos?
Sind doch fern von dir mit deinem Wagen die Rosse.

Listensinnend antwortete ihm die göttliche Hárá:
Zeus, ich geh zu den Grenzen der vielernährenden Erde,
Okeanos den Vater der Götter, und Thätüs die Mutter,
305 Zu besuchen; sie nährten mich einst in ihren Palästen,
Dorthin will ich gehn, und alte Zwiste vergleichen.
Denn schon lange haben sie sich einander vermieden,
Sich aus Groll des Betts und der Liebesumarmung enthalten.
Meine Rosse stehn am quellenströmenden Ida,
310 Werden über die Erde mich bald und die Fluten mich tragen.
Deinetwegen bin ich itzt vom Olümpos gekommen,
Daß du nicht etwa zürntest, wofern ich schweigend entschliche,
Zum Palaste des untenströmenden Okeanos.

Drauf erwiederte ihr der Wolkensammler Kronion:
315 Hárá, dorthin magst du wohl ein andermal reisen;
Laß uns itzt einander in Liebesumarmung ergözen.
Liebe zu einer Göttin und einem sterblichen Weibe
Hat nie so vordem mein Herz gewinnend umflossen.

Damals

Damals nicht, als ich das Weib des Ixion liebte;
320 Welche Peirithoos gebahr, den göttlichen Fürsten;
— Noch auch, als ich Akrisios Tochter mit schönen Füssen
Danaä liebte, die Mutter des edelsten Sterblichen Perseus;
Nicht, als ich des hochberühmten Foinikers Tochter
Liebte, die Mutter des göttlichen Radamanthüs und Minos,
325 Oder Semelä, oder auch Alkmänä von Thábä;
(Diese gebahr den mutiggesinnten Sohn, Háraklás,
Jene Dionúsos, die Freude der sterblichen Menschen;)
Nicht so, als ich Dámätär liebte, die schöngelockte,
Oder als ich brannte für Láto die ehregekrönte;
330 Als ich dich nun lieb', und süsse Begierde mich hinreißt.

Listensinnend erwiederte ihm die erhabne Hárä:
Schrecklicher Zeus, welch Wort ist deinen Lippen entfallen?
Sollten wir nun im Liebesschlafe neben einander
Liegen auf Ida's offnen unverborgenen Gipfeln?
335 Wie wenn einer der ewigen Götter käm', und uns schlafend
Fände, allen Göttern alsdann das Gesehne erzählte?
Stehe wenn ich alsdann mich von dem Lager erhübe,
Könnt' ich nicht zurücke kehren zu deinem Palaste;
Denn ich müßte mich schämen, und scheuen den Tadel der Götter.
340 Aber so du willst, so deine Seele gelüstet,
Liebe, so hast du ein Zimmer, von deinem Sohne Háfaistos
Künstlich gebaut, mit festen Thüren ist es versehen;
Laß uns dorthin gehn, weil deine Begierde dich reizet.

Drauf antwortete ihr der Wolkensammler Kronion:

D 2   345 Hárä,

345 Hära, fürchte keinen der Götter, keinen der Menschen.
Ich will eine goldene Wolke über uns breiten,
Welche durchzuschaun, auch nicht die Sonne vermöchte,
Deren Auge doch von allen Augen das schärfste.

Also Zeus, und umarmte seine Bettegenossin.
350 Unter den beyden Unsterblichen ließ die göttliche Erde
Frische Kräuter entstehn, den blüthebethaueten Lotos,
Krokos, dichtgefüllte und weiche Hyazinten,
Welche über den Boden sanft die Götter erhuben.

Also lagen sie neben einander in goldener schöner,
355 Wolke gehüllt, von glänzenden thauenden Tropfen umträufelt.
Ruhig hielt der Vater der Götter auf Gargarons Gipfel,
Von dem Schlaf und der Liebe bezwungen, sein Weib in den Armen.

Eilend lief der liebliche Schlaf zu den Schiffen der Griechen,
Botschaft zu bringen dem uferumgürtenden Erderschüttrer.
360 Nahe stand er ihm schon mit diesen geflügelten Worten:

Poseidaon, hilf aus allen Kräften den Griechen,
Ihnen Ruhm verleihend, zum wenigsten nun, da Kronion
Schläft; ich hab' ihn selber in weichen Schlummer gehüllet,
Hära täuschet ihn in süßer Liebesumarmung.

365 Also sprach er, und ging zu berühmten Geschlechtern der Menschen.
Heftiger strebte Poseiden nun, den Griechen zu helfen,
Und er sprang in die Vorderreihen lautermahnend:

O Argeier, wollen wir nun dem Priamiden

Hektor

Hektor überlaſſen die Schiff' und die Ehre des Sieges?

370 Siehe, das hoffet er zwar, und pralet nun, weil Achilleus
Bey den hohlen Schiffen verbleibt mit zürnendem Herzen:
Traun, wir würden ihn nicht ſo ſehr vermiſſen, wofern wir
Uns ermunterten, einer dem andern tapfer zu helfen.
Aber wohlan, gehorchet mir nun, und thut wie ich rathe.

375 Laßt uns itzt erkieſen die gröſten Schild' und die ſtärkſten,
Und mit ſtralenblizenden Helmen die Häupter bedecken;
Alsdann wollen wir gehn, mit groſſen Speeren gewaffnet,
Und ich führ' euch an. Ich meyne, der Priamide
Hektor wird, ſo kriegriſch er iſt, uns doch nicht beſtehen.

380 So mit leichter Tartſche der Starken einer bewehrt iſt,
Solcher gebe die Tartſche dem Schwächern, und greife zum Schilde.

Alſo ſprach Poſeidon, ihm gehorchten die Krieger:
Dieſe reihten die Fürſten, obwohl ſie waren verwundet,
Tydeus Sohn, Oduſſ und Agamemnon Atreidäs,
385 Gingen durch die Schaaren einher, die Waffen vertauſchend,
Gaben die ſtarken Waffen den Starken, die ſchwachen den Schwachen.

Als ſie nun mit ſchimmerndem Erze waren gerüſtet,
Gingen ſie, angeführt vom Erderſchütter Poſeidon.
Dieſer hielt ein ſchreckliches Schwert in gewaltiger Rechte,
390 Leuchtend wie der Bliz; in der jammerverbreitenden Feldſchlacht
Traf es nicht, es ſchreckte von fern die Reihen der Krieger.

Aber Hektor reihte die Schaaren der Troer in Ordnung.
Eine ſchreckliche Schlacht erregten gegen einander
Hektor der ſtralende und der finſtergelockte Poſeidon,
395 Jener die Troer beſchüzend, und dieſer die Männer von Argos.

Rauſchend

Rauschend schlug das Meer an die Schiff' und Zelte der Griechen,
Und die Heere begegneten sich mit lautem Getöse,
Nicht so donnert die mächtige Woge des Meers ans Gestade,
Aus der Tiefe gehoben vom schrecklichen Hauche des Sturmes;
400 Nicht so prasselt die lodernde Flamme des Forsts im Gebürge;
Nicht so laut durchtobet der Wind hochwipflichte Eichen,
Wenn er zürnend wütet umher mit wildem Getöse:
Als erscholl das Geschrey der Troer und der Achaier,
Da sie fürchterlich ruften, und gegen einander sich stürzten.

405   Hektor zielte zuerst mit seiner Lanze auf Aias,
Welcher ihm eben entgegen schritt; es fehlte die Lanze
Nicht; wo auf der Brust sich beyde Riemen begegnen,
Dieser des Schilds, der andre des Schwerts mit silbernen Buckeln,
Traf sie, die Riemen schützten den Leib. Es zürnete Hektor,
410 Daß der schnelle Speer ihm wäre vergebens entflogen,
Und er wich in die Schaaren der Seinen, den Tod zu vermeiden.
Als er zurück ging, warf ihm Telamonios Aias
Einen grossen Stein; denn vor der Streitenden Füssen
Lagen viel', und hielten an Seilen die Schiffe der Griechen;
415 Diesen erhub er, und traf den Troer unter der Kehle;
Hoch es flog der Stein, gleich einem gewirbelten Kräusel.

     Wie wenn unter dem starken Schlag Kronions ein Eichbaum
Aus der Wurzel stürzt, und schlimme Schwefelgerüche
Ihm entdünsten; der Mut entsinket dem, der es ansieht,
420 Denn gewaltig sind die Blize des grossen Kronion:
Also stürzte Hektor dahin auf die staubichte Erde.
Seiner Rechten entsank der Speer, es folgte der Schild ihm
Und der Helm, es erschollen im Fall die ehernen Waffen.

                              Hochauf=

Hochaufjauchzend liefen hinzu die Söhne der Griechen,
425 Hoffend ihn zu sich zu ziehen, sie warfen häufige Speere
Gegen ihn; doch konnten sie nicht den Hirten der Völker,
Weder mit Speeren noch Pfeilen verwunden; ihn schüzten die Helden,
Puludamas, Aineias und der edle Agänor,
Sarpädon der Lükier Fürst, und der treffliche Glaukos.
430 Auch die andern verliessen ihn nicht; sie stellten sich vor ihm,
An einander gedrängt mit wohlgerundeten Schilden.

Da enttrugen ihn seine Genossen der Schlacht auf den Händen,
Bis sie seine Rosse erreichten, die hinter dem Treffen
Hielten mit dem Wagenführer und prächtigen Wagen.
435 Diese brachten den tiefaufröchelnden näher an Troia.

Als sie die Fuhrt des schönhinwalkenden strudelnden Stromes
Xantos, Sohns des unsterblichen Zeus Kronions, erreichten,
Liessen sie auf den Boden ihn nieder, und gossen ihm Wasser
Uebers Antliz; er athmete auf, und schaute gen Himmel,
440 Kniend, und speyte dunkelgewölktes Blut auf die Erde;
Fiel dann wieder zurück, denn nächtliche Schatten umschwebten
Wieder sein Auge, die Wunde bezwang die Kraft des Helden.

Als die Argeier sahn, daß Priams Sohn sich entfernte,
Stürzten sie schneller noch und mutiger gegen die Troer.
445 Da verwundete erst der schnelle Sohn des Oileus
Satnios, auf ihn springend mit feiner spizigen Lanze,
Aenops Sohn; ihn hatte dem weidenden Aenops gebohren
Eine liebliche Nimf' an Satnioeis schönem Gestade;
Den traf Aias der lanzenberühmte aus der Nähe,
450 Auf den Bauch, er sank zurück; die Troer und Griechen

Sam...

Sammleten sich um ihn, ein blutiges Treffen erregend.

Ihn zu rächen kam, mit seiner behenden Lanze,
Pulúdamas, Panthoos Sohn, und traf Prothoánor
Auf die rechte Schulter, den Sohn des Aráilükos;
455 Durch die Schulter drang die stürmende Lanze des Troers;
Und er sank in den Staub, und griff mit der Hand nach der Erde.
Pulúdamas jauchzete hoch mit lauter Stimme:

Sieh ich meyne, der Speer des mutigen Pantholden
Ist, aus starker Hand, mir nicht vergebens entflogen;
460 Einer der Griechen empfing ihn in seinem Körper. Ich hoffe,
Auf den Stab gestützt, geht er hinunter zu Aïdás!

Also rief er, es hörten mit Kummer die Griechen ihn jauchzen,
Aber vor allen erregt er das Herz des kriegrischen Aias,
Telamons Sohn, denn nahe bey ihm sank Prothoánor.
465 Gegen Pulúdamas warf er die schimmernde Lanze,
Als er davon ging; es mied der Troer das schwarze Schicksal,
Seitwarts springend; da traf der Speer den Sohn des Antánor
Archilochos, die Götter bestimmten ihm das Verderben.
Wo am obersten Wirbel sich Kopf und Nacken vereinen,
470 Traf ihn der Speer, und theilte die beyden Sehnen des Jünglings;
Früher fiel mit Mund und Nase sein Haupt auf die Erde,
Als des Fallenden Knie' und Beine den Boden erreichten.
Aias ruffte laut zum trefflichen Pulúdamas:

Pulúdamas, sinn' ihm nach, und sage die Wahrheit,
475 Ob nicht dieser verdiente, für Prothoánor zu fallen?
Feige scheint er mir nicht, und nicht aus Feigen entsprossen,

Scheint

Scheint ein Bruder zu seyn des Rossezähmers Antânors,
Ober Sohn; ich meyne, sein Antlitz zeuget vom Stamme!

   Sprach's, ihn wohl erkennend; da faßte der Schmerz die Troer.
480 Akamas warf mit dem Speer, des Bruders Leiche beschützend,
Promachos den Boioter, der bey den Füssen sie faßte;
Und er schrie empor mit lauter trozender Stimme:

   Griechen, tödliche Schüzen, und unermüdete Dräuer,
Unser harren nicht allein Beschwerden und Kummer;
485 Also werdet auch ihr dereinst noch fallen ermordet!
Schaut den Promachos hier! Von meiner Lanze bezwungen
Schläft er, und nicht lang' ist unbezahlet geblieben
Meines Bruders Rache! Drum mag ein jeglicher wünschen,
Einen Bruder zurück zu lassen, welcher ihn räche!

490   Also rief er; es hörten mit Kummer die Griechen ihn jauchzen,
Aber es grämt sich vor allen der kriegrische Päneleos.
Dieser stürzt' auf Akamas, welcher den Anfall des Königs
Päneleos vermied; es traf die Lanze des Griechen
Ilioneus, den Sohn des heerdebegüterten Forbas,
495 Welchen Hermäs hatte geliebt, und mit Gaben beschenket;
Ihm gebahr den einzigen Ilioneus die Gattin:
Den traf unter der Augenbraune Päneleos,
Und durchstach den Augenstern, die fliegende Lanze
Drang durchs Haupt; er fiel, und streckte von sich die Hände.
500 Aber Päneleos griff zum schneidenden Schwerte,
Hieb den Nacken des Troers, und stürmte zur Erde hinunter
Mit dem Helme das Haupt; noch bebte die mächtige Lanze
In dem Auge, der Held erhub mit der Lanze des Jünglings
                                Haupt,

Haupt, gleich einem blühenden Mohn, und rief zu den Troern:

505   Bringet Botschaft, ihr Männer von Troia, dem Vater und Mutter
Dieses Edlen, auf daß sie ihn klagen in ihrem Palaste!
Siehe Promachos Weib, des Sohnes von Alegánor,
Wird nicht freudig eilen entgegen ihrem Geliebten,
Wenn wir Griechen schiffen zurück von Troia's Gefilden.

510   Also rief er; es faßte sie alle bleiches Entsezen,
Jeder schaute sich um, wo er dem Verderben entrönne.

Musen, saget mir, ihr des hohen Olümpos Bewohner,
Welcher Grieche zuerst eroberte blutige Rüstung,
Seit der Erderschüttrer gewendet hatte die Feldschlacht?

515   Aias traf zuerst, der grosse Telamonide,
Hürtios, Gürtias Sohn, den Führer der mutigen Müser;
Antilochos ermordet den Mermeros und den Falkás;
Márionás den Morús und den Hippotion;
Teukros tödtete Prothoon und Perifátás;
520 Menelaos Atreidás verwundet den Hirten der Völker
Hüperánor im Bauch; es drang die schneidende Lanze
In das Eingeweide, der Geist enteilte der Wunde,
Und der Schatte des Todes bedeckte die Augen des Kriegers.

Aias, Dileus Sohn, verwundete mehr als die andern;
525 Denn es kam ihm keiner zuvor, mit eilenden Füssen
Zu verfolgen, wenn Zeus Kronion die Völker erschreckte.

Ilias.

Ilias.

Funfzehnter Gesang.

Ilias.

Funfzehnter Gesang.

———❦❧———

Als nun durch die Pfäl' und den Graben die Troer geflohen
Waren, und viele lagen gestreckt durch die Hände der Griechen;
Blieben sie endlich stehn bey ihren Wagen, erschrocken
Noch, noch bleich vor Entsezen. Zeus Kronion erwachte
5 Auf dem Gipfel des Ida bey der erhabnen Hárá,
Richtete nun sich auf, und schaute die Griechen und Troer,
Diese fliehend, jene mit Macht die Troer verfolgend.
Unter den Griechen sah' er den König Poseidaon.
Hektor sah er liegen im Felde; seine Genossen
10 Saßen um ihn, er röchelte aus ohnmächtigen Herzen,
Blutausspeyend, ihn hatte nicht ein Schwacher getroffen.
Und es jammerte sein den Vater der Menschen und Götter;
Fürchterlich zürnend blickt' er mit diesen Worten auf Hárá:

Dein Betrug, du unglückstiftende schlimme Hárá,
15 Hemmte den Arm des göttlichen Hektors, schreckte die Völker!
Traun, du wirst vielleicht des listigersonnenen Frevels
Erste Früchte genießen, so ich mit Streichen dich strafe!
Hast du etwa vergessen, wie ich in der Höhe dich schweben
Ließ, dir an den Füssen zween grosse Amboße hängte,
20 Und mit unzerbrechlichen goldnen Fesseln die Hände
Band? Du schwebtest hoch, von Wolken des Himmels umgeben.
Deinetwegen traurten die Götter des hohen Olümpos;

Standen um dich herum, und durften, dich dennoch nicht lösen;
Denn ich hätte den ersten gefaßt, und hätt' ihn geschleudert
25 Von der Schwelle des Himmels; er wäre kraftlos gefallen
Auf die Erde; noch wäre mein Zorn nicht worden gestillet.
Wegen des göttlichen Háraklás ergrimmte ich heftig,
Welchen du mit unglücksinnendem Herzen, nachdem du
Boreas und die brausenden Stürmen hattest verführet,
30 Warfst in die wüsten Wogen des Meers, und endlich gen Kos hin
Brachtest; ich zog ihn wieder von dannen, und führte ihn wieder,
Als er vieles erlitten, zur roßernährenden Argos.
Des entsinne dich nun, und hoffe nicht mich zu täuschen!
Oder willst du erfahren, wie viel mein Lager, wie viel ist
35 Dieser Schlaf dir fromme, zu welchem du nun mich bethörtest?

Sprach's, es erstarrte vor Schrecken die großgeäugete Hárá.
Und antwortete ihm mit diesen geflügelten Worten:
Sieh es wisse die Erd', es wisse oben der Himmel,
Und des unterwallenden Stúx Gewässer, (der größte
40 Und der fürchterlichste Eid der seligen Götter!)
Wisse dein heiliges Haupt, und wisse das bräutliche Lager
Unser Jugend, (ich könnte nicht Meineid schwören bey diesem!)
Daß auf mein Geheiß der erderschütternde König
Nicht den Troern und Hektorn schadet, die Griechen beschützet!
45 Nur sein eigner Wille hat ihn zu solchem bewogen;
Denn es jammerte ihn bey den Schiffen des Drangs der Achaier.
Aber nun, o Sammler der schwarzen Wolken, nun will ich
Selber ihm rathen, hinzugehen, wo du gebietest.

Sprach's, es lächelte ihr der Vater der Götter und Menschen,
50 Und erwiederte dann mit diesen geflügelten Worten:

Wenn

Wenn du nun, erhabne, großgeäugete Härä,
Unter den Göttern eines Sinnes mit mir verharrteft;
Siehe so würde Poseidon, wie ungern ers thäte,
Dennoch lenken den Sinn nach meinem Willen und deinem.

55 Aber wenn du würklich nun die Wahrheit geredt haft;
O so gehe zur Schaar der unsterblichen Götter, und rufe
Iris und den bogenberühmten Foibos Apollon:
Daß sie zu dem Heere der erzgepanzerten Griechen
Geh', und Poseidon dem Meerbeherrscher gebiete,

60 Zu verlassen die Stadt, zu seinem Palaste zu gehen.
Foibos Apollon errege wieder Hektor zum Kampfe,
Kräftige ihn mit neuer Stärke; heiße die Schmerzen
Nachzulassen, die ihn noch schwächen, treibe die Griechen
Wieder zurück, und sende dem Heere die schändliche Rückflucht,

65 Daß es bis zu den Schiffen des Päleionen sich stürze.
Siehe der wird seinen Freund Patroklos erregen,
Den wird mit dem Speer der schimmernde Hektor ermorden
Vor den Mauren Ilions; eh Patroklos dahin sinkt,
Wird er vielen blühenden Troern das Leben entreißen,

70 Meinen göttlichen Sohn Sarpädon wird er ermorden.
Zürnend ob des erschlagnen Freundes, wird der edle
Päleione Hektor ermorden; zurück von den Schiffen
Fliehen alsdann auf immer die Troer; bis die Achaier
Stürzen die hohe Ilion durch die Weisheit Athänäs.

75 Früher wird mein Zorn nicht rasten, werd' ich der andern
Götter keinem gestatten, die Danaer hier zu beschützen,
Bis ich völlig den Wunsch des Päleionen erfülle.
Wie ich habe versprochen, und mit dem Haupte gewinket,
Jenes Tages, als meine Kniee Thetis umfaßte,

80 Flehend, ich möchte ehren den Städtezertrümmrer Achilleus.

Also sprach er, die Göttin mit weissen Armen gehorchte,
Und ging von den Gipfeln des Ida zum hohen Olümpos.

Wie der Gedanke des Mannes eilt, der mancherley Lande
Hat durchwandelt, und des in seiner Brust sich entsinnet:
85 Hier bin ich gewesen, und dort: er denket an vieles;
Also eilte mit schnellem Fluge die göttliche Hárá.
Sie erreichte den hohen Olümpos, und fand im Palaste
Zeus Kronions die Götter versammlet. Als diese sie sahen,
Standen sie alle auf, und reichten ihr alle den Becher.
90 Von der rosenwangichten Themis nahm sie allein ihn,
Denn es war ihr diese zuerst entgegen gegangen.
Themis sprach mit diesen geflügelten Worten zu Hárá:
Hárá, warum kommst du? Du gleichest einer Erschrocknen!
Hat dich Kronos Sohn, dein Bettgenosse, geschrecket?

95 Drauf antwortete ihr die Göttin mit weissen Armen:
Forsche nicht nach solchem, o Göttin Themis; du weißt ja,
Wie unmild der Sinn Kronions und übermütig.
Aber laß die Götter sich nun zum Gastmal versammlen,
Daß du unter allen Unsterblichen mögest vernehmen,
100 Welche Thaten uns Zeus verkündet. Ich meyne, es werden
Sich nicht alle Menschen, nicht alle Götter erfreuen,
Obgleich einer vielleicht bis izt beym Schmause vergnügt war.

Also sprach die erhabne Hárá, und setzte sich nieder.
Zürnend traurten die Götter im Hause Kronions; sie lächelt
105 Mit

---

105 Mit den Lippen, doch heiterte nicht ihr Lächeln die Stirne
Ueber den Augenbraunen, und zürnend sprach sie von neuem:

Thoren die wir sind, und kindisch gegen Kronion
Zürnen, und gern von nahem in seinem Vorsaz ihn störten,
Durch Wort oder Gewalt! Er sizet fern, und bekümmert
110 Des sich nicht, bleibt unbewegt; denn unter den Göttern
Allen fühlet er sich an Mut und Kräften erhaben.
Darum duldet, welcherley Uebel er jedem auch sendet.
Eben izt geschah ein grosses Unglück dem Arâs,
Denn es fiel in der Schlacht sein Liebling unter den Menschen
115 Askalafos, von welchem er saget, daß er sein Sohn sey.

Also sprach sie; Arâs schlug seine mächtigen Lenden
Mit den Händen, und sprach zu den Göttern mit klagenden Worten:

Zürnet nicht, ihr Götter, des hohen Olümpos Bewohner,
Daß ich nun hinuntergeh zu den Schiffen der Griechen,
120 Meinen Sohn zu rächen; und träfen die Blize Kronions
Mich, und streckten mich blutig und staubicht unter die Leichen.

Sprach es; seinen Söhnen, Graun und Entsezen, befahl er,
Anzuspannen die Ross'; er griff zur stralenden Rüstung.

Izt er hätte noch grössern Zorn Kronions erreget,
125 Wo nicht, für die Unsterblichen alle fürchtend, Athârâ
Wär' aus dem Vorsaal gekommen von ihrem verlassenen Size.
Diese riß ihm vom Haupte den Helm, den Schild von den Schultern,
Aus der starken Hand des Gottes die eherne Lanze;
Und sie schalt mit diesen Worten den stürmenden Arâs:

130 Rasender, Unbesonnener, rennst ins Verderben! Vergebens
Hast du Ohren zu hören, bist unverschämet und sinnlos?
Hörtest du nicht die Rede der Göttin mit weissen Armen,
Welche vom Olümpier Zeus Kronion zu uns kam?
Oder hast du beschlossen, was Böses umsonst zu erdulden,

135 Um gezwungen und traurig zurück zum Olümpos zu kehren?
Willst du grosses Unheil stiften den übrigen Göttern?
Denn gleich würd' er die übermütigen Troer verlassen
Und die Griechen, gegen uns den Olümp zu durchstürmen,
Einen nach dem andern, auch wer nicht schuldig, ergreifend.

140 Drum entsage dem Zorn ob deines verwundeten Sohnes!
Mancher andre, stärker als er, im Streite geübter,
Fiel und wird noch fallen; denn sieh es wäre nicht möglich,
Aller sterblichen Menschen Geschlecht vom Tode zu retten.

Also sprach sie, und hieß sich sezen den stürmenden Arås.
145 Hårå rufte Foibos Apollen aus dem Palaste,
Und die Gesandte der Götter zu sterblichen Menschen, die Iris;
Beyde redte sie an mit diesen geflügelten Worten:
Euch gebietet Zeus, auf Ida's Gipfel zu kommen;
Thut, so bald ihr sein Antliz gesehn habt, was er gebietet.

150 Also sprach die erhabne Hårå, und sezte sich wieder
Auf den Thron; sie machten sich auf, und flogen von dannen,
Kamen zum Ida, der quellenströmenden Mutter des Wildes,
Und sie fanden den donnernden Gott auf Gorgarons Gipfel
Sizend, eingehüllt in einer duftenden Wolke.

155 Beyde stellten sich vor Zeus dem Wolkenversammler;
Und er zürnte nicht, dieweil sie so schnell ihm gehorchten.
Zu der Iris sprach er zuerst mit geflügelten Worten:

Schnelle

Schnelle Iris, eile zum Könige Poseidaon;
Sag' ihm, was ich gebiet', und bring' ihm redlich die Botschaft.
160 Heiß ihm, zu entsagen dem Kampf, die Schlacht zu verlassen,
Zu den Göttern; oder zu gehn zum heiligen Meere.
Wird er meine Befehle nicht hören, mein nicht achten;
Siehe, so wird er nach diesem in seinem Herzen empfinden,
Daß er, stark wie er ist, wohl dennoch mich zu bestehen
165 Nicht vermag; ich bin ihm überlegen an Stärke,
Und bin älter als er: und gleichwohl scheints ihm ein Kleines,
Sich mit mir zu vergleichen, den alle übrige scheuen.

Also sprach er, die Göttin mit schnellen Füssen gehorchte,
Eilend schwebt sie zu Ilion hin von Ida's Gebürge.

170 Wie wenn aus Gewölken der Schnee fällt, oder der kalte
Hagel, unter dem Stoß des lüfteheiternden Nordwinds;
Eben so eilend flog Iris die schnelle; nun stand sie, und sagts
Zum berühmten gestaderschütternden Poseidaon:
Dunkelgelockter Erdumgürter, Botschaft zu bringen
175 Von Kronion Zeus, bin ich vom Ida gekommen.
Er heißt dich entsagen dem Kampf, die Schlacht zu verlassen,
Zu den Göttern, oder zu gehn zum heiligen Meere.
Willst du seine Befehle nicht hören, sein nicht achten;
O so dräuet er, selber dich mit Krieg zu befallen.
180 Aber siehe, noch rathet er dir, zu meiden die Hände
Seiner Kraft; er ist dir überlegen an Stärke,
Ist auch älter als du: und dennoch scheint's dir ein kleines,
Dich mit ihm zu vergleichen, den alle übrige scheuen.

Mit Unwillen sprach der berühmte Gestaderschütter:
E 2   185 Traun!

185 Traun! so mächtig er ist, doch übermütig gesprochen!
  Also will er mich zwingen, und dennoch sind wir von gleicher
  Würde! Denn drey Söhne gebahr dem Kronos die Rhea:
  Zeus Kronion, mich und Aidás den König der Schatten.
  Dreyfach theilten wir alles, und gleiche Würde blieb jedem.
190 Als wir warfen die Loose, bekam ich das Meer zu beherrschen;
  Und Aidás, der König der Schatten, das nächtliche Dunkel;
  Zeus Kronion den weiten Himmel, die Luft und die Wolken
  Allen blieb die Erde gemein und der hohe Olümpos.
  Darum werd' ich nicht Kronion gehorchen; er mag nur
195 Ruhig, stark wie er ist, sein drittes Antheil beherrschen,
  Muß, gleich einem Schwachen, mir mit den Händen nicht dräuen!
  Seine Töchter und Söhne, welch' er selber gezeugt hat,
  Mag er gebietrisch beherrschen; sie müssen aus Zwang ihm gehorchen.

  Drauf antwortete ihm die Göttin mit schnellen Füßen:
200 Dunkelgelockter Erdumgürter, diese harte
  Rauhe Antwort soll ich überbringen Kronion?
  Oder willst du sie ändern? Der Edlen Herzen sind lenksam!
  Und du weißt's, die Erinnen begleiten die ältern Brüder.

  Ihr erwiederte Poseidon, der Erschüttrer der Erde:
205 Göttin Iris, du hast mit Weisheit solches gesprochen,
  Und es ist gut, wenn Boten wissen, was sich geziemet.
  Aber heftiger Schmerz hat meine Seele durchdrungen,
  Daß er mich, den das Schicksal zu gleicher Würde bestimmt hat,
  Dennoch schelten will mit zornerfülleten Worten.
                                      210 Zwar

V. 203. Erinnen, die Furien. Sie begleiten die ältern Brüder, um zu
rächen die Beleidigungen, welche ihnen die jüngern anthun.

210 Zwar nachgeben will ich izt, so sehr ich auch zürne;
Aber ich sage dir eins, im dräuenden Herzen beschlossen:
Wenn er gegen meinen Willen und Pallas Athänä's,
Härä's, Hermäs und des Küklopenkönigs Häfaistos,
Hat beschlossen, zu schonen der hohen Illon, nicht sie
215 Zu zerstören, und völligen Sieg den Argeiern zu geben;
Siehe so wisse Kronion, wir werden auf ewig ihm zürnen!

Nun verließ der Erderschüttrer das Volk der Achaier,
Tauchte sich in das Meer, vermißt von den Helden der Griechen.
Da rief Zeus der Wolkenversammler Foibos Apollon:
220 Geh, geliebter Foibos, zum erzgepanzerten Hektor,
Siehe, schon sank der gestaderschütternde Erdumgürter
In das heilige Meer, um meinen Zorn zu vermeiden;
Denn sonst hätten unsern Kampf die Unsterblichen alle,
Auch die untern Götter um Kronos alle vernommen.
225 Aber so ists besser für mich, und besser für ihn auch,
Daß er, so sehr er im Herzen auch zürnete, meinen Händen
Dennoch auswich; fürchterlich wäre der Zweykampf geworden.
Nim du in den Händen die quastenbehangene Aigis,
Schüttle dies, und schrecke das Herz der achaischen Helden.
230 Sorge, Fernhintreffender, für den schimmernden Hektor;
Ihn beseele mit grossem Mute, bis die Achaier
Wieder fliehend die Schiff und den Helläspontos erreichen.
Dann will ich mit Worten und Werken wieder die Griechen
Schüzen, daß aufathmen sie mögen vom grimmen Gefechte.

235 Also sprach er, dem Vater gehorchte Foibos Apollon.

C 3   Aehnlich

V. 220. Aigis, Kronions Schild.

Aehnlich einem schnellen, taubenmordenden Falken,
Welcher der schnellste vor allem Gevögel, entschwebt' er dem Jda,
Fand den kriegrischen Priamiden, den göttlichen Hektor,
Sizend; er lag nicht mehr, und war zu Sinnen gekommen,
240 Kannte wieder seine Genossen, der Schweiß und das Keichen
Wichen von ihm; der Wille Kronions stärkte den Helden.
Nahe stellte sich ihm mit diesen Worten Apollon:
Hektor, Priams Sohn, warum, von den andern gesondert,
Sizest du kraftlos hier? Hat irgend ein Schmerz dich befallen?

245 Schwachaufathmend antwortete Hektor mit wehendem Helmbusch:
Wer bist du, der Unsterblichen bester, welcher mich fraget?
Weißt du nicht, daß mich bey den hintersten Schiffen der Griechen
Als ich seine Genossen vertilgte, der streitbare Aias
Warf mit einem Stein vor die Brust, im Kampfe mich hemmte?
250 Sieh ich glaubte schon die Todten und die Behausung
Aidäs heute zu sehn, und von mir zu athmen die Seele.

Drauf antwortete ihm der Fernhintreffer Apollon:
Sey getrost! denn Zeus Kronion hat dir gesendet
Einen mächtigen Helfer, dir beyzustehn und zu schüzen,
255 Foibos Apollon mit goldenem Schwerte, der ich vorher schon
Dich zugleich und Ilions hohe Thürme beschüzte.
Auf! ermahne nun die Wagenführer, auf daß sie
Zu den hohlen Schiffen treiben die eilenden Rosse.
Sieh' ich gehe voran, auf daß ich den Pfad für die Rosse
260 Ebne, und der Flucht zuwende die griechischen Helden.

Sprach's, und athmete hohen Mut in den Hirten der Völker.
Wie ein Roß, das lang' an seiner Krippe geruht hat,

Seine

Seine Bande zerreißt, und stampfend die Fluren durcheilet,
Zum gewohnten Bade des lauterwallenden Stromes;

265 Freudig und stolz erhebt es das Haupt, ihm wallen die Mähnen
Ueber die Schultern, es trozet auf seine Schönheit, die Kniee
Tragen es leicht zur vorigen Weide, zur Weide der Stuten:
So bewegte Hektor leicht die Knie und die Füsse,
Und ermahnte die Reisigen, wie ihm Foibos geboten.

270 Aber gleich wie rüstige Jäger und Hunde verfolgen
Einen Hirsch mit stolzem Geweihe, oder die Gemse,
Die ein hoher Fels und dichtumschattender Dickicht
Schüzet, denn es wollte sie noch das Schicksal erhalten;
Durch das Jagdgeschrey erregt, erscheinet ein grimmer

275 Low', und plözlich fliehn, so hizig sie waren die Jäger:
Also hatten bisher die Danaer immer verfolget,
Häuffenweise, treffend mit Schwertern und scharfen Lanzen;
Aber als sie den reihenermahnenden Helden erblickten,
Da erschracken sie, allen fiel der Muth vor die Füsse.

280 Nun ermahnte sie Thoas, der tapfre Sohn des Andraimon,
Welcher speergeübt vor allen Aitolern der beßte
War im stillstehenden Kampf; in Worten der Rede
Ueberwanten ihn wenig, wenn sich die Jünglinge maßen.
Dieser redte sie an mit diesen Worten der Weisheit.

285 Traun ein Ebentheuer mit diesen Augen gesehen!
Elko es erstand von neuen, der Hand des Tods entronnen,
Hektor; gleichwohl hatte der Unsern jeder gehoffet,
Daß er durch die Faust des Aias wäre gestorben!
Eilko der Götter hat ihn gerettet, hat ihn gestärket,

290 Ihn, der schon so viele bey Griechen zu Boden gestreckt hat!
Und nun wird er dasselbe thun, heut ohne den Donnrer,
Zeus Kronion, steht er so kühn nicht im vordersten Treffen.
Auf wohlan, itzt wollet ihr meinem Rathe gehorchen!
Laßt uns zu den Schiffen senden die Menge des Heeres;

295 Wir nur, die uns rühmen zu seyn die tapfersten Kämpfer,
Wollen bleiben, ob wir vermögen, ihn abzuhalten
Mit begegnenden Speeren. Ich meyne, so hitzig er seyn mag,
Wird er dennoch sich scheuen, in unsre Heerschaar zu stürzen!

Also Thoas, Andraimons Sohn; die Fürsten gehorchten.

300 Idomeneus der König, und Aias der Telamonide,
Teukros, Märiones, und Megäs, ähnlich dem Kriegsgott,
Reihen die Schlacht, und rufen zusammen die edelsten Kämpfer,
Gegen die Schaaren der Troer und Hektor; aber von hinten
Geht die Menge des Heers zurück zu den Schiffen der Griechen.

305 Häufig stürzen die Troer heran, es führet sie Hektor,
Mächtig schreitend; vor ihm her geht Foibos Apollon.
Eingehüllt in Wolken, hielt er die schreckende Aigis;
Ehern, unaufhaltsam und fürchterlich war sie, Häfaistos
Hatte sie Zeus Kronion gegeben zum Schrecken der Menschen;

310 Diese hielt Apollon, und führte die Völker ins Treffen.

Dichtgereiht erwarten den Feind die Griechen: ein helles
Feldgeschrey erscholl von beyden Heeren, es sprangen
Von den Sehnen die Pfeil', und von den Fäusten der Kühnen
Flogen gegen die Körper der blühenden Krieger die Speere;

315 Einige fielen zuvor auf die Erd', und bebten im Boden,
Eh sie die schönen Körper erreichten, nach Wunden noch dürsten

Weil noch Foibos Apollon nicht die Aigis bewegte,
Traf das Geschoß der beyden Heer', es sanken die Völker.
Als der Gott sie gegen der roßberühmten Achaier
320 Antliz schüttelte, laut aufschreyend mit schrecklicher Stimme;
Da entsank den Griechen der Mut, die Stärke verließ sie.

So wie eine Heerde von Rindern oder von Schafen
Auseinander treiben zwey reissende Thiere, die plözlich
Kommen in nächtlicher Stunde, wenn nicht der Hirte dabey ist;
325 Also flüchteten um die Achaier, Foibos Apollon
Schreckte sie, Hektorn und den Troern Ehre verleihend.

Mann für Mann ermorden sich nun in zerstreuter Feldschlacht.
Hektor tödtet Stichios und Arkesilaos;
Dieser war ein Führer der erzbewehrten Boioter,
330 Jener treuer Genosse des edelgesinnten Menestheus.
Aineias ermordet Medon, dann den Jasos.
Medon, eines Kebsweibes Sohn und des edlen Oileus,
War des schnellen Aias Bruder; in Fülaka wohnt' er,
Fern vom Vaterlande, dieweil er hatte getödtet
335 Einen Bruder der Eriopis, des Weibes Oileus.
Jasos war ein Führer der Athänaier, sie nannten
Ihn des Sfälos Sohn, sie nannten ihn Bukolos Enkel.
Pulúdamas tödtet Mäkistäs, Politäs Echios,
In dem Vordertreffen, der edle Agänor Klonios;
340 Paris traf Däiochos von hinten über der Schulter,
Als er die Vorderreihen durchfloh, die Lanze durchdrang ihn.

Unterdeß die troischen Krieger raubten die Waffen;
Stürzten, zwischen den Pfälen, hinein in den Graben die Griechen,

Hier

Hier und dorthin fliehend, sich bergend hinter der Mauer.

345 Hektor rief den troischen Schaaren mit lauter Stimme,

Liegen zu lassen den blutigen Raub, die Schiffe zu stürmen:

Welchen ich anderwärts von den Schiffen sich fernend erblicke,

Siehe, den verdamm' ich zum Tode; Brüder und Schwestern

350 Hunde sollen vor unserer Mauer die Leiche zerreissen!

Sprach's, und schlug mit der Geissel die Rosse über die Schultern,

Reihenweise die Troer ermahnend. Fürchterlich drohend

Lenkten sie alle nach ihm die wagenstehenden Rosse

Schreyend mit überlauter Stimme. Foibos Apollon

355 Stürzte sonder Müh des Grabens Rand mit den Füssen

In die Mitte hinein, und ebnete einen breiten

Pfad den Troern, so weit der Wurf des fliegenden Speeres

Aus des Mannes Faust, der seine Kräfte versucht,

Schaarweis gossen die Troer sich drüber. Foibos Apollon

360 Schritt voran mit der schrecklichen Ägis, und stürzte der Griechen

Mauer leicht: gleich einem Knaben am Strande des Meeres,

Der, nachdem er kindische Spiel' im Sande getrieben,

Sonder Müh die Häuflein zerstört mit Händen und Füssen;

So zerstörtest du, o bogenberühmter Apollen,

365 Nun die lange Arbeit der Griechen, und triebst in die Fluche sie.

Endlich blieben sie stehn bey ihren Schiffen, ermahnten

Einer den andern, und ruften allen unsterblichen Göttern,

Mit emporgehobenen Händen betend einjeder.

Nestor vor allen, der hochgeehrte Hüter der Griechen,

370 Flehte, haltend empor die Hände zum sternichten Himmel:

Vater Zeus, wofern du ja der flehenden Einem

In dem weizenbringenden Argos, beym Opfer des feisten

Schafes

Schafes oder des Rinds, haft glückliche Heimkehr verheissen;
So gedenk, Olümpier, des, und ferne den bösen
375 Untergang; laß nicht die Achaier den Troern erliegen!

Also sprach er betend, es donnerte Zeus Kronion,
Als er vernahm das Flehn des alten Näläiden.

Aber da die Troer hörten den Donner Kronions,
Stürzten sie kampfbegieriger noch auf die Schaaren der Griechen.

380 Wie die grosse Woge des ungeheuren Meeres
Ueber die Bretter des Schiffes steigt, von heftigem Sturme
Angetrieben, denn dieser vermehrt die Stärke der Wellen;
So erstiegen mit lautem Geschrey die Troer die Mauer.

In das Lager stürzten die Reisigen. Dicht bey den Schiffen
385 Stritten aus der Nähe von ihren Wagen die einen,
Und die andern fochten aus eroberten Schiffen
Mit den grossen Stangen, die auf den Schiffen zum Seekampf
Lagen; diese waren mit eherner Schärfe versehen.

Weil noch aussen vor der Mauer stritten die Troer
390 Und Achaier, noch von den schnellen Schiffen gesondert;
Saß Patroklos im Zelte des kriegrischen Eurüpülos,
Ihn mit Reden ergözend, und heilend mit lindernder Salbe.
Aber als er vernahm, daß die Troer die Mauer erstiegen,
Als er hörte der Danaer Rufen, der Danaer Rückflucht;
395 Klagt' er laut, und schlug mit beyden Händen die Lende:
Eurüpülos, so sehr du auch mein bedürfest, so kann ich
Doch nicht bleiben; es ist der Kampf zu heftig geworden!

Dein

Dein Gefährte mag dich ergötzen; ich will eilen
Zu Achilleus, daß ich ihn zur Feldschlacht errege.
400 Wer weiß, ob ich nicht, durch Gottes Hülfe, noch endlich
Ihn bewegen möchte? Denn Freundes Ermahnung ist heilsam.

Also sprach er, und ging davon. Die Schaaren der Griechen
Widerstanden noch den Troern, aber vermochten
Nicht der Feinde kleineres Heer von den Schiffen zu treiben.
405 Auch vermochten nicht die Troer der Danaer Schaaren
Zu durchbrechen, in die Zelt' und die Schiffe zu stürzen.
Sondern wie die Schnur in weisen Zimmermanns Händen,
Welchen seine Kunst Athaná selber gelehrt hat,
Einen Balken ebnet, der zum Schiffbau bestimmt wird;
410 So stand gleich von beyden Seiten die Feldschlacht der Völker,
Einige stritten um diese Schiff', um jene die andern.

Gegen den hochberühmten Aias wandte sich Hektor.
Diese stritten um Aias Schiff: und weder der Troer
Konnte den Griechen verdrängen, und legen Feuer an die Schiffe;
415 Noch auch dieser Hektor den Gottgesandten vertreiben.

Aias der stralende traf den Klútionen Kalátor,
Welcher Feuer zu den Schiffen trug, auf die Brust mit der Lanze;
Tönend fiel er, es fiel ihm aus der Rechten die Fackel.

Aber Hektor, als er seinen Vetter erblickte,
420 Liegend in dem Staub, und dicht beym schwärzlichen Schiffe;
Rief er lautermahnend der Troer und Lütischen Schaaren:
Troer und Lütier, Dardaner, welche streitet von nahem,
Weichet nicht zurück in dieser Enge vom Kampfe,

Sondern rettet Klätios Sohn, daß nicht die Argeier
425 Seine Rüstung rauben; er fiel umringt von den Schiffen.

Spricht's, und zielt mit schimmernder Lanze gegen den Aias,
Aber fehlt ihn, und trifft den Mastoriden Lükofron,
Aias Geführten von Küthärä; er wohnte bey Aias,
Denn er hatt' in der edlen Küthärä einen getödtet.
430 Ueber dem Ohre traf ihn Hektor mit spiziger Lanze,
Als er bey Aias stand; er fiel zurück in den Staub hin,
Bey dem Hintertheil des Schiffs, die Stärke verließ ihn.
Drob erstarrte Aias, und wandte sich zu dem Bruder:
Lieber Teukros, uns ist der Treuen einer gefallen,
435 Mastors Sohn, den wir, seit er von Küthärä zu uns kam,
Gleich als einen Vater in unserm Palaste verehrten!
Hektor der edle hat ihn getödtet! Wo hast du den Bogen?
Wo die schnellvertilgenden Pfeile, so Foibos dir schenkte?

Also sprach er; Teukros vernahm's, und stellte sich zu ihm,
440 Haltend seinen Bogen und pfeilerfülleten Köcher,
Und er sandte Pfeil auf Pfeil den troischen Kriegern.
Kleitos traf er zuerst den edlen Sohn des Peisänor,
Pulüdamas Genossen, des hohen Pantoiden.
Eben war er starkbeschäftigt, die Rosse zu tummlen;
445 Denn er führte sie gegen den Lärm des hizigsten Streites,
Hektor'n und den Troern zu Liebe; da kam das Verderben
Ueber ihn, das keiner von ihm zu treiben vermochte.
Denn ihn traf von hinten ein bittrer Pfeil in den Nacken,
Daß er stürzte vom Wagen; es wichen rückwärts die Rosse,
450 Ihren leeren rasselnden Wagen schüttelnd. Der König
Pulüdamas sah's, und ging den Rossen entgegen,

Uebergab sie Astünoos, dem Protiaonen,
Und ermahnte ihn sehr, bey ihm mit dem Wagen zu bleiben.
Aber Astünoos mischte sich in die vordersten Reihen.

455   Nun nahm Teukros gegen den erzgepanzerten Hektor
Einen Pfeil, und hätt' ihn gehemmt in der Schlacht bey den Schiffen,
Hätt' ihm mitten in grossen Thaten die Seele geraubet;
Wäre des nicht worden gewahr Kronion, der Hektors
Hütete, und des Sieges Ruhm dem Teukros versagte.

460 Sieh er zerriß die wohlgedrehte Sehne des Bogens,
Als er gegen Hektor ihn spannte; da fiel ihm seitwärts
Auf die Erde der eherne Pfeil, aus den Händen der Bogen.
Drob erstarrete Teukros, und sprach zu seinem Bruder:
Ach Geliebter, Gott vereitelt uns jeglichen Anschlag!

465 Sieh' er hat mir den Bogen aus meiner Rechte geschüttelt,
Und die neue Sehne zerrissen, die ich noch heute
Fest band, daß sie viele Pfeile zu schnellen vermöchte!

   Drauf antwortete ihm der grosse Telamonide:
O Geliebter, laß den Bogen, und laß die Pfeile

470 Liegen; Gott verdarb dein Geschoß, die Danaer neidend!
Nim den langen Speer in die Hand, den Schild auf die Schultern,
Kämpfe dann, und ermahne zugleich die streitenden Schaaren;
Daß die Troer, so sie auch siegen, die herrlichen Schiffe
Sonder Müh' nicht erobern. Wohlauf zum tapfern Gefechte!

475   Also Aias; jener verwahrt den Bogen im Zelte,
Wirft den vierfachdoppelten Schild dann über die Schultern,
Deckt sein starkes Haupt mit einem stattlichen Helme,
Fürchterlich nickte der wallende Roßschweif von oben herunter,

Nahm

Nahm den starken Speer, mit eherner Schärfe gerüstet,
480 Eilte dann, und stellte sich neben Aias, dem Bruder.

Hektor, als er ohne die Pfeile den Teukros erblickte,
Rief den Troern und Lükiern zu mit lauter Stimme:
Troer und Lükier, Dardaner, welche streitet von nahem,
Seyd nun Männer, ihr lieben, gedenket der stürmenden Feldschlacht
485 Bey den hohlen Schiffen; ich sah wie die Pfeile des stärkften
Griechen durch die Hand Kronions wurden beschädigt.
Leicht wird Gottes Hand erkannt von sterblichen Menschen,
Denen er Sieg verleiht, und die er zu schüzen sich weigert;
Wie er uns nun hilft, und schwächt die Kräfte der Griechen.
490 Streitet dichtgedrängt bey den Schiffen! Welcher der Euren,
Ferner oder von nahem getroffen, sein Schicksal erfüllet,
Solcher sterb'! Es wird ihm nicht zur Schande gereichen,
In des Vaterlands Sache für Weib und Kinder zu streiten;
Daß sein Haus und väterlich Erbtheil den Kindern verbleibe,
495 Wenn einst die Achaier zurück ins Vaterland ziehen.

Sprach's, erweckte den Mut und die Stärke jegliches Streiters.
Aias rief von der andern Seite seinen Genossen:
O der Schmach, ihr Männer von Argos! nun müssen wir sterben,
Oder, von den Schiffen den Feind vertreibend, uns retten.
500 Sieh' ihr hoffet doch nicht, so Hektor die Schiffe gewinnet,
Daß ein jeder werde zu Fuß ins Vaterland kehren?
Höret ihr nicht, wie Hektor die Schaaren der Seinen ermuntert!
Wie sein Mut ihn reizt, an die Schiffe Feuer zu legen?
Nicht zum Tanze ruft er sie auf, er ruft sie zum Kampfe!
505 Einen Rath allein, ein Mittel müssen wir wählen:
Mann für Mann, und Faust für Faust, mit dem Feinde zu kämpfen.

Besser

Beſſer zwiſchen Tod und Leben gleich zu entſcheiden,
Als in ſchwerem Krieg langwieriges Todes zu ſterben
Bey den Schiffen, durch ſchlechtere Streiter, und ungerochen!

510   Sprach's, erweckte den Mut und die Stärke jeglliches Streiters.
Hektor tödtete Schedios, Sohn des Per'mädäs,
Der Fökäer Fürſten; es tödtete Aias des Fußvolks
Führer Loadamas, den edlen Sohn des Antänor;
Pulúdamas tödtete Otos aus Küllänä,

515   Megás Freund, des Führers der großgeſinnten Epeier.
Dieſer ſtürzte gegen den Troer; Pulúdamas
Bückte ſich, daß Megás ihn verfehlte: denn Apollon
Wollte nicht, daß Panthoos Sohn in den Vorderreihen
Würde getödtet. Es traf die Lanze die Bruſt des Krotsmos;

520   Raſſelnd fiel er, ihm riß Megás von den Schultern die Rüſtung.

Auf Megás ſprang Dolops zu, der lanzenberühmte,
Lampos Laumedontás Sohn, des tapferſten Streiters.
Dieſer traf die Mitte des Schildes vom Füleiden,
Aus der Nähe ſtürzend auf ihn; es ſchützte der dichte

525   Panzer den Griechen. Füleus, ſein Vater, hatte den Panzer
Aus Efürä hergebracht, vom Strome Selläeis;
Eufätäs gab ihn zum Gaſtgeſchenke, der König,
Daß er im Krieg' ihn trüge zur Schutwehr gegen die Feinde.
Siehe nun ſchützt er gegen den Tod den Körper des Sohnes.

530   Megás traf mit ſcharfer Lanze die oberſte Wölbung
An des Dolops roßbeſchweiftem ehrnen Helme;
In den Staub hin ſtürzte der purpurſchimmernde Helmbuſch.

Weil

V. 523. Megás war Füleus Sohn.

Weil noch beyde fochten, den Sieg der Troer noch hoffte,
Kam der kriegrische Menelaos dem Griechen zu Hülfe;
535 Stellte sich seitwärts hinter den Troer; die dürstende Lanze
Stürmte durch die Brust, und streckte zu Boden den Dolops.
Megas machte sich auf und Menelaos, zu rauben
Seine Waffen. Hektor rief mit scheltender Stimme
Seinen Vettern, vor allen dem tapfern Sohn Hiketaons,
540 Melanippos, welcher vordem in Perkotas Fluren
Rinderheerden hütete, fern vom Schlachtengetöse;
Aber, als der Danaer Schiffe gen Ilion kamen
Zog er heim, und schimmerte rühmlich unter den Troern,
Wohnte bey Priam, und ward wie seine Söhne geehret!
545 Hektor rief ihm zu mit diesen scheltenden Worten:
So, so lassen wir nach, o Melanippos, vom Kampfe?
Und es jammert nicht dein Herz des ermordeten Vetters?
Siehst du nicht, wie jene der Rüstung Dolops begehren?
Folg! nun dürfen wir länger nicht mehr entfernt von den Griechen
550 Kämpfen; nein! wir müssen sie tödten: oder sie stürzen
Ilions Burg vom Gipfel herab, und tödten die Bürger.

Sprach's, und eilte voran; ihm folgte der göttliche Streiter.
Aber der grosse Telamonid' ermahnte die Griechen:
O ihr Lieben, seyd Männer, und scheuet einer den andern!
555 Scheuet mit Ehrfurcht einer den andern im blutigen Treffen.
Heere, welche sich selber ehren, schüzen sich selber;
Aber kraftlos sinken mit Schmach der Fliehenden Schaaren.

Sprach's; sie aber selber begehrten den Feind zu vertreiben.
Dachten an Aias Wort, und umgaben mit eherner Mauer
560 Rund die Schiffe. Zeus erregte die Schaaren der Troer.

F   Nestors

Nestors Sohn, rief der kriegrische Menelaos:
Antilochos, denn du bist unter den Edlen der jüngste;
Keiner der andern ist schneller, als du, und stärker nicht einer!
Spring hervor, und suche der Troer einen zu treffen!

565   Sprach es, schritt zurück, und erregte den Nestoriden.
Sieh er sprang hervor, und schwang die schimmernde Lanze,
Um sich schauend; es bebten zurück die Schaaren der Troer
Vor dem Zielenden. Nicht vergeblich warf er die Lanze;
Denn er traf Melanippos, den mutigen Sohn Hiketaons,

570   In die Brust, der eilete eben der Feldschlacht entgegen.
Tönend fiel der Troer, von eherner Rüstung umrasselt.
Antilochos eilt' auf ihn zu, wie ein Hund auf der Hindin
Zartes Kind, das eben ein Jäger, da es dem Lager
Bang' entsprang, getroffen, und auf die Erde gestreckt hat;

575   So auf dich, Melanippos, der rüstige Nestoride;
Deine Waffen zu rauben! Das merkte der göttliche Hektor,
Und lief gegen den Griechen zu durch die blutige Feldschlacht.
Antilochos, so tapfer er war, bestand den Troer
Dennoch nicht; er wich zurück, dem reissenden Thiere

580   Aehnlich, welches den Hund der Heerde, oder den Hirten
Hat getödtet, und flieht, eh sich die Männer versammlen;
Also Nestors Sohn. Es ergossen die Troer und Hektor
Sich mit Pfeilen hinter ihm und lautem Getöse;
Endlich wandt' er sich, als er die Schaar der Genossen erreichte.

585   Aber die Troer, gleich den thierzerfleischenden Löwen,
Stürzten gegen die Schiff', und erfüllten Kronions Befehle;
Welcher ihren Mut erhub, und die Stärke der Griechen
Schwächte, ihnen den Sieg, die Troer kräftigend, raubte.

Hektorn

Hektorn wollt' er, dem Priamiden, Ehre verleihen,
590 Daß er in die Schiffe der Griechen verzehrendes Feuer
Würf', und ganz die vermeßne Bitte der Thetis gewährte.

Zeus erwartet den Glanz von einem brennenden Schiffe;
Alsdann wollt' er wieder treiben die Schaaren der Troer
In die Flucht, den Danaern wieder Ehre verleihen.
595 Solches gedenkend, erreget' er nun bey den hohlen Schiffen
Hektor, Priamus Sohn, der selber des Kampfes begehrte.
Gleich dem lanzenschwingenden Arás wütet dieser,
Oder wie ein loderndes Feuer das Waldthal durchwütet.
Seine Lippen schäumten, und Feuer sprühten die Augen
600 Unter den zürnenden Augenbraunen; es flatterte schrecklich
Hin und her um des Kämpfenden Schläfen der wallende Helmbusch.
Denn vom hohen Himmel herab beschüzet' ihn selber
Zeus Kronion, ihn verherrlichend, daß er auch einzig
Könnte streiten mit vielen; denn kurz nur sollt' er noch leben,
605 Schon bestimmte Pallas ihm die Stunde des Todes,
Wann er fallen sollte, gestreckt durch die Hand des Achilleus.

Nun versucht' er zu durchbrechen die Reihen der Männer,
Wo er die dichtesten Haufen sah; und die stärksten Waffen.
Aber das vermocht' er nicht, so hizig er angriff.
610 In gevierter Ordnung standen sie, ähnlich dem hohen
Grossen Felsen an dem Gestade des grauen Meeres,
Welcher den rauschenden Flug der schnellen Winde bestehet,
Und die gethürmten Wogen, die gegen ihn auf sich wälzen:
So bestanden, ohne zu weichen, die Griechen den Angriff.
615 Aber stralend rund umher; sprang in die Geschwader
Hektor hinein: wie die Wog' in das schnelle Schiff sich stürzet,

F 2

Wenn

Wenn sie, von Wolken und Stürmen genähret, reissend daherbraust;
Schaum bedeckt das ganze Schiff, der heftige Windstoß
Rauschet im Segel, es klopfet das Herz der zagenden Schiffer,
620 Denn ganz nahe schweben sie schon dem Untergange:
Also klopfte nun das Herz in der Brust der Achaier.

Hektor, wie ein grimmer Löw' auf Rinder sich stürzet,
Welche zahllos weiden in grossen gewässerten Auen,
Unter ihnen wandelt ein Hirte; noch unerfahren,
625 Krumgehörnter Rinder wegen mit Löwen zu kämpfen,
Geht er bald bey den vordersten, bald bey den hintersten; aber
Eines der mittelsten hascht und zerfleischet der Löwe, die andern
Fliehn erschrocken: so flohn vor Hektor und Zeus Kronion
Alle Danaer. Hektor tödtete Perifátás
630 Aus Mükáná, Kopreus Sohn, der ein Bote des Königs
Eurüstheus zum mächtigen Hérakles gesandt ward.
Besser als sein Vater war in jeglicher Tugend
Perifátás, schneller im Laufe, tapfrer im Kampfe,
Und an Rath der weisesten einer in Mükáná.
635 Grossen Ruhm verlieh sein Fall dem göttlichen Hektor.
Perifátás stieß, indem er sich wandt', an des eignen
Schildes Rand, das ihn bis zu den Füssen beschützte;
Rücklings fiel er; umtönt vom fürchterlich hallenden Helme.
Des ward Hektor gewahr, und lief, und stellte sich zu ihm,
640 Und durchstieß ihm die Brust mit dem Speer; bey seinen Genossen
Mordet' er ihn. Sie waren bekümmert, und konnten ihm doch nicht
Helfen; denn sie scheuten sehr den göttlichen Hektor.

Näher wichen sie nun an die Schiffe, welch' an das Ufer
Waren zuerst gezogen; es schützten sie diese. Die Troer

645 Stürmten; von den vordersten Schiffen waren die Griechen
Schon gewichen aus Noth, und blieben stehn bey den Zelten,
Dichtgedrängt, zerstreuten sich nicht; die Furcht und die Schande
Fesselten sie, sie ermahnten einander unablässig.
Nestor vor allen, der hochgeehrte Hüter der Griechen,
650 Flehte jedem, aus Liebe für seine Eltern zu streiten:
O ihr Lieben, seyd Männer, gedenkt des guten Gerüchtes
Unter den Menschen! es müsse sich auch ein jeder erinnern
Seiner Kinder und Weiber und Güter und seiner Eltern,
Derer welche noch leben, und derer welche schon todt sind!
655 Ach bey diesen beschwör' ich euch, die ferne von euch sind,
Tapfer den Feind zu bestehn, und nicht die Flucht zu ergreifen!

Sprach's, erweckte den Mut und die Stärke jegliches Streiters.
Ihnen nahm den gottgesandten Nebel Athäná
Von den Augen; sie sahen nun hell von beyden Seiten,
660 Von der Seite der Schiff', und von der Seite der Feldschlacht.
Hektor sahn, den Starken im Streit, mit seinen Genossen,
Die von ferne standen und sich des Kampfes enthielten,
Und die welche stritten bey ihren schnellen Schiffen.

Nun gefiel nicht mehr dem edelmütigen Ajas,
665 Da zu stehn, wo standen die andern Söhne der Griechen;
Er bestieg das Verdeck des Schiffes. Mit grossen Schritten
Ging er einher, und schwang in seiner mächtigen Rechte
Einen zwey und zwanzig Ellen langen Schiffspeer.

F 3   Wie

V, 668. Im sechsten Gesange hat Hektor einen elf Ellen langen Speer. Die
grossen Schiffspeere bestanden aus zwey zusammengefügten Speeren.
In alter Rüsthäusern findet man eben so grosse Waffen unsrer Väter, besonders in der Schweiz.

Wie ein Mann, in jeglicher Kunst des Reitens erfahren,

670 Sich aus einer grossen Zahl vier Rosse erlieset,
Aus dem Felde zur Stadt sie treibet über den Heerweg,
Zwischen bewundernden Reihen von Männern und Weibern; denn sicher
Springt er von einem aufs andre, sie aber fliegen indessen:
So ging über viele Verdecke der schnellen Schiffe

675 Aias, mit grossen Schritten und himmelerreichender Stimme;
Denn mit lautem Geschrey ermahnt' er die Danaer immer,
Zu vertheidigen Schiff' und Zelt'. Auch Hektor entriß sich
Nun den dichtgewaffneten Reihen der troischen Schaaren.
Wie ein glänzender Adler sich auf befiederter Vögel

680 Schaaren stürzet, indem sie weiden am Ufer des Stromes,
Gänse, Kraniche, Schwäne mit langgebogenen Hälsen;
So bestürmte der schwärzlichen Schiffe der Priamide
Eins, und vorwärts stieß ihn Kronion mit mächtiger Rechte,
Und erregte hinter ihm die folgenden Schaaren.

685 Nun entstand von neuem ein scharfes Gefecht bey den Schiffen,
Und du hättest geglaubt, sie könnten nimmer ermüden
In der Schlacht; so hizig fochten sie gegen einander.
Dieses war der Heere Gesinnung: Es meynten die Griechen,
Daß sie sterben würden, und nicht dem Verderben entrinnen;

690 Aber der Troer hoffte jeder in seinem Herzen,
Daß sie würden die Schiffe verbrennen, die Danaer tödten.
So gedachten die Heer', und widerstanden einander.

Hektor legte die Hand an eines der schönsten und schnellsten
Meerdurchwallenden Schiff'; es brachte Protesilaos

695 Hin gen Ilion, sollt' ihn nicht wieder ins Vaterland bringen.
Dieses Schiffes wegen stritten Achaier und Troer,

Und

Und ermordeten sich von nahem; zu hitig, den Wurfspieß,
Und, von ferne stehend, den fliegenden Pfeil zu erwarten.
Gleiche Schlachtbegierde brachte sie dicht aneinander,
700 Und sie fochten mit scharfen Beilen, zwiefachen Aexten,
Großen Schwertern und zweyschneidigen langen Lanzen.
Manche schönen Schwerter, mit großen Heften versehen,
Fielen aus den Händen, und andre herab von den Schultern
Streitender Männer; es schwamm im Blute die schwarze Erde.

705 Hektor, seit er das Hintertheil des Schiffes ergriffen,
Ließ nicht nach, er hielt es fest, und ermahnte die Troer:

Bringet Feur, und bestürmt in dichten Schaaren die Griechen!
Zeus giebt diesen Tag, der alles wieder ersetzt,
Was wir verloren! Wir nehmen die Schiffe, die gegen der Götter
710 Willen kamen, und durch die Feigheit der Greise Verderben
Auf uns brachten! Sie hielten mich ab, so sehr ich es wünschte,
Bey den Schiffen der Griechen zu streiten, und wehrten dem Heere!
Aber so der donnernde Zeus uns damals bethörte,
O so treibet er nun uns an, gebeut uns zu kämpfen!

715 Also sprach er; heftiger stürzten sie auf die Argeier.
Aias bestand den Angriff nicht länger, ihn drängten die Lanzen;
Und er glaubte zu sterben, und wich ein weniges rücklings
Zu der Ruderbank, das Verdeck des Schiffes verlassend.
Alda stand er, um sich schauend, jeglichem Troer
720 Wehrend mit der Lanze, so einer loderndes Feuer
Brachte; und er rief mit schrecklicher lauter Stimme:

O ihr theuren Achaier, geweihte Streiter des Arä,

F 4   Seyd

Seyd nun Männer, ihr Theuren, gedenket der stürmenden Feldschlacht!
Oder meynt ihr, es werden von hinten Helfer euch kommen?
725 Glaubt ihr, hinter euch erheben sich schützende Mauren?
Keine Stadt, bewehrt mit Thürmen, ist in der Nähe,
Welche, die Reihen des Heers verstärkend, helfen uns könnte;
Sondern wir stehn im Felde der starkgewaffneten Troer,
Durch das Meer gedrängt, und von der Heimat entfernet.
730 Unser Heil ist im Arm, und nicht im weichlichen Fechten!

Sprach's, und wütete rund umher mit der scharfen Lanze.
Wo dem ermahnenden Hektor zu Liebe einer der Troer
Bey den hohlen Schiffen ging mit loderndem Feuer,
Den verwundete Aias, ihn mit der Lanze empfangend.
735 Sieh er verwundete zwölf von nahem, dicht bey den Schiffen.

Ilias.

Ilias.

Sechzehnter Gesang.

Ilias.

Sechzehnter Gesang.

Also fochten die Heere beym ruderversehenen Schiffe.
    Aber Patroklos stand vor Achilleus, dem Hirten der Völker,
Heisse Thränen vergiessend, ähnlich der schwärzlichen Quelle,
Die vom hohen Felsen ihr dunkles Wasser herabgießt.
5 Sein erbarmte sich der göttliche schnelle Achilleus,
Und er sprach zu ihm mit diesen geflügelten Worten:

    Warum weinst du, Patroklos? Einem kleinen Mägdlein
Gleich, das hinter der Mutter läuft, beym Gewande sie zupfet,
Flehet, sie auf die Arme zu nehmen, die eilende aufhält,
10 Und mit Thränen emporblickt, bis die Mutter sie aufnimt;
Einer solchen gleich Patroklos vergiessest du Thränen!
Bringst du Botschaft den Mürmidonen, oder mir selber?
Hast du traurige Zeitung allein aus Ftia vernommen?
Sagen doch alle, Mensitios lebe, der Sohn des Aktor,
15 Und es lebe Päleus unter den Mürmidonen,
Deren beyder Tod uns heftig würde betrüben.
Oder jammerst du wegen der Griechen, die bey den hohlen
Schiffen, ob des eignen Frevels, werden ermordet?
Sprich, verhalte mir nichts, damit wir beyde es wissen!

20   Du antwortetest tiefaufstöhnend, edler Patroklos:
O Achilleus, Päletone, stärkster Achaier!

Zürne

Zürne nicht! Eur großes Uebel drängt die Achaier!
Alle, welche vordem die stärksten waren im Streite,
Sind in den Schiffen mit Pfeilen verwundet, oder mit Speeren:

25 Mit dem Pfeil Diomed, der starke Tidesde;
Mit dem Speer Odyss der kriegrische, und Agamemnon;
In die Lende traf ein Pfeil den Eurüpülos.
Heilende Aerzte pflegen ihrer, und suchen der Wunden
Schmerz zu lindern. Du bist unerbittlich, Achilleus!

30 Nimmer soll ein Zorn, wie der deinige, mich ergreifen!
Fürchterlicher! wer wird deiner Hülfe sich freuen,
So du nicht von den Griechen den schrecklichen Untergang abwehrst!
Unbarmherziger! Pelens der Held ist nicht dein Vater,
Deine Mutter ist Thetis nicht! Dich haben mit blauen

35 Wogen steile Felsen erzeugt, des bist du so grausam!
So du eine Weissagung schenest in deinem Herzen,
Und dich, daß du nicht gehst, Zeus durch die Mutter gewarnt hat;
O so sende zum wenigsten mich; die Mürmideuen
Müssen mir folgen, so kann ich ein Heil der Danaern werden.

40 Gieb mir deine Waffen zugleich auf den Schultern zu tragen,
Ob vielleicht für dich alsdann die Troer mich halten,
Und uns weichen; es athmen die müden Söhne der Griechen
Dann, die kleinste Erholung ist schon ein Labsal im Kriege.
Siehe wir frische können leicht die ermüdeten Feinde

45 Treiben in die Stadt, von den Schiffen und Zelten der Griechen.

Also sprach er mit flehenden Worten. Thor! sich selber
Sollt' er nun den Tod und das harte Schicksal erflehen!
Unmutsvoll erwiederte ihm der schnelle Achilleus:
Wehe mir, du edler Patroklos, was hast du gesprochen!

50 Weissagungen scheu' ich nicht, es hat mir auch keine

                                              Meine

Meine göttliche Mutter im Namen Kronions verkündet;
Aber ein tiefer Schmerz hat meine Seele durchdrungen,
Daß ein Mann will seines gleichen wieder berauben
Seiner Gabe, weil er ihm ist an Macht überlegen.

55 Das ist's, was mir immer mit Schmerz die Seele belastet!
Meine, welche mir die Söhne der Griechen erkiesen,
Die ich in der eroberten Stadt mit dem Speere verdiente;
Solche reißt aus den Armen mir Agamemnon der König,
Atreus Sohn, als wär' ich der niedrigsten Flüchtlinge einer.

60 Aber laß das Vergangne fahren; denn es geziemt sich
Nicht, beständig im Herzen zu zürnen! Zwar hatt' ich gedräuet,
Nicht von meinem Zorne zu lassen, bis endlich zu meinen
Schiffen kommen würde der Krieg und der Feldschlacht Getöse;
Dennoch rüste dich nur mit meinen berühmten Waffen,

65 Und führ' in die Schlacht die kriegrischen Myrmidonen.
Denn es umgiebt ein schwarzes Gewölk von Troern die Schiffe;
Hartgedränget stehn die Argeier am Ufer des Meeres,
Und es stürzet über sie her das ganze Troia,
Zuversichtvoll, dieweil sie nicht mehr an meiner Stirne

70 Sehn den stralenden Helm. Sie hätten flüchtend mit Leichen
Längst die Graben gefüllt, wenn Agamemnon der König
Wäre billig gewesen; nun streiten sie rund um das Lager.
Denn es wütet nicht mehr in den Fäusten des Tydeiden
Diomädäs der Speer, vom Heer das Verderben zu fernen;

75 Und sie hören nicht mehr des rufenden Agamemnon
Stimme von seinen verhaßten Lippen: des mordenden Hektors
Stimme schallet umher, die Troer ermunternd; das ganze
Weite Gefilde hallt vom Geschrey der siegenden Troer.
Dennoch, Patroklos, wehre noch dem Verderben der Schiffe,

80 Tapfer die Troer bestürmend, daß nicht mit loderndem Feuer

Sie

Sie die Schiffe verbrennen, die süsse Heimfahrt verhindern.
Aber eins! und merke dir das im innersten Herzen,
Daß du grosse Ehre mir und Ruhm erwerbest
Vor der Danaer Heer, und sie das liebliche Mägdlein

85 Wieder mir erstatten mit vielen herrlichen Gaben.
Hast du sie von den Schiffen vertrieben, so kehre! wofern dir
Ruhm der weithindonnernde Gatte Härás gewähret;
O so laß dich nicht gelüsten, ferner zu streiten,
Ohne mich, mit den kriegrischen Troern! Das würde mich schmälen!

90 Führe nicht weiter, die Troer ermordend, das jauchzende Kriegsheer
In der blutigen Schlacht bis hin zu Ilions Mauren;
Daß nicht der olümpischen ewiglebenden Götter
Einer komm', es liebt sie der Fernhintreffer Apollon:
Sondern kehre, sobald du Heil den Schiffen gebracht hast;

95 Jene laß noch ferner streiten im weiten Gefilde.
Wollten Vater Zeus, und Pallas und Foibos Apollon,
Daß kein einziger unter den Troern entrönne dem Tode!
Kein Argeier! wir beyden allein dem Verderben entflöhen,
Wir allein dann stürzten Ilions heilige Zinnen!

100 Also sprachen Achill und Patroklos untereinander.
Aias hielt nicht Stand, er ward von Pfeilen gedränget;
Ihn bezwangen der Wille Zeus, und die mutigen Troer
Mit Geschoß, es scholl der strahlende Helm um die Schläfen
Fürchterlich von geworfnen Speeren und Pfeilen, denn immer

105 Flogen sie auf das gewölbte Erz; auch sank ihm die Rechte
Unter der Wucht des Schildes: sie konnten dennoch von dannen
Ihn nicht treiben, so sehr sie auch mit Pfeilen ihn drängten.
Aber tiefauf keichet' er, überall von den Gliedern
Floß ihm vieler Schweiß, er konnte nicht frey aufathmen,

110 Ihn

110 Ihn umdrängten von allen Seiten verfolgende Uebel.

    Saget mir nun, ihr Musen, des hohen Olümpos Bewohner:
    Wie verbreitete sich zuerst in den Schiffen das Feuer?
    Hektor schlug mit grossem Schwerte die eschene Lanze
    Aias, dicht bey ihm stehend, über der Oese des Eisens,
115 Und durchhieb das Holz. Nun schwang der Telamonide
    In der Rechten den blossen Schaft; die eherne Spize
    Klang, indem sie fern von ihm auf den Boden dahin fiel.
    Aias erkannte die Werke der Götter, und erstarrte,
    Als er vernahm, wie Zeus der hochherdonnernde ihm izt
120 Jeden Entschluß vereitelte, Sieg den Troern gewährte;
    Und er wich. Da warfen die Troer loderndes Feuer
    In das schnelle Schiff, unlöschbar tobte die Lohe;
    So umflammte Feuer das Schiff. Der Päleione
    Ward des wahr; er schlug die Lenden, und sprach zu Patroklos:
125 Auf! erhebe dich, wagenkundiger, edler Patroklos!
    Denn ich seh in den Schiffen die Wut des feindlichen Feuers!
    Eil', eh sie nehmen die Schiff', und den Griechen wehren die Rückfahrt,
    Zeuch die Rüstung an; ich will die Schaaren versammlen!

    Sprach's, Patroklos rüstete sich mit schimmerndem Erze.
130 Um die Beine legt' er zuerst die ehernen Panzer,
    Sauber waren diese mit silbernen Häklein versehen.
    Dann bedeckt' er die Brust mit des schnellen Aiakiden
    Prächtigem Harnisch; er stralte von fern, wie die Sterne des Himmels.
    Um die Schultern warf er sein ehernes Schwert; mit Silber
135 War es gezieret; er griff zum grossen und starken Schilde.
    Seine starke Scheitel deckte die Wucht des Helmes,
    Fürchterlich wehte von oben herunter der wallende Roßschweif.

                                              Seine

Seine Fäuſte füllten zwo gewaltige Lanzen.
Nur den einen Speer des trefflichen Aäkiden
140 Nahm er nicht; ſchwer war er und groß und mächtig, der Griechen
Konnt' ihn keiner, Achilleus allein vermocht' ihn zu ſchwingen.
Dieſer Eſchbaum war auf Pälions Gipfel gewachſen,
Cheiron hatte ihn Achilleus Vater gegeben,
Daß er ſchrecken ſollte die Reihen gewaffneter Krieger.
145 Automedon hieß er vorzuſpannen die ſchnellen
Roſſ'; ihn liebt' er zunächſt nach dem Schaarendurchbrecher Achilleus,
Denn am treuſten beſtand er mit ihm die Stürme der Feldſchlacht.

Automedon ſpannete vor die ſchnellen Roſſe,
Xantos und Baltos, eilend im Laufe, wie Hauche des Windes;
150 Die Harpüe gebahr ſie dem Zefüros, als ſie
Weidete auf der Au', am Geſtade des Ozeans.
Neben den beyden ſpannt' er den trefflichen Pädaſos, welchen
Aus Aeetions Stadt Achilleus hatte gewonnen;
Sterblich war er, und lief doch mit unſterblichen Roſſen.

155 Päleus Sohn durchging die Zelte der Mürmidonen,
Und er rüſtete ſie. Die Fürſten der Mürmidonen
Glichen reiſſenden Thieren von ungeheurer Stärke,
Welche einen ermordeten Hirſch auf Bergen zerfleiſchen;
Allen triefet rothes Blut die Mäuler herunter,
160 Haufenweiſe gehn ſie zuſammen, daß ſie der Quelle
Mögen ſchwärzliches Waſſer mit ihren dünnen Zungen
Obenhin entſchöpfen; es ſtürzet Blut aus den Rachen,
Unerſchrocken ſchlägt ihr Herz im gedehnten Bauche:
Alſo eilten die Führer und Fürſten der Mürmidonen
165 Um den edlen Genoſſen des ſchnellen Aäkiden

Mutvoll. Unter ihnen stand der kühne Achilleus,
Er ermahnte die Roff' und schildbewaffneten Männer.
 Funfzig waren der schnellen Schiff', in welchen Kronions
Liebling Achilleus hatte gebracht die Schaaren; in jedem
170 Funfzig Männer, welche die Ruderbänke besezten.
Fünf Hauptmänner hatt' er gesezt, und ihnen betrauet
Zu befehlen; er aber selbst beherrschte sie alle.
 Eine Schaar gehorchte Menesthios, Sperchios Sohne,
Sperchios des himmelgenährten göttlichen Stromes;
175 Päleus Tochter gebahr ihn, die schöne Polüdora.
Sieh' es schlief das sterbliche Weib beym unsterblichen Gotte;
Boros führte den Vaternamen, der Sohn Periäräs,
Denn er hatte die Mutter gefreyt, und reichlich beschenket.
 Eudoros, ein Jungfraunsohn und rüstiger Krieger,
180 Führte den zweyten Haufen; ihn hatte die Tochter des Fülas
Polümäla, die reigenberühmte Schöne, geboren.
Diese hatte geliebt der starke Mörder des Argos,
Da er unter den singenden Jungfraun des tanzenden Reigen
Sie erblickte; im Chore der Jägerin mit goldenem Bogen;
185 Alsbald schlich der friedsame Gott in des hohen Palastes
Kammer, heimlich schlief er bey ihr; sie bracht' ihm den edlen
Eudoras, schnell war er im Lauf, und tapfer im Kriege.
Als die helfende Eleithüia das Knäblein herporzog
An das Licht, und als es erblickte die Stralen der Sonne;
190 Brachte Aktors Sohn die Mutter, Echeklas der starke,
In sein Haus, er hatt' ihr gegeben unendliche Gaben.
Fülas der Greis ernährte das Knäblein, und pflegete herzlich

Ilias.   G   Sein,

V. 181. Hermäs.
V. 184. Artemis, Diana.
V. 188. Eine Göttin, welche Gebährerinnen beystand.

Sein, mit inniger Lieb', als wärs sein leibliches Söhnlein.

Peisandros, der kriegrische, führte die dritte der Schaaren,
195 Maimalos Sohn; im Kampfe des Speeres war er der stärkste
Unter den Myrmidonen, nächst dem edlen Patroklos.

Foinix, dem rossetummelnden Greise gehorchte die vierte.
Alkimedon, dem trefflichen Sohn Laerkäs, die fünfte.

Als Achilleus hatte die kriegrischen Reihen geordnet
200 Unter den Führern, gab er ihnen scharfe Befehle:
Myrmidonen, nun müsse keiner der Worte vergessen,
Die ihr bey den Schiffen sprachet gegen die Troer,
Weil ich zürnte, und mich beschuldiget, euer jeder:
Schlimmer Pelidhe, dich säugte die Mutter mit Galle,
205 Harter, der du hier bey den Schiffen die Krieger zurück hältst!
Da dein böser Zorn doch einmal wütet im Herzen,
Möchten wir lieber kehren in meerdurchwallenden Schiffen.
Also saget ihr oft; wohlan, die Stund' ist gekommen
Zu der Feldschlacht, welcher ihr vor diesem begehrtet!
210 Jeder streite mit mutigem Herzen gegen die Troer!
Sprach's, und erregte den Mut im Herzen jegliches Streiters;
Dichter schlossen sie an einander die kriegrischen Reihen.

Wie ein Mann mit dichtzusammengefügten Steinen
Baut ein hohes Haus, die Macht der Winde vermeidend;
215 Also strahlten Helm' und Schilde neben einander,
Schild an Schild, und Helm an Helm, und Krieger an Krieger.
Durcheinander röthen die nickenden Schweife der Helme.
Vor der Spitze machten sich auf zween Männer, Patroklos,
Und mit ihm der gleichgesinnte Automedon,
220 Vor den Myrmidonen zu kämpfen. Aber Achilleus

Eilet'

Eilet' ins Zelt, und nahm den Deckel vom künstlichgemachten
Kästlein, welches ihm die silberfüßige Thetis
Hatt' aufs Schiff gegeben, und mit Gewanden gefüllet,
Und mit windabwehrenden Mänteln und zottichten Decken.

225 Hier lag auch ein künstlicher Becher, aus welchem noch niemand
Hatte dunkelrothen Wein getrunken, noch niemand
Einem Gotte Wein geopfert auſſer Kronion.
Solchen nahm Achill, und reinigte ihn mit Schwefel,
Wusch ihn dann in schönen Strömen von klarem Waſſer;

230 Seine Hände wusch er auch, und schöpfte des Weines.
Auf geweihtem Plaze stand er; und schaute gen Himmel,
Heiligen Wein ausgieſſend; ihn hörte der Gott des Donners:
Zeus, du Dodonäischer und Pelasgischer König,
Der du des kalten Dordona waltest, wo dich die Seller,

235 Deine Seher, umwohnen mit ungewaschenen Füſſen,
Schlafend auf bloſſer Erde! Du hast vormals mich erhöret,
Mich verherrlicht, und sehr das Volk der Achaier geschlagen;
Zeus, du wolleſt auch nun mir meine Bitte gewähren!
Selber bleib' ich zwar alhier bey den Reihen der Schiffe,

240 Aber ich sende den Freund mit vielen Myrmidonen
In den Kampf. O Donnerer, send' ihm den Sieg zum Begleiter,
Kräftige du sein Herz im Busen, daß Hektor vernehme:
Ob mein Kriegsgenoſſe vermag, auch wenn er allein ist,
Tapfer zu kämpfen; oder nur dann mit wütenden Fäusten

245 Streitet, wenn ich gehe mit ihm ins Getümmel des Ares.
Aber wenn er der Feldschlacht Lärm von den Schiffen entfernt hat;
Laß ihn unverlezt kehren zurück zu den Schiffen,
Mit der Rüstung und allen diesen mutigen Kriegern.

Also sprach er flehend, ihn hörte der weise Kronion,

G 2   250 Gab

250 Und ihnen bald halben Gabe Gewährung, versagte die Hälfte:
 Abzuwehren die Schlacht von den Schiffen, gewährt' ihm Kronion,
 Aber nicht die sichte Rückkehr seines Gefährten.

 Als er hatte gebetet, und heiligen Wein gegossen;
 Ging er ins Zelt, und legte den Becher wieder ins Kästchen;

255 Ging dann wieder heraus, und stand vor dem Zelte; denn er
 Sähe die heiße Schlacht der Troer und der Achaier.

 Jene folgten gerüstet dem edelgesinnten Patroklos,
 Muthvoll, um muthig sich auf die Troer zu stürzen.
 Hinausgossen sie sich, gleich Wespen, die an dem Landweg

260 Wohnen, wenn nach kindischer Weise Knaben sie reizen,
 Allgemeines Uebel empörend durch thörichten Leichtsinn;
 Denn wenn etwa ein Wandrer, indem er vorbeigeht,
 Sie beweget, flattern sie alle mit muthigem Herzen
 Gegen ihn, und wähnen für ihre Kinder zu streiten:

265 So gesinnet ergossen sich die Myrmidonen
 Aus den Schiffen, es brüllte der Feldschlacht lautes Getöse.
 Seine Genossen ermahnte mit lauter Stimme Patroklos:

 Myrmidonen, Gefährten des Päleïonen Achilleus,
 Seyd nun Männer, ihr Lieben, gedenket der stürmischen Feldschlacht:

270 Daß wir Päleus Sohn, den tapfersten aller Argeier,
 Bey den Schiffen ehren, als seine kühnen Genossen;
 Und merk' das erkenne, der herrschende Agamemnon,
 Sein Versehen, daß er den stärksten Achaier nicht ehrte!
 Sprach's, erregte den Muth und die Stärke jegliches Streiters.

275 Häufig stürzten sie gegen die Troer, und schrecklich ertönten
 Rund umher, von lautem Geschrey der Achaier die Schiffe.

Als die Troer den tapfern Sohn des Menoitios sahen,
Ihn und seinen Genossen in ihren schimmernden Waffen;
Wurden die Herzen aller bewegt, es wankte die Heerschaar.
280. Denn sie meynten, es hätte der schnelle Päleione
Seinem Zorn' entsagt, und begünstige wieder die Griechen;
Jeder blickte umher, wo er dem Verderben entrönne.

Siehe Patroklos schwang zuerst die schimmernde Lanze
Gegen die Mitte des Heers, wo am wildesten tobte die Feldschlacht,
285. Bey dem Schiffe des edelgesinnten Protesilaos;
Und er traf Púraichmás, welcher Paioniens Wagen
Von des Axios breitem Strom aus Amúdon führte,
Auf die rechte Schulter. Er fiel zurück in den Staub hin,
Seufzend; rund um ihn entflohen seine Genossen;
290 Denn Entsetzen hatte Patroklos verbreitet, indem er
Mordete ihren Führer, den mutigkämpfenden Krieger.
Von den Schiffen trieb er sie nun, und löschte das Feuer;
Halbverbrannt schon stand das Schiff. Mit wildem Getümmel
Flohen die Troer; es gossen sich nach der Danaer Schaaren
295 Längst den hohlen Schiffen mit überlautem Getöse.

Wie wenn auf des hohen Berges oberstem Gipfel
Zeus, der Wetterleuchtende, dicke Wolken zerstreuet;
Alle Warten erscheinen und alle Spizen der Berge,
Und der Forst, es öffnet sich weit der unendliche Himmel:
300 Also athmeten wieder die Griechen, nachdem sie der Feinde
Flammen hatten entfernt; doch ruhten sie nicht von der Feldschlacht.
Denn noch hatten nicht ganz die kriegsgeübten Achaier
In die Flucht, zurück von den Schiffen, die Troer getrieben;
Weichend widerstanden noch diese, vom Schicksal bezwungen.

305 Einzeln ermordete einer den andern, es stürzten die Feldherrn
Auf die Feldherrn: es warf der tapfre Menoitiade
Seinen scharfen Speer in die Lende des Aráilúkos,
Welcher eben sich wandte; es drang die eherne Lanze
Durch und durch, und zermalmte den Knochen; er fiel in den Staub hin.

310 Menelaos verwundete Thoas über dem Schilde,
auf entblößter Brust, und streckt' ihn getödtet zur Erde.

Gegen den Fúleïden stürzet Amfiklos, doch kam ihm
Fúleus Sohn zuvor, und traf die Wade des Troers,
Daß die Nerven rissen, und Dunkel sein Angesicht deckte.

315 Tapfer stritten die Nestoriden. Mit spiziger Lanze
Traf Atúmnios Bauch Antilochos; sie durchdrang ihn,
Daß er vor ihm fiel. Von nahem stürzete Maris
Auf Antilochos, zürnend ob des ermordeten Bruders,
Seine Leiche schüzend. Der göttliche Thrasúmádäs
320 Kam ihm zuvor, den Bruder vertheidigend; Maris Schulter
Traf er; seiner Achsel Nerven theilte des scharfen
Speeres Erz, und zermalmte zugleich den Knochen der Schulter;
Rasselnd fiel der Troer, und Dunkel umhüllte sein Antliz.

Also, von zween Brüdern bezwungen, sanken die beyden
325 In den Erebos, Sarpádons getreue Genossen,
Kriegrische Söhne des Amisodaros, der die Chimaira
Nährte, die unbezwingbare, vieler Menschen Verderben.

Aias,

V. 312. Megás war des Fúleus Sohn.

Aias, Oileus Sohn, ging gegen Kleobulos,
Fing ihn im Gepränge, und nahm mit mächtigem Schwerte
330 Ihm das Leben; das Schwert ward lau vom Blute, des Troers
Augen deckte der blutige Tod und das harte Verhängniß.

Páneleos und Lúkon begegnen einander; es fehlten
Beyder Speere, vergeblich ihren Händen enteilend.
Beyde griffen zum Schwert. Des schweifbeschatteten Helmes
335 Wölbung schlug der Troer, da sprang ihm am Hefte die Klinge.
Páneleos schlug ihn am Nacken unter dem Ohre,
Und tief drang sein Schwert; es hing das Haupt herunter
An der bloßen Haut, und Lúkons Glieder erstarrten.

Mérionás schlug Akamas, den er laufend erreichte,
340 An die rechte Schulter, indem er den Wagen hinaufsprang;
Von dem Wagen fiel er, und Dunkel umfloß sein Auge.

Idomeneus traf Erúmas mit grausamen Erze;
Seinen Mund durchflog der Speer, und zermalmte die Knochen
Unter dem Schädel, entschüttelte seinem Munde die Zähne,
345 Füllte die Augen mit Blut; auch athmet' er Blut aus dem offnen
Mund' und aus der Nase; die schwarze Wolke des Todes
Hüllet' ihn ein. So mordeten einzeln die Führer der Griechen.

Wie zerreissende Wölf' auf Lämmer oder auf Ziegen
Fallen, und aus den Heerden sie nehmen, die im Gebürge
350 Durch Versehn des Schäfers zerstreut sind; wie sie sie sehen,
So zerfleischen sie die schwache Beute: so fielen
Ueber die Troer die Danaer her; die Troer vergaßen
Ihrer Kraft, gedachten nur der lärmenden Rückflucht.

Stets

Stets begehrte Ajas, den erzgepanzerten Hektor
355 Mit dem Speere zu werfen; doch dieser, kundig des Krieges,
Deckte die breiten Schultern mit seinem Schilde von Stierfell,
Und nahm wahr der zischenden Pfeile, der sausenden Lanzen.
Zwar erkannte der Held, es habe der Sieg sich gewendet;
Dennoch wandt' er sich oft, und rettete seine Genossen.

360 Wie sich vom Olümpos dunkle Wolken erheben
Zu dem heitren Himmel, wenn Zeus Gewitter bereitet;
So entstand bey den Schiffen, der Troer Flucht und Getümmel.
Sonder Ordnung durchliefen sie nun die Graben; es zogen
Hektorn mit der Rüstung davon die fliegenden Rosse;
365 Er verließ die Schaaren, welche der Graben noch abhielt.
Viele schnelle Rosse zerbrachen die Wagen der Fürsten
In dem Graben, und liefen davon, die Fürsten verlassend.

Laut die Schaaren der Griechen ermahnend, verfolgte Patroklos
Unglücksinnend die Troer; sie füllten mit Flucht und Getöse
370 Alle Wege, weitzerstreuet; staubichte Wolken
Flogen gen Himmel; es liefen die Rosse mit stampfenden Hufen
Wieder zu den Mauren der Stadt von den Schiffen und Zelten.

Dorthin richtet mit großem Geschrey Patroklos die Rosse,
Wo er der Flucht Getümmel am lautesten höret; es fallen
375 Unter den Axen rollender Räder die Krieger, und rasselnd
Werden zerbrochene Wagen gewälzt mit lautem Gepolter.

Ueber den Graben sprangen die schnellen unsterblichen Rosse,
Welche die Götter hatten dem Päleus zur Gabe verehret,
Vorwärts strebten sie; herzlich begehrte Patroklos, zu treffen
380 Hektorn,

380 Helden, welcher mit eilenden Rossen vor ihm dahinfloh.

Wie in herbstlichen Tagen die ganze schwarze Erde
Ueberschüttet wird mit stürmendem Ungewitter,
Wenn Kronion am meisten die reissenden Wasser herabstürzt;
Weil er über den Frevel der sterblichen Menschen erzürnt ist,
385 Die auf Richterstühlen Geseze fälschlich verdrehen,
Und das Recht verdrängen, nicht achtend die Rache der Götter;
Schwellend überfliessen alsdann die Ströme, sie stürzen
Von Gebürgen herab die vorwärts hangenden Spizen,
Reissend rauschen die Ström' in die schwarzen Wogen des Meeres,
390 Und verwüsten im jähen Lauf die Arbeit der Menschen:
Also liefen und keichten die Rosse der fliehenden Troer.

Abgeschnitten hatte Patroklos die vordersten Schaaren
Von dem flüchtigen Heer; nun zwang er sie wiederzukehren
Zu den Schiffen, so sehr sie sich auch nach Ilion sehnten.
395 Zwischen den Mauren der Stadt, dem Strom und den Schiffen der
Griechen
Lief er mordend umher, und nahm an vielen die Rache.

Erst ermordet' er Pronoos mit schimmernder Lanze,
Neben dem Schilde traf er die Brust, und streckt' ihn zu Boden;
Rasselnd fiel er. Patroklos stürzet auf Thestor, des Aenops
400 Sohn; der duckte vor Furcht im schöngeglätteten Wagen;
Denn sein Herz erschrack, den Händen entfielen die Zügel.
Seine rechte Wange durchstach die Lanze Patroklos,
Und zerbrach die Zähn'; es zog ihn vorwärts die Lanze
Bis zum Ring' am Sessel des Wagens. Wie wenn ein Mann sizt
405 Auf der Spize des jähen Felsen, und aus dem Meere
Einen

Einen Fisch mit der Schnur an dem blanken Erze hervorziehet;
Also zog im Munde die Lanze Patroklos den Troer.
Nun entschüttelt' er ihn; er fiel mit fliehender Seele.

Erúalos eilte gegen Patroklos; der warf ihm
410 Einen Stein auf den Scheitel, und theilte das Haupt des Troers
In dem schweren Helm; er fiel mit dem Bauch auf die Erde,
Und des entseelenden Todes Schatten umflossen sein Antlitz.

Ferner tödtet' er Erúmas, Amfoteros, Epaltás,
Tlápolemos den Damastoriden, Echios und Páris,
415 Ifeus, Euíppeus, und des Argeas Sohn Polúmálos;
Einen stürzt' er über den andern hinunter zur Erde.

Als Earpádon sah, wie seine entgürteten Freunde
Wurden unter der Faust des Menoitiaden bezwungen;
Schalt er der göttlichen Lükier Schaaren mit diesen Worten:
420 O der Schmach! Wo fliehet ihr hin, zum Laufe nur rüstig?
Ich will jenem Manne begegnen; daß ich erfahre,
Wer der Sieger sey, der zum Verderben der Troer
Also wütet, und viele tapfre zu Boden gestreckt hat?
Sprach's, und sprang vom Wagen in voller Rüstung herunter;
425 Auch entsprang Patroklos dem Wagen, da er ihn sahe.

Wie zween krummgeklaute, krummgeschnabelte Geyer
Auf dem hohen Felsen kämpfen mit klappernden Flügeln;
Also eilten diese schreyend gegen einander.
Beyde sah mitleidend der Sohn des listigen Kronos,

B. 417. αμιτροχιτωνας. Der Sinn des Wortes ist ungewiß.

430 Und er sprach zu Härä, seiner Schwester und Gattin:
Wehe mir, daß Sarpädon, mein Liebling unter den Menschen,
Soll erliegen der Hand Patrokles, des Menoitiaden!
Zwiefach theilt sich noch mein Herz, mit wankendem Vorsaz:
Ob ich ihn lebend entreiße dem thränenerregenden Kampfe,

435 Und hinüber ihn bringe zu Lükias reichem Volke;
Oder unter die Faust des Menoitiaden ihn thue.

Ihm antwortet die edle Göttin mit grossen Augen:
Schlimmer Zeus, welch Wort ist deinen Lippen entfallen?
Einen sterblichen Mann, dem schon die Tage gezählt sind,

440 Willst du wieder der Macht des traurigen Todes entreissen?
Thu's! Des werden nicht die übrigen Götter dich loben!
Eins nur sag' ich; merke die das im innersten Herzen:
Wenn Sarpädon lebend in seine Heimat gesandt wird,
So bedenk, ob nicht auch andre Unsterbliche werden

445 Ihre Söhne wollen entreissen der blutigen Feldschlacht?
Denn es kämpfen viele Söhn' unsterblicher Götter
Um die grosse Stadt des Priam, die würden dir zürnen.
Aber wo er dir werth ist, sein dein Herz sich bekümmert;
O so wollest du zwar ihn in der blutigen Feldschlacht

450 Lassen sterben unter der Hand des Menoitiaden:
Aber wenn die Seel' ihn mit dem Leben verlassen,
Uebergieb ihn dann dem Tod' und dem sanften Schlafe;
Daß sie ihn bis zum Volke des grossen Lükiens bringen.
Seine Brüder werden ihn dort und Freunde bestatten,

455 Ihm mit Hügel und Grabstein die Ehre der Todten erzeigen.

Also sprach sie, der Vater der Menschen und Götter gehorchte.
Und er träufelte blutige Tropfen auf die Erde,

Seinen

Seinen theuren Sohn zu ehren, welchen Patroklos
Sollte, fern von der Heimat, im fruchtbaren Troia ermorden.

460   Als sie nahe waren an einander gekommen,
Siehe, da traf den berühmten Thrasümálos Patroklos,
Der ein tapfrer Genosse war des Königs Sarpádon.
Er durchstach ihm den Bauch, und streckt' ihn nieder zur Erde.
Sarpádon verfehlt den Patroklos mit schimmernder Lanze;
465 Aber Pádasos traf er, das Roß, auf die rechte Schulter,
Röchelnd fiel's in den Staub, und ihm enteilte die Seele.
Aus einander sprangen mit knarrendem Joche die andern;
Ihre Zügel hatte des Pádasos Fall verwickelt.
Automedon bedachte sich des, der Speerberühmte;
470 Denn er zog sein langes Schwert von der starken Hüfte,
Und erhub sich schnell, und zerhieb die Stränge des Todten;
Beyde Rosse zogen nun wieder in voriger Ordnung,
Und die Helden fochten wieder im blutigen Zweykampf.

   Sarpádon verfehlte den Feind mit schimmernder Lanze;
475 Ueber die linke Schulter Patroklos eilte des Speeres
Schärf', und traf ihn nicht. Da erhub mit mordendem Erze
Sich Patroklos, und nicht umsonst entflog ihm die Lanze;
Sondern traf ihn, wo sich das Herz und das Zwerchfell begegnen.
Wie die Eiche, fiel Sarpádon, oder die Pappel,
480 Oder die hohe Tanne, die Männer in dem Gebürge
Fällen mit neuen Beilen, auf daß sie müze zum Schiffbau:
Also lag er gestreckt vor seinem Wagen und Rossen,
Knirschend, und den blutigen Staub mit den Händen ergreifend.

   Wie ein Löwe den mutigen edlen Stier aus der Heerde
485 Hascht,

485 Hascht, er röchelt sterbend unter den Zähnen des Löwen;
So lag unter Patroklos der kriegrischen Lükier Führer.
Sterbend rief er noch zu seinem werthen Genossen:
Theurer Glaukos, du Edler unter den Streitern, nun mußt du
Tapfer dich zeigen, dich als einen mutigen Krieger!
490 Bist du kühn, so zeige dich izt des Kampfes begehrend!
Siehe, du mußt zuerst der Lükier Führer ermuntern,
Durch die Reihen wandelnd, für ihren Sarpedon zu kämpfen;
Mußt mich selber alsdann vertheidigen mit dem Erze!
Denn ich würde mit Schmach hinfort dein Angesicht decken
495 Alle künftigen Tage, wofern mich einer der Griechen
Hier, im Kampfe für ihre Schiffe, der Rüstung beraubte.
Auf! sey selber stark, und ermuntre der Lükier Schaaren!

Also sprach er; die Hülle des Todes bedeckte sein Antlitz.
Gegen die Brust des Todten stämmte den Fuß Patroklos,
500 Und entzog ihm den Speer mit blutigem Eingeweide;
Mit der Schärfe des Speers entfloh die Seele des Helden.
Neben ihm hielten Myrmidonen die schnaubenden Rosse,
Welche der Flucht begehrten, von ihren Führern verlassen.

Tiefer Schmerz ergriff den Glaukos, als er Sarpedons
505 Stimme vernahm, und Gram, daß er nicht helfen ihm konnte;
Und er griff mit der Hand an den Arm, und drückte die Wunde,
Die ihn heftig schmerzte. Ihn hatte mit fliegendem Pfeile
Teukros, die hohe Mauer und die Seinen schüzend, getroffen.
Flehend betete Glaukos zum Fernhintreffer Apollon:
510 Höre mich, der du vielleicht im reichen lükischen Lande
Bist, vielleicht in Troia; du kannst aus jeglichem Orte
Einen Bedrängten hören, wie mich der Schmerz nun bedränget!

Eine

Eine tiefe Wunde hab' ich und heftige Qualen;
Mir entrinnet das Blut, und lähmt die ermattete Schulter;
515 Sieh ich kann nicht schwingen den Speer, mich nicht auf die Feinde
Stürzen: und doch ist der tapferste Krieger gefallen,
Sarpädon, Zeus Sohn, der seinem Kinde nicht beysteht!
Hilf mir, König, heile mir diese schlimme Wunde,
Schläfre die Schmerzen ein, und gieb mir Stärke, damit ich
520 Mög' ermuntern meine Gefährten, tapfer zu streiten,
Und auch selber kämpfen für die Leiche des Freundes.

Also sprach er betend; ihn hörte Foibos Apollon,
Stillte gleich die Schmerzen in seiner schweren Wunde,
Hemmte das schwarze Blut, und gab ihm mutige Stärke.

525 Des ward Glaukos wahr, und freute sich des im Herzen,
Daß der grosse Gott erhöret hätte sein Flehen.
Nun ermahnt er zuerst die Führer der lükischen Schaaren,
Durch die Reihen wandelnd, für Sarpädon zu streiten.
Dann ging er mit grossen Schritten zu den Troern,
530 Pulüdamas dem Panthoïden, Agänor dem edlen,
Zu Aineias und dem erzgepanzerten Hektor;
Nahe stand er ihnen mit diesen geflügelten Worten:
Hektor, du hast ganz der Bundesgenossen vergessen,
Welche deinetwegen, die Freund' und die Heimat verlassend,
535 Hier ihr Leben verscherzen; und du willst ihnen nicht beystehn!
Sarpädon liegt dort, der geschildeten Lükier Führer,
Welcher Lükiens waltete mit Gesezen und Kriegsmut;
Unter Patroklos Speer bezwang ihn der eherne Arät.
Auf Geliebte, hinzu! Des müßtet ihr herzlich euch grämen,
540 Wenn sie die Rüstung ihm raubten, und wenn die Mürmidonen

Seine

Seine Leiche schmähten, die Danaer alle zu rächen,
Welche wir bey den Schiffen mit unsern Speeren erlegten.

Also Glaukos; heftige, daurende Schmerzen ergriffen
Alle Troer.   Ein Bollwerk war Sarpädon gewesen
545 Ihrer Stadt, wiewohl ein Fremdling es waren ihm viele
Schaaren gefolgt, er war in seinen Schaaren der stärkste.
Kampfbegierig gingen sie gegen die Danaer; Hektor
Führte sie, zürnend ob Sarpädon.   Es erregte der Griechen
Heer Patroklos, Menoitios Sohn, der Unerschrockne.
550 Beyden Aias rief er zuerst, den hitzigen Kriegern:
Aias ihr, ihr müsset nun streiten mit mutigem Herzen,
Tapfer wie vordem, und wo es möglich, noch tapfrer;
Denn er liegt, der zuerst erstieg die achaische Mauer,
Sarpädon! O könnten wir seine Leiche nun schmähen,
555 Ihm von den Schultern die Rüstung ziehn, und seiner Genossen,
Die ihn schützen, einige schlagen mit mordendem Erze!

Also sprach er zu ihnen, die schon des Kampfes begehrten.
Siehe, die Heere wurden verstärkt von beyden Seiten,
Troer und Lükier wider Achaier und Mürmidonen.
560 Gegen einander stürzen sie, um die liegende Leiche,
Fürchterlich schreyend, auch rasselten laut der Streitenden Waffen.

Zeus verbreitet nächtliches Dunkel über die Feldschlacht,
Daß sie um seinen geliebten Sohn verderblicher wüte.

Erst vertrieben die Troer die schwarzgeaugten Achaier;
565 Denn es ward der tapfersten unter den Mürmidonen
Einer getroffen, Agaklás Sohn, der edle Epeigeus.

Dieser

Dieser herrschte vordem im wohlbewohnten Budeion;
Aber seinen Vetter hatt' er erschlagen, da kam er
Flehend zu Päleus und der silberfüßigen Thetis.
570 Diese sandten ihn mit dem Schaarendurchbrecher Achilleus,
Daß auch er uns roßberühmte Ilion kämpfte.
Hektor der schimmernde warf ihm, da er die Leiche schon faßte,
Einen Stein auf die Scheitel, und theilte das Haupt des Argeiers
In dem schweren Helm; er fiel mit dem Bauch auf die Leiche,
575 Und des entseelenden Todes Schatten umflossen sein Antliz.

Schmerz ob seinen gefallnen Freund erfüllte Patroklos.
Durch die Vorderreihen sprang er, ähnlich dem schnellen
Falken, wenn er Dolen und Staare vor sich dahinscheucht;
Also stürztest du, zürnend ob deinen Genossen, Patroklos,
580 Wagenkundiger, gegen der Troer und Lükier Schaaren.

Sthenelaos warf er, dem Sohn des Jthaimeneus, einen
Grossen Stein auf den Nacken, daß seine Nerven zerrissen;
Rückwärts wich mit den vordersten Streitern der schimmernde Hektor,
Ohngefähr so weit, wie einer langen Lanze
585 Wurf, die in den Spielen ein Mann mit strebender Kraft wirft,
Oder in der Feldschlacht gegen die mordenden Feinde;
Wich das Heer der Troer zurück, von den Griechen getrieben.

Aber Glaukos wandte sich wieder, und mordete Chalkons
Sohn, den edelgesinnten Bathükläs, welcher in Hellas
590 Wohnte, vor allen Mürmidonen mit Reichthum begabet.
Glaukos wandte sich plözlich im Fliehn, und stieß ihm die Lanze
Durch die Brust, indem er ihn schon zu haschen vermeynte;
Rasselnd fiel er. Heftiger Schmerz ergriff die Achaier,

Ueber des Tapfern Fall; und Freud' erfüllte die Troer.
595 Dichtgeschlossen umzingelten sie den Todten; die Griechen,
Ihrer Stärke eingedenk, bestürmten die Feinde.

Mörionäs ermordete einen troischen Krieger,
Langonos, den kühnen Sohn Onätors, Kroptons
Priesters; ihn verehrten gleich einem Gotte die Völker.
600 Unter dem Ohre traf er den Backen; es eilte die Seele
Aus des Fallenden Gliedern, und schreckliches Dunkel umfing ihn.

Gegen Mörionäs schwang nun Aineias die Lanze;
Denn er hofft' ihn zu treffen, wiewohl er hinter dem Schilde
Ging. Der Grieche sah und vermied die eherne Lanze,
605 Denn er bückte sich vorwärts; siehe, da flog die Lanze
Ueber ihm weg, und drang in die Erde; lange noch bebte
Oben der Schaft, er verlor erst spät die letzten Kräfte.
Weit war in die Erde des Speeres Schärfe gedrungen,
Denn es hatt' ein mächtiger Arm ihn vergebens geworfen.
610 Tief im Herzen zürnet', und sprach der Anchisiade:

Mörionäs, bald hätt' ich, wiewohl du ein trefflicher Tänzer
Bist, dich doch getroffen, und deine Sprünge gehemmet!

Ihm antwortete Mörionäs, der Speerberühmte:
Tapfer wie du bist, Aineias, würd' es dir dennoch
615 Schwer seyn, auszulöschen die Kräfte jegliches Menschen,
Welcher sich gegen dich erhebet; auch du bist sterblich.
Wenn ich dich nun träfe mit dieser geschärften Lanze,
Siehe du würdest, wie sehr du auch deiner Stärke vertrauest,
Ehre mir geben, die Seele dem roßberühmten Aidoneus!

H   620 Also

620 Also sprach er; ihn schalt der tapfre Menoitiade:
Märionäs, so tapfer im Streit, und dennoch so schwatzend!
O mein Freund; es werden ob unsrer scheltenden Worte
Nicht die Troer verlassen die Leiche, bis mancher gestreckt liegt.
In den Fäusten ist Kriegsentscheidung, des Raths in der Zunge!
625 Drum laß fahren die Wort', und mache dich auf zum Gefecht!

Sprach's, und ging voran; ihm folgte der göttliche Streiter.
Wie im Thal des Gebürges eichenspaltender Männer
Tönende Schläge des Beils von ferner werden vernommen;
So erschollen die Panzer der Streiter, die Schilde von Stierfell,
630 Unter den Hieben der Schwerter, und unter den schneidenden Lanzen.

Sieh, es hätte nun keiner erkannt den edlen Sarpädon,
Denn er war, von der Scheitel bis zu den Zehen der Füsse,
Ganz mit Pfeilen bedeckt, mit Blut und Staube besudelt.
Häufig umgaben Krieger die Leiche, ähnlich den Fliegen,
635 Welche die milcherfüllten Gefässe des Meyers umsummen,
In den Tagen des Lenzes, wenn Milch die Eimer herabträuft;
So umschwirrten Krieger die Leiche. Zeus Kronion
Wandte nicht von der blutigen Schlacht die stralenden Augen;
Sondern schaute die Streitenden an, im innersten Herzen
640 Sich bedenkend über den nahen Fall des Patroklos:
Ob schon itzt ihn morden sollte der schimmernde Hektor,
Sarpädon zu rächen, schon itzt die Rüstung ihm rauben;
Oder ob Patroklos noch sollte manchen ermorden.
Dieser Rathschluß schien ihm zulezt von beyden der beßte,
645 Daß der tapfre Genosse des Päläiden Achilleus
Wieder die Troer trieb', und den erzgepanzerten Hektor
Zu den Mauren der Stadt, und vielen noch raubte das Leben.

Nun

Nun erschreckte Zeus die Seele Hektors; er eilte
Auf den Wagen, und ermahnte die Schaaren der Seinen
650 Auch zur Flucht; er erkannte Kronions heilige Wagschal.
Alle Lükier flohen nun auch; sie sahen den König
Mit der Herzenswunde unter dem Haufen der Todten
Liegen, und viele der Ihren um ihn, die all' in den Staub hin
Waren gesunken; als Zeus die Feldschlacht am stärksten empörte.

655   Siehe, nun rissen jene die eherne schimmernde Rüstung
Von Sarpädons Schultern; der starke Menoitiade
Gab sie den Seinen, auf daß sie in die Schiffe sie trägen.
Da sprach Zeus der Wolkenversammler zu Foibos Apollon:

Auf! geliebter Apollon, geh', entreisse Sarpädon
660 Izt den Pfeilen, und reinige ihn vom schwärzlichgewölkten
Blute, weit von dannen im Strome des Flusses ihn waschend.
Salb' ihn mit himmlischer Narde; gieb ihm unsterbliche Kleider;
Ueberlaß ihn den Zwillingsbrüdern, dem Schlaf und dem Tode.
Diese schnellen Ueberbringer werden ihn tragen
665 Zu dem reichen Volke des grossen Lükischen Landes;
Seine Brüder werden ihn dort und Freunde bestatten,
Ihm mit Hügel und Grabstein die Ehre der Todten erzeigen.

Also sprach er; Foibos Apollon gehorchte dem Vater.
Eilend schwebt' er zur blutigen Schlacht vom Ida herunter,
670 Er entriß den Pfeilen den edlen Sarpädon, und trug ihn
Weit von dannen, und wusch ihn in dem Strome des Flusses;
Salbt' ihn mit himmlischer Narde; gab ihm unsterbliche Kleider;
Ueberließ ihn den Zwillingsbrüdern, dem Schlaf' und dem Tode,
Daß sie eilend ihn brächten zu Lükias reichem Volke.

675 Seine Roß' und Automedon ermähnte Patroklos,
Troer und Lükier immer verfolgend, zu seinem Verderben,
Thor! ach hätt' er bewahrt die Worte des Päleiönen,
Siehe so wär' er dem Schicksal des schwarzen Todes entronnen!
Aber Kronions Rathschluß ist stärker den sterblicher Menschen,
680 Der den starken Streiter erschreckt, den Sieg ihm entreißet,
Sonder Müh, auch wenn er ihn selbst zu kämpfen entflammte.
Dieser erregte nun das Herz im Busen Patroklos.
Welchen erschlugst du zuerst Patroklos, welchen am letzten,
Als die unsterblichen Götter dich beriefen zum Tode!
685 Adrästos zuerst, Autonoos und Echeklos,
Perimos Megas Sohn, Epistor und Melanippos.
Ferner Elasos und Mülios und Pülartäs,
Diese tödtet' er; aber die andern ergriffen die Rückflucht.

Sieh' es hätten Achaia's Söhne die hohe Troia
690 Unter Patroklos erobert, er wütete stark mit der Lanze;
Wäre nicht auf dem festen Thürme Foibos gestanden,
Unglück sinnend Patroklos, und Troias Mauern beschützend.
Dreymal erhub sich bis zur Krümmung der Mauer Patroklos;
Dreymal stürzte Foibos Apollon ihn wieder herunter,
695 Mit unsterblichen Händen den stralenden Schild erschütternd.
Als Patroklos, stark wie ein Gott, zum viertenmal stürmte,
Rief mit drohenden Worten der Fernhintreffer Apollon:
Weiche, edler Patroklos! Dir hat das Schicksal versaget,
Mit dem Speere die Stadt der kühnen Troer zu tilgen;
700 Hat's Achilleus versagt, der doch viel stärker, als du bist:

Also Foibos Apollon, und weit zurück ging Patroklos,
Daß er den Zorn des Fernhintreffers möchte vermeiden.

Hektor

Hektor hielt mit den stampfenden Rossen beym Skäischen Thore,
Sinnend, ob er zum Streit sie durchs Getümmel der Feldschlacht

705 Treiben, oder sollte das Heer bey der Mauer versammlen.
Als er des sich bedachte, stellte sich Foibos Apollon
Neben ihm, in Gestalt des starken und blühenden Jünglings,
Asios, des Ohms vom roßbezähmenden Hektor,
Hekabäs seiner Mutter Bruders, des Sohnes von Dümas,

710 Welcher an Sangarios Strom' in Frügien herrschte.
Diesem ähnlich sprach zu Hektorn Foibos Apollon:
Hektor, warum ruhst du vom Kampf? Es geziemet dir das nicht!
Wär' ich stärker wie du, um so viel als ich dir weiche;
Siehe, du wärst zurück gewichen zu deinem Verderben!

715 Richte gegen Patroklos die Rosse, ob du vielleicht ihn
Mordest? ob vielleicht dir Foibos Ehre verleihe?

Also der Gott, und kehrte zurück zum Getümmel der Krieger.
Kebrionäs den kriegrischen hieß der schimmernde Hektor
In die Schlacht die Rosse zu treiben; Foibos Apollon

720 Mischte sich ein, und erregte Verwirrung unter den Griechen,
Aber die Troer krönt' er mit Ruhm, und den göttlichen Hektor.

Hektor ließ die Danaer hinter sich, keinen ermordend,
Gegen Patroklos richtet' er nur die stampfenden Rosse.

Gegen über sprang von seinem Wagen Patroklos.

725 In der Linken hielt er den Speer, und ergriff mit der Rechten
Einen glänzenden eckigten Stein, der die Hand ihm erfüllte.
Diesen warf er aus voller Kraft; es säumte der Stein nicht,
Und entflog ihm nicht umsonst; den Führer des Hektors
Traf er, Kebrionäs, den unächten Sohn des Priam,

730 Auf die Stirn', indem er die Zügel hielt in den Händen.
Seine Gebeine zerschmettert der Stein, es fielen die Augen
Zu den Füssen hin in den Staub, er stürzt wie ein Taucher
Von dem künstlichen Wagensessel, die Seele verläßt ihn;
Und du spottetest sein, Patroklos, Wagengeübter!

735 Siehe, der Mann ist würklich behende! Wie leicht er hinabtaucht!
Schade daß er nicht ist im fischerfüllten Meere,
Durch den Austerfang vermöcht' er viele zu nähren,
Wenn er immer so leicht, wie nun vom Wagen, hinabtaucht.
Also haben denn auch die Troer treffliche Taucher!

740 Sprach's, und eilte hinzu auf Kebrionás den Helden,
Mit des Löwen Ungestüm, der, die Hürde verwüstend,
Wird an der Brust verwundet; es schadet ihm seine Stärke:
Also sprangst du begierig, Patroklos, gegen den Todten.

Hektor sprang auf der andern Seite vom Wagen herunter,
745 Und sie stritten um Kabrionás: so streiten zween Löwen,
Die auf Gipfeln des Bergs um eine getödtete Hindin
Streiten, beyde hungrig, und mutiges Herzens beyde:
Also stritten um Kebrionás die Kampfgeübten,
Hektor der stralende, und der Menoitiade Patroklos!
750 Jeder wünschte mit grausamem Erze den andern zu treffen.

Hektor hielt die Leiche beym Haupt', und ließ sie nicht fahren,
Bey den Füssen hielt sie Patroklos; die übrigen Streiter,
Troer und Griechen, fochten indessen in blutiger Feldschlacht.

Wie wenn um die Wette stürmten Ostwind und Südwind,

755 In dem Thal des Gebürges die tiefen Forsten erschütternd;
Buchen beben und Eschen, Kornelen mit zäher Rinde,
Aneinander stossend mit weitverbreiteten Aesten,
Schrecklich rauschend; fernher wird ihr Getöse vernommen:
Also sprangen gegen einander Achaier und Troer
760 Mordend; keiner von beyden gedachte der schädlichen Rückflucht:
Viele geworfne Lanzen umbebten den liegenden Krieger;
Ihn umzischten häufige Pfeile vom Bogen geschnellet,
Viele mächtige Steine zerschmettern der Streitenden Schilde,
Rund um ihn; er aber lag im Wirbel des Staubes
765 Ausgestreckt, uneingedenk der Kunde des Wagens.

Weil die Sonne noch den hohen Himmel hinanstieg,
Trafen die Pfeile beyder Heer', es sanken die Völker.
Aber als die Sonne sich neigte zum Untergange,
Waren gegen des Schicksals Schluß die Achaier die stärksten;
770 Denn sie entrissen Kebrionäs, den Helden, den Pfeilen,
Ihn der Troer Getös', und erbeuteten seine Rüstung.

Unglücksinnend stürzte Patroklos gegen die Troer.
Dreymal sprang er gegen sie an, wie der stürmende Aräs,
Fürchterlich schreyend, und neun Männer ermordet' er dreymal.
775 Als er, stark wie ein Gott, zum viertenmal gegen sie stürmte,
Siehe Patroklos, da war dein Ende sichtbar gekommen!
Denn Apollon begegnete dir in der blutigen Feldschlacht,
Fürchterlich. Patroklos vernahm ihn nicht im Getümmel,
Denn es war der Gott in nächtliches Dunkel gehüllet.
780 Hinter ihm stand er, und schlug ihn zwischen den breiten Schultern

H 4 Mit

V. 765. μεγας μεγαλως, wie schön! wie unübersetzbar!

Mit gesenktem Arm; da schwindelte seinen Augen.

Von dem Haupte warf ihm Apollon den Helm herunter;

Fallend erklang er; und rollte dahin vor den Füssen der Rosse;

Sieh, es ward mit blutigem Staube der Haarbusch besudelt.

785 Ach, den roßbeschweiften Helm befleckte kein Staub sonst,

Sondern des göttlichen Mannes Haupt, und die liebliche Stirne

Schüzt' er, Achilleus; nun übergab Kronion ihn Hektorn,

Daß er ihn trüg' auf seinem Haupt': auch ihm war der Tod nah!

In den Händen Patroklos zerbrach der lange, schwere,

790 Grosse, mächtige, erzgeschärfte Speer; von den Schultern

Fiel der lange Schild mit seinem Gehenke zur Erde;

Und ihm löste Foibos, der Sohn Kronions, den Panzer.

Schrecken erfüllte sein Herz, und löste die glänzenden Glieder,

Staunend stand er; da stieß ihn mit der spizigen Lanze

795 Zwischen den Schultern, von nahem; der Dardaner einer, Euforbos,

Panthoos Sohn. Er war geziert vor seinen Genossen

Mit der Kunde des Speers, der Rosse, des flüchtigen Laufes;

Schon als er zuerst im Wagenrennen sich übte,

Hatt' er zwanzig Männer von ihren Wagen gestürzet.

800 Dieser warf dir die erste Waffe, edler Patroklos!

Doch bezwang er dich nicht; er floh zurück in die Menge,

Aus der Wunde ziehend den eschenen Speer; er bestand nicht

In dem Kampfe Patroklos, der seiner Waffen entblößt war.

Dieser wich, durch den Schlag des Gotts und die Lanze geschwächet,

805 Rücklings zu den Haufen der Seinen, den Tod zu vermeiden.

Hektor, als er den edelgesinnten Patroklos erblickte,

Rücklings weichend, und mit scharfem Erze getroffen;

Ging er dicht auf ihn zu, durch die Reihen, und stieß ihm die Lanze

Durch

Durch die Mitte des Bauchs. Das mordende Erz durchdrang ihn;
810 Rasselnd fiel er; des grämte sich sehr das Heer der Achaier.

Wie wenn einen muthigen Eber der Löwe bekämpft hat,
Auf des Gebürges Gipfeln stritten sie, hohes Mutes,
Beyd' um einen kleinen Quell, begierig zu trinken;
Mit Gewalt bezähmte der Löwe endlich den Schnauber:
815 Also ward dem vielermordenden Menötiaden
Doch von Priams Sohne zuletzt das Leben entrissen,
Und des jauchzete dieser mit geflügelten Worten:
Siehe, Patroklos, du hofftest unsre Stadt zu verwüsten,
Unsern troischen Weibern den Tag der Freyheit zu rauben,
820 Und sie in Schiffen zu führen zu deiner geliebten Heimat.
Thor! drob widerstreben die schnellen Rosse des Hektors,
Eilendes Fußes im Kampf! Auch bin ich selbst mit der Lanze
Unter den kriegrischen Troern der erst', und ferne der Knechtschaft
Tag von ihnen! Dich werden alhier die Geyer zerreissen!
825 Unglückseliger! stark wie er ist, stand dennoch Achilleus
Dir nicht bey! Wohl hat er dich beym Scheiden ermahnet:
Kehre mir, o wagenerfahrner Patroklos, nicht wieder
Zu den hohlen Schiffen, bevor du des mordenden Hektors
Blutbetrieften Panzer auf seinem Herzen durchbohrt hast!
830 Also sagt' er dir wohl; du hofftest mit thörichtem Sinne!

Leisaufröchelnd erwidertest du, o edler Patroklos:
Hektor, rühme dich immerhin! Dir haben die Götter,
Zeus und Apollon, den Sieg mit leichter Mühe gegeben;
Denn sie rissen mir von meinen Schultern die Rüstung.
835 Wären mir zwanzig Männer, wie du, im Kampfe begegnet;
Alle wären gefallen, von meinem Speere bezwungen.

Mich

Mich hat Läto's Sohn, und das schlimme Schicksal bekämpfet,
Unter den Menschen Euforbos, du dritter erbeutest die Waffen!
Eines sag' ich dir noch, bewahr's im innersten Herzen!
840 Lange lebst du selber nicht mehr! Es nahen, es stehn schon
Dir zur Seite der Tod, und das unerbittliche Schicksal;
Bald bezwingen sie dich durch die Faust des edlen Achilleus.

Also sprach er; die Hülle des Todes bedeckte sein Antlitz;
Fliehend enteilte den Gliedern die Seele, hinab zu den Schatten;
845 Ihr Geschick bejammernd, verließ sie Jugend und Stärke.
Todt noch redte ihn an, und sprach der schimmernde Hektor:

Was weissagest du mir, Patroklos, das schlimme Verderben?
Siehe, wer weiß ob nicht Achilleus, der schöngelockten
Thetis Sohn, durch meinen Speer das Leben verlieret?

850 Also sprach er, und stemmte die Ferse gegen den Todten;
Aus der Wunde zog er die Lanz', und stieß ihn von sich.

Gegen den göttlichen Automedon, des schnellen Achilleus
Kriegsgefährten, wandt' er sich dann mit dem Speer in der Rechten,
Sein begehrend; den retten die schnellen unsterblichen Rosse,
855 Welche die Götter dem Peleus zum edlen Geschenke verliehen.

Ilias.

Ilias.

Siebzehnter Gesang.

Ilias.

Siebzehnter Gesang.

Nicht verborgen blieb's dem kriegrischen Menelaos,
    Daß Patroklos von den Troern im Kampfe besiegt war.
Er durchlief die Vorderreihen mit schimmerndem Erze.
Nun umging er ihn schüzend, gleich der Mutter des Kälbleins,
5 Welche zum erstenmale gebahr, und blöckend umhergeht;
Also schüzte der Held mit goldnen Locken Patroklos.
Vor ihm hielt er den runden Schild zugleich mit der Lanze,
Jeden, welcher sich nahen würde, zu treffen begierig.
Panthoos Sohn Euforbos vergaß den gefallnen Patroklos
10 Nicht; er nahte dem kriegrischen Menelaos, und sagte:

Edler Menelaos Atreidäs, Führer der Völker,
Weiche vom Todten zurück, laß mir die blutige Rüstung!
Unter den Troern und berühmten Bundesgenossen
Hab' ich, in dem blutigen Kampfe, zuerst ihn getroffen!
15 Laß mich diesen Ruhm erwerben unter den Troern,
Eh ich dich treff', und dir das süsse Leben entreisse!

Zürnend erhub die Stimme der Krieger mit goldenen Locken:
Vater Zeus! das ziemet sich nicht, so trozend zu pralen!
Solchen Uebermut zeigt weder Pardel noch Löwe,
20 Nicht der verderbende Keuler, der vor allen im Angriff
Mutig ist, und flammende Augen trozig umherrollt;

Als

Als der Uebermut der kriegrischen Panthoïden.
Dennoch halfen dem roßbezähmenden Hüperánor
Nichts die Kräfte der blühenden Jugend, als er mich schmähte,
25 Sagend, unter den Danaern sey Menelaos der schwächste.
Eich' ich meyn', es trugen ihn nicht die Füsse von dannen,
Seinem geliebten Weib' und geehrten Eltern zur Freude!
Also lös' ich auch dir die Kräfte, so du es wagest,
Mich zu bestehn! Ich ermahne dich warnend: weiche von hinnen
30 In die Schaaren der Deinen zurück, auf daß du entrinnest,
Ehe dich Unglück ergreift! Der Schaden belehret die Thoren!

Also spricht er umsonst; der Panthoïde erwiedert:
Edler Menelaos, nun will ich Rache mir nehmen
Für den Bruder, den du erschlugst, ob welchem du trozest!
35 Seine Wittwe hast du betrübt im neuen Palaste,
Hast unendlichen Gram den jammernden Eltern bereitet!
Elend wie sie sind, würd' ich im Jammer sie trösten,
Wenn ich deine Waffen gewinnend, mit deinem Haupte,
Uebergäbe Panthos Hand, und der göttlichen Frontis.
40 Auf wohlan! wir wollen anizt die Arbeit versuchen;
Kraft soll unsern Kampf, ihn soll Entsezen begleiten!

Sprach's, und schlug mit dem Speer die runde Scheibe des Schildes,
Ohne das Erz zu durchbohren; die Schärfe beugte sich rückwärts,
Prallend von starken Schild'. Es erhub sich nun mit dem Erze
45 Menelaos Atreidás, und flehte zu Vater Kronion.
Siehe, die Kehle des rücklings weichenden traf er, und stämmte
Sich dagegen, den Stoß mit starken Händen verstärkend.
Durch den zarten Nacken drang die Schärfe des Erzes;
Tönend fiel er, umrasselt von seinen ehernen Waffen.

50 Seine

50 Seine Haare troffen von Blut, der Grazien Locken
Waren sie ähnlich, eingewunden in Gold und Silber.

Sieh' er glich dem Sprößling des Oelbaums, dessen ein Landmann
Sorgsam pflegt, in einsamer Stäte, wo Quellen ihn netzen;
Lieblich steigt er empor und frisch, von athmender Kühlung
55 Aller Winde behaucht, mit schwellender weisser Blüthe;
Plözlich brausend wirbelt daher ein wütender Windstoß,
Und entreißt ihn dem Graben, und streckt ihn nieder zur Erde:
Also tödtet den lanzengeübten Pantholden
Menelaos Atreus Sohn, und raubt ihm die Rüstung.

60 Wie ein berggenährter Löwe mit trozender Stärke
Eine weidende Kuh, die beßte der Heerden, erhaschet;
Ihren Nacken bricht er, mit starken Zähnen sie fassend,
Erst, dann schlürft er ihr Blut mit den Eingeweiden hinunter,
Immer zerfleischend; es rufen die Hirten, es bellen die Hunde,
65 Aber sie stehen von fern, und weigern sich ihm zu begegnen;
Denn es hat sie alle der blasse Schrecken ergriffen:
Also wagten nicht die Herzen im Busen der Troer,
Zu begegnen dem hochberühmten Menelaos.

Sieh' es hätte des Pantholden schimmernde Rüstung
70 Leicht davon getragen Atreidäs; aber Apollon
Neidet ihn des, und erregt den Kriegsgottähnlichen Hektor.
In die Gestalt des Mentäs, welcher führt die Kikonen,
Hüllt er sich ein, und spricht zu ihm die geflügelten Worte:

Hektor,

V. 70. Er hatte die Rüstung schon dem Todten abgenommen (v. 19); aber
sie davon zu tragen durch die umzingelnden Feinde, blieb ihm übrig.

Hektor, warum läufst du, und wirst sie doch nicht erreichen?
75 Hinter die Rosse des kriegrischen Aiakiden? Es können.
Schwerlich sterbliche Menschen sie zähmen, schwerlich sie lenken,
Ausser Achilleus; ihn gebahr die unsterbliche Göttin.
Steh' indessen hat Menelaos Atreidäs, der starke,
Weil er Patroklos schützte, den tapfersten Troer ermordet,
80 Hat gehemmt die Stärke des Pantholden Euforbos.

Also Foibos, und stürzte sich wieder ins Schlachtengetümmel.
Schwerer Gram erfüllte dem Hektor die Tiefe des Herzens;
Er durchschaute die Reihen umher, und sah Menelaos
Tragen die schimmernden Waffen Euforbos, diesen im Staube
85 Liegen, und das Blut aus seiner Wunde noch fließen.
Da durchlief er die Vorderreihen mit schimmerndem Erze,
Lautaufschreyend, er glich Häfaistos Flamme, sie lodert
Unauslöschbar; seines Geschreyes vernahm der Atride,
Und er seufzete tief im edelmütigen Herzen:

90 Wehe mir, so ich hier die schönen Rüstungen lasse,
Und Patroklos, welcher für meine Ehre gestreckt liegt;
Jeder Danaer würde mir zürnen, welcher mich sähe!
So ich den Tadel scheuend, allein, die Troer und Hektor
Wollte bestehen; würden mich viele zugleich umzingeln.
95 Hierher führt, mit wehendem Helmbusch, Hektor die Troer!
Aber was bedenk' ich mich des in zweifelndem Herzen?
Unfall wird dem Krieger zu Theil, der gegen den Willen
Eines Gottes den Mann, den er verherrlichet, angreift;
Drum wird mich kein Danaer tadeln, so er mich siehet
100 Hektorn weichen; Hektorn helfen die Götter im Kampfe!
Könnt' ich hören die Stimme des edlen kriegrischen Aias,

Siehe, so wollten wir beyde vereint der Feldschlacht begegnen!
Käm' ein Gott, wir wollten ihm doch den Todten entreissen,
Ihn Achilleus bringen; das wäre Labsal im Unglück!

105   Weil er solches noch in seinem Herzen bedachte,
Rückten die Reihen der Troer heran; es führte sie Hektor.
Da wich Menelaos zurück, die Leiche verließ er,
Um sich schauend: gleich dem Löwen mit langem Barte,
Welchen Hund' und Männer zugleich von der Hürde vertreiben,
110 Mit Geschrey und Spiessen; das Herz des Starken erstarret,
Und unwillig weichet er langsam zurück von der Hürde:
So verließ Menelaos, der goldgelockte, Patroklos,
Oft sich wendend, eh er die Schaar der Seinen erreichte.
Um sich schauend sucht' er den grossen Telamoniden;
115 Und er sah ihn bald an dem linken Flügel der Feldschlacht,
Seine Genossen ermunternd zum Treffen; Foibos Apollon
Hatte mit gottgesandtem Schrecken die Herzen erfüllet.
Menelaos eilete hin, und sagte zu Aias:

  Komm, geliebter, auf daß wir kämpfen wegen Patroklos,
120 Ob wir mögen dem Päleionen bringen die nackte
Leiche; seine Rüstung hat Hektor mit wehendem Helmbusch.

  Sprach's, und erregte das Herz des kriegrischen Telamoniden;
Durch die Vorderreihen gingen selbander die Helden.

  Hektor, als er hatte geraubt die Rüstung Patroklos,
125 Zog ihn zu sich, daß er das Haupt von den Schultern ihm hiebe,
Und den geschleiften Rumpf verwürfe den Hunden von Troia.
Aias nahte sich, tragend sein Schild gleich einem Thurme.

Hektor wich zurück in die Schaaren seiner Genossen,
Sprang auf seinen Wagen, und gab die schimmernde Rüstung
130 Troern, daß sie sie ihm zum Ruhm gen Ilion brächten.
Aias deckte mit breitem Schilde den Menoitiaden,
Und stand, wie ein Löwe vor seinen Jungen sich hinstellt,
Welchem, indem er sie führt, ein Haufe Jäger begegnet;
Siehe, bald rollet er trozend umher die feurigen Augen,
135 Deckt sie bald mit niedersinkenden Augenbraunen:
Also schüzte der Telamonide den Helden Patroklos.

Aber Atreus Sohn, der kriegrische Menelaos,
Stand auf der andern Seit', und hegte Kummer im Herzen.

Glaukos Hippolochos Sohn, der Führer der lükischen Schaaren,
140 Schaute zürnend auf Hektor, und sprach mit scheltenden Worten:

Hektor, trefflich bist du von Ansehn; aber es fehlt die
Kriegsmut; eitel ist die Ehre, welche dich schmücket.
Geh, bedenke, wie du die Burg und Troia errettest,
Du mit deinen Kriegern allein aus Ilions Lande!
145 Denn kein Lükier wird hinfort mit Danaern streiten,
Eure Stadt zu schützen, dieweil es keinem verdankt ward,
Welcher unablässig kämpfte mit feindlichen Männern.
Welchen geringern wirst du hinfort erretten im Treffen,
Da du deinen Gast Sarpädon, deinen Genossen,
150 Hast verlassen, daß er ein Raub der Danaer würde?
Mächtig hat er dich und Ilions Mauren geschüzet,
Weil er lebte; nun konntest du ihn von den Hunden nicht retten!
Welcher Lükier mir zu gehorchen bereit ist, der gehe
Heim; dann kommt gewisses Verderben über die Troer!

155 Hätten

155 Hätten sie unerschrocknen Mut im Busen, wie Männer,
    Welche fürs Vaterland streitend entgegen gehn den Gefahren;
    Siehe, so würden wir gleich Patroklos gen Ilion ziehen.
    So wir ihn dem Treffen entzögen, und seine Leiche
    In die grosse Stadt des Königs Priamos käme;
160 Alsbald würden die Griechen erstatten die prächtige Rüstung
    Sarpedons, dann trügen wir auch die Leiche gen Troia.
    Denn es fiel der Gehülfe des Kriegers, welcher der stärkste
    Ist vor allen Argeiern und ihren kühnen Genossen.
    Du vermochtest nicht den edelmütigen Aias
165 Zu bestehn, ihm unter die Augen im Treffen zu treten,
    Und zu kämpfen mit ihm; er ist viel stärker, als du bist!

    Zürnend schaute auf Glaukos der Held mit wehendem Helmbusch;
    Edel wie du bist, doch übermütig gesprochen!
    O mein Freund, ich meynte, du wärst vor den übrigen allen
170 Weise, welche Lükiens fruchtbare Ebnen bewohnen;
    Aber nach dem, so du eben geredt hast, tadl' ich dich gänzlich,
    Der du sagtest, ich scheute den ungeheuren Aias.
    Sieh' es schreckt mich nicht die Schlacht und der Rosse Getöse;
    Aber mächtiger ist der Rathschluß Zeus Kronions,
175 Welcher den mutigen Krieger schreckt, des Siegs ihn beraubet,
    Sonder Müh, und dann ihn wieder zu kämpfen entflammet.
    Aber stelle dich neben mir, Freund, auf daß du sehest:
    Ob ich zagen werde den ganzen Tag, wie du meyntest;
    Oder der Danaer manchen, der sich im Treffen hervorthut,
180 Hemmen werde, mitten im Kampf für den todten Patroklos.

    Also sprach er, und rief den Troern mit lauter Stimme:
    Troer und Lükier, Dardaner, welche streitet von nahem,

Ergd

Seyd nun Männer, ihr theuren, gedenket der stürmenden Feldschlacht,
Bis ich mich mit den schönen Waffen des edlen Achilleus
185 Rüste, welch' ich mordend erbeutete von Patroklos.

Also sprach der Held mit wehendem Helmbusch, und eilte
Aus der blutigen Schlacht; er ereilte bald die Genossen,
Welche die hochberühmten Waffen des Päleionen
Trugen gen Troia, er war mit schnellen Füßen gelaufen.
190 Hinter der thränenerregenden Feldschlacht stand er, die Waffen
Wechselnd. Die seinen gab er den Troern, daß sie sie trügen
Zu der heiligen Ilion; nahm die unsterblichen Waffen,
Welche die himmelbewohnenden Götter des Päleionen
Theurem Vater gegeben: er schenkte sie wieder im Alter
195 Seinem Sohn; der ward nicht alt in den Waffen des Vaters!

Als der Wolkenversammler Kronion Hektor erblickte,
Wie er des göttlichen Päleionen Rüstungen anzog,
Schüttelte Zeus sein Haupt, und sprach in der Tiefe des Herzens:

Unglückseliger, der du nicht des Todes gedenkest,
200 Welcher dir dennoch naht, mit unsterblichen Waffen dich rüstest,
Eines Stärkern Waffen, den alle übrigen scheuen.
Seinen milden und tapfern Gefährten hast du erschlagen,
Hast ihm schmählich von Schultern und Haupt die Rüstung gerissen;
Dennoch will ich mächtigen Sieg dir itzt noch gewähren,
205 Weil du doch nicht wieder zurück kehrst; Andromachá wird nicht
Diese prächtigen Waffen des Päleionen empfangen!

Also Kronion, und winkte mit schwarzen Augenbraunen.
Hektorn aber paßte die Rüstung; der schreckliche Arás

Füllte

Füllte ihm von innen mit Mut und Stärke die Glieder.
210 Rufend durchging er die Reihen der edlen Bundesgenossen;
Allen schien er gleich dem mutigen Päleionen,
Da er in der Rüstung des Helden stralend einherging.
Jeden der Häupter ermahnt' er, die kriegrischen Reihen durchwandelnd:
Mesthlás und Glaukos und Asteropaios und Medon,
215 Thersilochos und Disánor und Hippothoos,
Forkús und Chromios, Ennomos kundig des Vogelfluges;
Diese all' entflammt' er mit geflügelten Worten:

Höret, zahllose Schaaren benachbarter Bundesgenossen,
Nicht um grosse Heere zu sammlen, der Menge begehrend,
220 Hab' ich jeden von euch aus euren Städten berufen;
Sondern daß ihr mit Lust die Kinder und Weiber der Troer
Möchtet schützen gegen die kriegsgeübten Achaier.
Darum erschöpf' ich, euch zu versehn mit Geschenken und Speise,
Hier die Völker, auf daß ich die Herzen der Euren ergöze.
225 Jeder stelle sich gegen den Feind, und sink' in den Staub hin,
Oder werde gerettet; so fallen die Loose der Feldschlacht.
Welcher Patroklos anizt, wiewohl er todt ist, herbeyzieht
Zu den rossetummlenden Troern, und Aias ihm weichet;
Solchem geb' ich dir Hälfte der Beute, die Hälfte behalt' ich
230 Selbst; auch soll er theilen mit mir die Ehre des Sieges.

Sprach's, sie rückten in voller Heerschaar gegen die Griechen,
Mit gehobnen Speeren; es hoffte jeder im Herzen,
Zu entreißen dem Telamoniden die Leiche Patroklos.
Thoren! vielen entriß er die Seele neben der Leiche!

235 Aber er wandte sich nun zum kriegrischen Menelaos:

J 3   O mein

O mein.Freund, du Zögling des Kriegsgotts Menelaos,
Sieh' ich hoffe nicht mehr, daß wir dem Treffen entrinnen.
Weniger fürcht' ich für den Körper des todten Patroklos,
Welchen bald die troischen Hund' und Vögel verzehren,
240 Als ich für mein Leben und für das deine besorgt bin!
Denn es umziehet uns rund umher mit der Wolke des Krieges
Hektor, uns erscheinet izt gewisses Verderben!
Auf und rufe die tapfersten Danaer, ob sie dich hören!

Also sprach er; der kriegrische Menelaos gehorchte,
245 Und er rief mit lauter Stimme den Fürsten der Griechen!

O ihr Freunde, Fürsten und Führer der griechischen Völker,
Welche bey Agamemnon und Menelaos, des Atreus
Söhnen, trinket, und deren jedem Schaaren gehorchen;
Welche Ruhm und Sieg, von Zeus gegeben, begleiten!
250 Sieh' ich kann nicht jeden von euch mit den Augen erkennen,
Denn es ist zu heftig empört das Getümmel der Feldschlacht!
Komme, welcher schämen sich würde, wofern wir Patroklos
Liegen ließen alhier, den troischen Hunden zur Speise!

Also rief er; ihn hörte der schnelle Sohn des Oileus
255 Aias zuerst, und lief hervor durch die Reihen des Treffens;
Nach ihm Idomeneus, und Marionas sein Genosse,
Welcher dem mordenden Enüallos war zu vergleichen.
Wer vermöchte zu nennen die Namen der übrigen allen,
Welche von den Achaiern in dieses Treffen sich mengten?

260 Häufig

B. 257. Arás.

260 Häufig strömten die Troer hervor, es führte sie Hektor.
Wie wenn in der Mündung des himmelabstürzenden Flusses
Meereswogen begegnen dem Strom; es brüllen die hohen
Ufer umher, es schäumen und sprützen die salzigen Fluten:
Also tobte der Troer Geschrey. Es standen die Griechen,
265 Eines Sinnes sie all', um die Leiche des Menoitiaden,
An einander geschlossen mit ehernen Schilden. Kronion
Goß um ihre stralenden Helme nächtliches Dunkel;
Denn er hatte nicht den Menoitiaden gehasset,
Weil er lebend war und des Aiakiden Gefährte,
270 Wollt' ihn nun auch nicht den troischen Hunden zur Speise
Lassen; darum hatt' er seine Genossen erreget.

Erst vertrieben die Troer die schwarzgeaugten Achaier.
Diese flohen zurück, die Leiche verlassend; und dennoch
Tödteten keinen der Ihren die blutbegierigen Troer;
275 Aber sie zogen den Todten zu sich. Doch sollten die Griechen
Lange nicht fern seyn; es wandte sie Aias wieder. Vor allen
War er an Gestalt der schönste, der größte an Thaten,
Unter den Danaern, nach dem trefflichen Päletonen.
Nun durchstürmt' er die vordersten Reihen, stark wie ein Keuler,
280 Welcher im Gebirge die Hund' und die blühenden Jäger
Sonder Mühe zerstreut, sich plötzlich wendend im Dickicht;
So zerstreute Telamons Sohn, der schimmernde Aias,
Wieder sonder Mühe die dichten Haufen der Troer,
Welche schon den Patroklos umgaben, mit hoffenden Herzen,
285 Ihn zu ihrer Stadt zu ziehn, und Ruhm zu erwerben.

Hippothoos, der schimmernde Sohn des Palasgischen Láthos,
Zog ihn schon durch das blutige Treffen mit einem Riemen,

Den

Den er hatt' um die Knöchel des Fußes Patroklos gebunden,
Hektorn und den Troern zu Liebe. Siehe da kam ihm
290 Schnell das Verderben, das keiner ihm wehrte, wie sehr sie es wünschten;
Denn es riß sich hervor der Telamonide, und schlug ihn
Mit dem Speere durch des Helmes eherne Wangen.
Siehe, da ward der roßbeschweifte Helm von dem Speere,
Durch die mächtige Hand des Telamoniden, gespaltet,
295 Und das Hirn entsprützte der Wund' in blutigen Strömen.
Seine Kraft ward aufgelöst; er ließ aus den Händen
Auf die Erde fallen den Fuß des edlen Patroklos,
Und fiel selber auf den Bauch, bey der Leiche des Griechen,
Fern von Larissa's fruchtbaren Ebnen. Er konnte den lieben
300 Eltern nicht die Pflege der frühen Kindheit vergelten;
Jung noch fiel er unter dem Speere des mutigen Aias.

Hektor zielte gegen Aias mit schimmerndem Speere,
Aber Aias sah und vermied die eherne Lanze,
Um ein weniges; Schedios traf sie, den Sohn des Ifitos,
305 Der der Fokäer tapferster in der berühmten Panopeus
Hatte seinen Palast, und viele Männer beherrschte.
Seine Kehle durchbohrte das Erz des Priamiden,
Und es drang die äusserste Spize durch die Schulter;
Tönend fiel er zu Boden, von eherner Rüstung umrasselt.

310 Aias schlug den kriegrischen Forkys, den Sohn des Fainops,
Auf die Mitte des Bauches, indem er Hippothoos
Schützte; er durchbohrte die Wölbung des Panzers, die Lanze
Drang durch's Eingeweid; er fiel, und griff nach dem Boden.

Rücklings wich mit den Vorderreihen der schimmernde Hektor;
315 Aber

315 Aber es jauchzten die Griechen, und rissen zu sich die Todten,
Forkys und Hippothoos, von den Schultern die Rüstungen ziehend.

Siehe nun wären wieder die Troer, durch Feigheit bezwungen,
Heimgeflohen gen Ilios vor den kriegrischen Griechen,
Und die Argeier hätten auch gegen den Willen Kronions

320 Ruhm durch Mut und Stärke gewonnen; hätte nicht Foibos
Angenommen die Bildung des Aepytiden Perifas,
Und Aineias ermuntert. Es war beym Vater des Helden
Grau geworden als Herold der rathberühmte Perifas;
Seine Bildung wählte Foibos, und sprach zu Aineias:

325   Aineias, wie wolltet ihr gegen den Willen der Götter
Retten die hohe Ilion, wie ich Männer vordem sah,
Eigner Kraft und Mut vertrauend, und männlicher Tugend,
Und der Menge des Heers, mit furchtverachtendem Herzen?
Sehet, es gönnet uns Zeus den Sieg, mehr als den Argeiern;

330 Dennoch fliehet ihr unabläßig, vermögt nicht zu kämpfen.

Sprach's, Aineias erkannte den Fernhintreffer Apollon,
Ihm ins Antliz schauend; da rief er mit lauter Stimme:

Hektor, und ihr Führer der Troer und Bundesgenossen,
Schändlich ist es, vor den kriegsgeübten Achaiern

335 Heim gen Troia zu fliehen, durch unsre Feigheit bezähmet.
Sieh' es sagte der Götter einer, neben mir stehend,
Uns beschüze der mächtigwaltende Zeus in der Feldschlacht.
Auf dann, grade gegen die Griechen, daß sie nicht ruhig

Mögen

V. 325. Wie wolltet ihr Ilion retten können, wenn die Götter euch zuwider wären; da ihr nun, von den Göttern begünstigt, doch so wenig ausrichtet.

Möchten zu ihren Schiffen bringen den todten Patroklos!

340　Sprach's, und sprang hervor, und stand vor den vordersten Streitern;
　　Alle wandten sich wieder, und standen gegen die Griechen.
　　Mit dem Speere verwundet Aineias Leiokritos,
　　Lykomedes tapfern Gefährten, den Sohn des Arisbas.
　　Herzlich jammerte sein den kriegrischen Lykomedes;

345　Eilend er trat hinzu, und zielte mit schimmernder Lanze,
　　Und traf Hippasos Sohn Apisaon, den Hirten der Völker,
　　In die Leber, und löste die Kraft der sinkenden Kniee.
　　Aus den fruchtbaren Fluren Paioniens war Apisaon
　　Hergekommen, im Kampfe der stärkste nach Asteropaios.

350　Herzlich jammerte sein den kriegrischen Asteropaios,
　　Und er riß entflammt sich hervor, mit den Griechen zu kämpfen;
　　Aber umsonst, die Danaer standen um den Patroklos,
　　Mit einander geschloßnen Schilden und drohenden Lanzen.
　　Aias wandelte rund umher, beständig ermahnend,

355　Keinem gestattend, rückwärts zu weichen von der Leiche,
　　Keinem gestattend, vorzuspringen um einzeln zu kämpfen;
　　Sondern in der Nähe befahl er Patroklos zu schützen.

　　Also that der ungeheure Aias. Die Erde
　　Ward mit purpurnem Blut benetzet; neben einander
360　Fielen Leichen der Troer, berühmter Bundesgenossen,
　　Und der Danaer; denn auch diese wurden getroffen.
　　Doch viel wenger fielen der Ihren; denn sie gedachten
　　Einer dem andern zu wehren das grause Verderben.

　　Siehe sie kämpften wie lodernde Flammen. Du hättest gezweifelt,
365　Ob auch unverletzet blieben der Mond, und die Sonne!

　　　　　　　　　　　　　　　　　Dunkel

Dunkel umgab die Streitenden alle, wie viele der Edlen
Standen rund umher um die Leiche des Menoitiaden.

Aber die andern Troer und fußgeharnischten Griechen
Fochten bey hellem Tag', im verbreiteten Scheine der heissen
370 Sonne; kein Gewölk erschien im ganzen Gefilde,
Auf den Geburgen keins. Sie stritten in wechselnden Haufen,
Aus einander gehend, die seufzererregenden Pfeile
Zu vermeiden. Schmerzen erlitten die in der Mitte,
Von dem Kampf und dem Dunkel; die edelsten Streiter erlagen
375 Nun dem grausamen Erz. Zween hochgepriesene Männer,
Thrasumädäs und Antilochos, hatten noch immer
Nichts vom Tode des edlen Patroklos vernommen; sie wähnten
Immer noch, er kämpf' im Vordertreffen der Troer.
Diese, als sie den Tod und die Flucht der Genossen bemerkten,
380 Stritten gesondert; denn also hatte Nestor befohlen,
Als er sie zum Kampf bey den schwarzen Schiffen ermahnte.

Heftig stritten jene den ganzen Tag in der sauren
Feldschlacht; ihre Kniee und Bein' und Füsse bedeckte,
Und die Augen, Staub und heisser Schweiß der Ermattung,
385 Um den edlen Genossen des rüstigen Päeionen.

Wie wenn eines Stieres Fell, das mit Fette getränkt ward,
Auszuspannen übergiebt dem Gesinde der Landmann;
Viele stellen sich rund umher, von allen Seiten
Ziehend; die Feuchtigkeit bringet heraus, und das Fett, so er drauf goß,
390 Ziehet hinein, wenn das Fell von allen Seiten gespannt wird:
Also

B. 376. Nestors Söhne.

Also zogen diese den Todten hierhin und dorthin,
Eingeschränkt in engem Raum, mit hoffenden Herzen:
Diese, ihn zu bringen gen Ilion; aber die Griechen,
Ihn zu den hohlen Schiffen zu bringen. Wildes Getümmel
395 Tobte umher; der Völkeremporer Arä̈s und Athänä
Hätten nicht, und wären sie noch so zornig gewesen,
Dieses Treffen getadelt; denn um Patroklos erregte
Zeus, in blutiger Schlacht, der Roß' und der Männer Getöse.

Noch nicht wußte Achilleus der edle den Tod des Patroklos;
400 Denn es stritten weit von den schnellen Schiffen die Heere,
Unter Ilions Mauren. Er glaubte nicht, daß er todt sey;
Sondern er meynte, so bald er hätt' erreichet die Thore,
Würd' er wiederkehren. Denn gänzlich war er versichert,
Daß ohn' ihn Patroklos die Stadt nicht würde zerstören,
405 Auch nicht mit ihm; so hatte die Mutter ihm oft, im Verborgnen,
Zeus Kronions, des mächtigen Gottes, Willen verkündigt.
Dennoch hatte nicht ihm dieses Unglück enthüllet
Seine Mutter, daß fallen sollte sein liebster Genosse.

Jen' umgaben mit erzgeschärften Speeren den Todten,
410 Immer gegen einander dringend, und mordend einander.
Also sagte mancher der erzbewehrten Achaier:

O ihr Lieben, der Schmach, so wir nun wollten von hinnen
Kehren zurück zu den hohlen Schiffen! Die schwarze Erde
Möge lieber uns hier verschlingen! Das wäre doch besser,
415 Als daß wir die Leiche den roßbezähmenden Troern
Ueberliessen, zur Stadt zu bringen; und Ruhm zu erwerben!

Also

Also sagte mancher der hochgesinneten Troer:
O Ihr Lieben, wär' uns auch allen zusammen bestimmet,
Hier bey diesem zu fallen; doch müßte nicht einer nun weichen!

420 Also sagte mancher, den Mut der Genossen entflammend.
Heftig kämpften die beyden Heere; eisern Getöse
Stieg den ehernen Himmel hinan durch die Wüsten des Luftkreises.

Siehe die Rosse des Aakiden standen noch seitwärts,
Weinend, seit sie hatten vernommen, ihr Führer Patroklos
425 Läg' in den Staub gestreckt durch die Hand des mordenden Hektors.
Aber Automedon, der starke Sohn des Diorás,
Traf sie mit wiederholten Schlägen der schnellenden Geißel,
Redte sie oftmal kosend an, und oftmal auch bräuend.
Weder zu den Schiffen des breiten Helläspontos
430 Wollten sie, noch auch gehen in der Danaer Feldschlacht;
Sondern wie ein Pfeiler auf eines Todten Grabmal,
Blieben unbewegt sie stehn vor dem prächtigen Wagen.
Ihre Häupter sanken zur Erde; heisse Thränen
Flossen herab von den Augenwimpern der Jammererfüllten,
435 Welche nach ihrem Führer sich sehnten; die wallenden Mähnen
Hingen über das Joch bis zu den Boden herunter.
Diese schaute Zeus Kronion, ihn jammerte ihrer,
Und er schüttelt sein Haupt, und spricht in der Tiefe des Herzens:

Warum gaben wir euch dem sterblichen Könige Páleus,
440 Unglückselige, die ihr unalternd seyd und unsterblich!
Daß ihr mit den unseligen Menschen Leiden ertrüget?

Denn

Denn von allem, so auf der Erde kreucht und athmet,
Ist doch nirgends ein Wesen so elend, als es der Mensch ist!
Aber daß er mit euch und eurem prächtigen Wagen
445 Prange, will ich nicht dem Priamiden gestatten!
Hat er nicht schon die Rüstung, und rühmet sich dessen vergebens?
Eure Knice will ich kräftigen, Mut euch geben,
Bis ihr Automedon rettet, bis ihr ihn bringet
Zu den Schiffen. Noch will ich Sieg den Troern verleihen,
450 Daß sie morden, bis sie die prächtigen Schiffe erreichen,
Wenn die Sonne sinket, und kommt die heilige Dämmrung.

Also Zeus, und beseelte mit frischem Mute die Rosse.
Von den Mähnen schütteln sie den Staub auf den Boden,
Flogen mit eilendem Wagen alsdann durch die Troer und Griechen.
455 Automedon stritt vom Wagen; und ob er wohl traurte
Um den Gefährten, so stürzet er dennoch hervor mit den Rossen,
Wie ein Geyer unter Gänse von oben herabstürzt:
Sonder Müh' entrann er hier dem Getümmel der Troer,
Sonder Mühe verfolgt' er dort die dichtesten Haufen.
460 Aber er mordete nicht, indem er eilend verfolgte;
Denn er konnte nicht allein vom heiligen Wagen
Schwingen seinen Speer, und tummlen die flüchtigen Rosse.
Aber bald erblickte ihn sein Freund mit den Augen,
Alkimedon, der Sohn des Aimoniden Laerkäs;
465 Hinter dem Wagen stand er, und sprach zu Automedon:

Automedon, welcher der Götter hat in das Herz dir
Eitlen Rath gegeben, und deine Sinne bethöret,

Daß du kämpfest allein im Vordertreffen der Troer;
Da dein Freund doch ward erschlagen, und Hektor pranget
470 Mit des Aakiden Rüstung auf seinen Schultern?

Ihm antwortete Automedon, der Sohn des Dioräs:
Alkimedon, wer vermag von allen Achaiern,
So wie du, den Mut der unsterblichen Rosse zu zähmen;
Auffer Patroklos, der götterähnliche, weil er noch lebte?
475 Aber ihn hat nun die Hand des Todes getroffen!
Auf ergreife die schimmernden Zügel, ergreife die Geissel,
Uebernim die Führung der Rosse; damit ich kämpfe!

Alkimedon sprang auf den kampfgerüsteten Wagen,
Schnell ergriff er die Zügel, ergriff mit den Händen die Geissel;
480 Automedon sprang herab. Der schimmernde Hektor
Sah's, und nahet sich mit diesen Worten Aineias:

Aineias, du Rath der erzgepanzerten Troer,
Sieh ich sehe, die Rosse des rüstigen Aakiden
Schimmern hervor, und werden von schwachen Führern geleitet;
485 Und ich hoffe sie nun zu fahen. So du mir treulich
Beystehst, werden jene den Angriff von uns beyden
Festes Fusses wohl nicht zu bestehen vermögen!

Hektor sprach's, der edle Sohn des Anchisäs gehorchte.
Beyde gingen, die Schultern bedeckt mit Schilden von dürren
490 Starken Fellen, überlegt mit ehernen Scheiben.
Chromios folgt', und mit ihm Arätos ähnlich den Göttern;

Diese

Diese hofften im Herzen, die beyden Griechen zu tödten,
Und Achilleus hochgehalsete Rosse zu rauben;
Thoren! dennoch sollten sie, ohne Blut zu verlieren,
495　Nicht von Automedon kehren. Er flehte dem Vater
Zeus, da ward sein Herz mit Mut erfüllet und Stärke;
Und er sprach zum treuen Gefährten Alkimedon:

Alkimedon, halte nicht in der Entfernung die Rosse,
Laß auf meine Schultern sie schnauben; denn ich meyne,
500　Hektor, Priamus Sohn, wird nicht entsagen dem Kampfe,
Bis er die schönen Rosse des Aiakiden gewinnet,
Uns ermordend, und verfolgend die Reihen der Griechen,
Oder bis er selbst im Vordertreffen dahin sinkt?

Sprach es, rufte die beyden Aias und Menelaos:
505　Hört ihr Aias, Führer der Griechen, und Menelaos;
Ihr müßt anvertraun die Leiche den tapfersten Streitern,
Daß sie sie schützen, und von sich stossen die Reihen der Feinde.
Ihr müßt von uns Lebenden fernen die Stunde des Todes.
Denn dort stürzen gegen uns her, zum schrecklichen Kampfe,
510　Hektor und Aineias, die tapfersten unter den Troern.
Siehe das Siegsglück liegt verborgen im Schoose der Götter.
Ich will schwingen den Speer; Kronion walte des Kampfes!

Sprach's, und schwang und warf die weithinschattende Lanze,
Und traf auf die runde Scheibe des Schildes Arêtos.
515　Nicht vermochte der Schild zu widerstehn dem Erze;
Sondern es drang hinein in den Bauch durch den Gürtel die Lanze.

Wie

Wie mit scharfer Axt ein Mann, in blühender Jugend,
Einen gemästeten Stier auf den Nacken hinter den Hörnern
Trifft, die Sehnen zerschneidend; es springet der Stier, und fällt dann:
520 Also sprang auch dieser, und stürzte rücklings; der scharfe
Speer durchbebte sein Eingeweid', und löste die Glieder.

Gegen Automedon zielt Hektor mit schimmerndem Speere.
Aber dieser sah und vermied die eherne Lanze.
Denn er bückte sich vorwärts; siehe, da flog die Lanze
525 Ueber ihm weg, und drang in die Erde; lange noch bebte
Oben der Schaft, er verlor erst spät die letzten Kräfte.

Gegen einander wären sie nun mit den Schwertern gestürzet,
Hätten die hizigen nicht die beyden Aias geschieden,
Die auf ihres Genossen Ruf die Schaaren durchgingen.
530 Hektor und Aeneas und Chromios ähnlich den Göttern
Wichen wieder zurück, als sie die kommenden sahen.
Ach, sie ließen Arátos mit zerrissenem Herzen
Liegen; Automedon, ähnlich dem rüstigen Arás,
Raubte diesem die Waffen, und sprach mit trozenden Worten:

535 Ha! ein wenig kühlt' ich mein Leid ob den todten Patroklos,
Diesen ermordend, wiewohl er dem Helden nicht zu vergleichen!

Also sprach er, und legte die blutige Rüstung des Troers
Auf den Wagen, bestieg ihn; ihm troff von Händen und Füßen
Blut, dem Löwen gleich, der vom ermordeten Stier kommt.

540 Wieder begann der scharfe Kampf um die Leiche Patroklos,
Blutig und thränenwerth. Es war vom Himmel gekommen
Pallas, von Kronion gesandt, die Schlacht zu erneuen,
Und zu entflammen die Griechen; schon hatte sein Sinn sich gewendet.

Wie Kronion Zeus am Himmel den purpurnen Bogen
545 Spannet, daß er den Sterblichen sey ein Zeichen des Krieges,
Oder des kalten Winters, welcher die Arbeit der Menschen
Auf dem Felde vereitelt, und ihre Heerden beschädigt;
Also kam, gehüllet in eine purpurne Wolke,
Pallas herab, und entflammte den Mut von jedem Achaier.
550 Sie ermahnte zuerst den mächtigen Sohn des Atreus,
Menelaos; dieser stand ihr am nächsten: des Foinix
Bildung nahm sie, und nahm die starke Stimme des Foinix:

Menelaos, es würde dir Schande bringen und Vorwurf,
Wenn des edlen Päleionen treuen Genossen
555 Unter Ilions Mauren die Hunde von Troia zerrissen;
Darum wollest du standhaft seyn, und die Schaaren entflammen.

Drauf antwortete ihr der kriegrische Menelaos:
Vater Foinix, Greis der Vorzeit, wollte mir Pallas
Kraft verleihen, und fernen von mir die fliegenden Pfeile;
560 Siehe, dann wollt' ich mich neben euch stellen, und schützen die Leiche;
Denn es hat mir Patroklos Tod die Seele durchdrungen.
Aber Hektor wütet wie Flammen, unablässig
Mit dem Erze mordend; denn Zeus verleihet ihm Ehre.

Sprach's, es freute sich die blaugeaugte Athänä,
565 Daß er sie nennte zuerst vor allen übrigen Göttern.
Sie verlieh ihm Kraft in seine Schultern und Kniee,
Und gab ihm in die Brust die Dreistigkeit einer Fliege,
Welche, wie oft sie auch ein Mensch vom Leibe gescheucht hat,
Dennoch zu stechen begehrt, nach süssem Blute sich sehnend:
570 Solche Kühnheit erfüllte das Herz des Sohnes von Atreus.
Zu Patroklos ging er, und schwang die schimmernde Lanze.
Unter den Troern war ein Sohn Aëtions, Podäs,
Reich und tapfer; ihn ehrte vor andern unter dem Volke
Hektor, er war sein Gefährt und täglicher Tischgenosse:
575 Den traf durch den Gürtel der Held mit goldenen Locken,
Da er zur Flucht sich erhub; die eherne Lanze durchdrang ihn;
Rasselnd fiel er. Aber Atreidäs Menelaos
Riß aus dem Haufen der Troer den Todten hinan zu den Seinen.

Aber neben Hektorn stellte sich Foibos Apollon,
580 In Gestalt des Fainops, des Sohnes von Asios, welcher,
Ihm von allen Gästen der liebste, Abüdos bewohnte;
Diesem gleichend sprach der Fernhintreffer Apollon:

Wer wird künftig, o Hektor, dich scheuen unter den Griechen,
Der du rückwärts bebtest vor Menelaos, der dennoch
585 Immer ein schwacher Krieger war? Nun reißt er den Todten
Zu sich, er allein, und schlug ihn, deinen Genossen
Podäs, Aëtions Sohn, den tapfren, im vordersten Treffen.

K 2

Hektors

V. 572. Dieser Aëtion muß nicht mit Aëtion dem Vater der Andromachä
verwechselt werden.

Hektors Antlitz bedeckte die schwarze Wolke des Grames;
Er durchging die vordersten Rethen in schimmerndem Erze.

590 Sich nun griff zum stralenden Schilde Zeus Kronion,
Mit Gewölken überhüllend Jda's Geburge;
Blitzte; donnerte laut; den mächtigen Schild erschütternd,
Gab er den Troern Sieg, und schreckte das Heer der Achaier.

Páneleos begann die Flucht zuerst, der Boioter;
595 Denn, indem er immer das Antlitz gegen die Troer
Richtete; traf ihm ein Speer die Schulter, bis an den Knochen,
Ihn verwundend, die Lanze des nahen Pulúdamas.

Láitos, des edlen Alektrions Sohn, verwundet
Hektor an der Hand, und hemmt ihn mitten im Kampfe;
600 Rücklings wich er, um sich schauend, nicht hoffend im Herzen,
Jemals wieder, den Speer in der Hand, mit den Troern zu kämpfen.

Jdomeneus traf Hektor über der Brust auf den Harnisch,
Als sich dieser eben erhub, auf Láitos zu stürzen;
An der Oese zerbrach die lange Lanze; die Troer
605 Schrieen. Gegen Jdomeneus, den Deukalionen,
Welcher stand auf dem Wagen, warf Hektor die Lanze, sie fehlte
Um ein kleines, und traf den Führer und Kriegsgefährten
Márionás, den Koiranos, der ihm von Láitos gefolgt war;
Und zu seinem Heile nun kam, den Tod von ihm fernend,
610 Aber selber das Leben verlor, durch den mordenden Hektor.
Unter dem Ohr und dem Backen traf die Spitze des Speeres,

Und

Und entschüttelte ihm, die Zunge durchschneidend, die Zähne;
Aus dem Wagen fiel er, zur Erde fielen die Zügel.
Mérionés raffte sie, und sprach zum König von Kréta:

615 Idomeneus, nun treibt die Rosse, daß wir die Schiffe
Mögen erreichen; du siehst ja, der Sieg verläßt die Achaier.

Sprach's, und König trieb die Rosse mit glänzenden Haaren
Zu den hohlen Schiffen; ihn hatte Schrecken ergriffen.

Aias und Menelaos erkannten den Willen Kronions,
620 Daß er den wechselnden Sieg itzt den Troern verliehe;
Da begann zu reden der grosse Telamonide:

Ach nun könnte wohl ein Blödesinnter erkennen,
Daß itzt Vater Zeus den Sieg den Troern verleihet!
Ihr Geschoß trifft immer; Wie viel sie dessen versenden,

625 Aus der tiefen und schwachen Faust; Zeus richtet die Waffen.
Unsre Speere fallen vergebens hin auf den Boden.
Aber wohlan, wir müssen das beste Mittel ersinnen:
Wie wir den Todten zu uns nehmen, und wie wir nicht schon
Mögen kehren zurück, zur Freude der theuren Genossen,

630 Welche, sich härmend, auf uns schauen, und nicht mehr hoffen,
Daß wir werden die Kraft des siegenden Hektors bestehen;
Sondern glauben, wir stürzen uns bald in die schwarzen Schiffe.
O so einer wollte dem Peliden verkünden,
Denn ich mein', er hörte noch nicht die traurige Botschaft;

635 Daß sein theurer Genoß Patroklos im Tod dahin sank.

Aber keinen von den Achaiern kann ich erblicken,
Alle sind in Nacht mit ihren Rossen gehüllet.
Vater Zeus, entreisse der Nacht die Söhne der Griechen,
Laß uns nur das Licht mit unsern Augen erblicken,
640 Und verdirb uns bey Tage, wenn so beschlossen dein Sinn hat!

Also sprach er; des Weinenden jammerte Vater Kronion.
Er zerstreute das Dunkel, und trieb von ihnen den Nebel,
Daß die Sonne schien, und die ganze Feldschlacht erhellte.
Da sprach Telamons Sohn zum kriegrischen Menelaos:

645 Edler Menelaos, forsche, ob du noch lebend
Siehst Antilochos, den mutigen Nestoriden,
Und ermahn ihn, schnell dem rüstigen Päleionen
Zu verkündigen, daß da fiel sein liebster Gefährte.

Also sprach es, der kriegrische Menelaos gehorchte.
650 Wie ein Löwe ging er, solcher, nachdem er die Hunde
Und die Hirten lange gereizt, endlich die Hürde
Wieder, ermüdet, verläßt die Nachtdurchwachenden mußten
Ihm das Fett der Heerde zu rauben; Fleisches begierig,
Stürzt er aber umsonst, auf sie viel dennbäufige Spieße,
655 Fliegen, und lodernde Fackeln, aus starken Händen geworfen,
Gegen ihn; er weichet zurück im heißten Angriff,
Und geht in der Dämmrung von dannen mit traurigem Herzen:
Also ging unwillig der kriegrische Menelaos
Von Patroklos, und fürchtete sehr, es möchten die Griechen
660 Ueberlassen aus Furcht den feindlichen Männern zur Beute.

Drum

Denn ermahnt er Merionäs und die beyden Ajar.

Merionäs und beyde Ajas, Führer der Griechen,
Nun gedenke jeder der Milde des armen Patroklos!
Denn wie mildes Sinnes er war, das wußten wir alle,
665 Weil er lebte; nun hat ihn der Tod und das Schicksal ergriffen.

Also sagte der Held mit goldnen Locken, und eilte,
Um sich schauend: wie ein Adler, von welchem sie sagen,
Daß er am schärfsten sehe vor allen Vögeln des Himmels;
Ihm ist nicht, wie hoch er auch fleugt, ein Hase verborgen,
670 Welchen die dichte Staude bedeckt; er stürzet von oben
Auf ihn zu, und haschet ihn bald, und entreißt ihm die Seele:
Also, edler Menelaos, drehten sich deine
Stralenden Augen rund umher durch die Schaar der Genossen,
Ob du möchtest lebend den Nestoriden erblicken.
675 Und bald sah er ihn, am linken Flügel der Feldschlacht
Seine Genossen ermahnen, und sie zu kämpfen entflammen;
Nahe stellte sich ihm der Held mit goldnen Locken:

Komm, Antilochos, Zögling Kronions, daß du vernehmest
Traurige Botschaft! O wäre nicht das Unglück geschehen!
680 Sieh ich meyne, du siehst mit deinen eigenen Augen
Daß Gott den Danaern großes Unglück zuwälzt,
Und den Troern den Sieg. Es fiel Patroklos, der Griechen
Tapferster! Ihn vermisset sehr das Heer der Argeier.
Aber laufe schnell zu der Danaer Schiffen, Achilleus
685 Zu verkünden; ob er vielleicht die Leiche des nackten

Rette.

Nette. Seine Rüstung hat Hektor mit .... Helmbusch.

Sprachs. Ein Schauer ergriff Antilochos, da er die Worte
Hörte; lange blieb er sprachlos, seine Augen ....
Wurden mit Thränen erfüllt, im Munde stockt' ihm die Stimme:
690 Dennoch .... er nicht die Befehle des Menelaos; ....
Sondern eilte; die Waffen gab er dem edlen Gefährten
Laodokos, welcher die Rosse neben ihm lenkte. ....
Seine Füße trugen den Weinenden aus der Feldschlacht, ...
Daß er brächte traurige Botschaft dem ....
....

695 Menelaos, Kronions Zögling, du wolltest indessen ....
Nicht den ermüdeten Streitern helfen, welche verlassen ....
Hatte Nestors Sohn, der die Bülter herzlich vermißten.
Aber er sandte ihnen den göttlichen Thrasymedes ....
Selber kehrt' er wieder zurück zum hohen Patroklos, ...
700 Neben die Aias trat er hin, und sagte zu ihnen:

....
Jetzo hab' ich nun zu den schwarzen Schiffen gesendet
Botschaft zu bringen dem schnellen Achilleus. Aber er wird nicht
Kommen, so sehr er auch zürnen wird dem göttlichen Hektor;
Denn wie kann er waffenlos kämpfen mit den Troern? ....
705 Darum müssen wir das beste Mittel ersinnen, ...
Wie wir die .... heben, und wie wir selber ....
Aus dem Getöse der Troer den Tod und dem Schicksal entrinnen.
....
Drauf antwortete ihm der große Telamonide:
Wohlgesprochen, o .... Menelaos! ....

710 Faße schnell mit Meriones den todten Patroklos,
Hebt ihn in die Höh', und tragt ihn von hinnen. Wir beyde
Kämpfen mit Troern indessen und Hektor dem edlen,
Wir, die, eines Namens Genossen und gleiches Mutes,
Schon vordem die blutige Schlacht miteinander bestanden.

715 Also sprach er, sie haben in ihren Armen den Todten
Hoch in die Höh'. Da schrieen hinten die Schaaren der Troer
Laut empor, als sie sahn die Achaier den Todten erheben,
Hinter ihnen eilten sie her: wie Hunde den Keuler
Treiben, welchen jagende Jünglinge haben verwundet;
720 Anfangs laufen sie zwar, und hoffen ihn bald zu zerreißen;
Aber so bald er, sich vertrauend, sich gegen sie wendet,
Weichen sie rückwärts, vor ihm fliehend, hierhin und dorthin:
So verfolgten schaarenweis' im Anfang die Troer,
Mit den Schwertern treffend und mit zweyschneidigen Lanzen;
725 Aber so oft die beyden Aias sich gegen sie wandten,
Und still standen, wurden sie bleich, und keiner vermochte,
Sich hervor zu wagen, und um die Leiche zu kämpfen.

Also trugen sie eilig den Körper aus dem Gefechte
Zu den hohlen Schiffen, und hinter ihnen erhub sich
730 Hiziger Streit. Wie wachsendes Feuer den Städten entlodert;
Plözlich entsteht es, es stürzen in schrecklicher Lohe die Häuser,
Und es rauschet der tobende Wind durch die wehenden Flammen:
So verfolgte nun die beyden eilenden Aias
Rasselnd Getöse der Roß' und der speergewaffneten Männer.
735 Starken Mäulern gleich, die mit vereinigten Kräften,

Vom

Vom Geburg' herab, und über steinichte Stege,
Ziehen einen Balken oder ein grosses Schiffholz;
Arbeit und Schweiß beschwert zugleich die angestrengten:
Also trugen sie angestrengt den Todten. Von hinten

740 Hielten sie ab die Troer, gleich einem waldichten Hügel,
Welcher übers Gefilde gestreckt die Wasser zurück hält:
Sieh' er hemmt die reissenden Fluten der starken Ströme,
Rückwärts sie stossend, daß sie entlang dem Gefilde fliessen;
Denn sie vermögen ihn nicht, mit ihrer Wut zu durchbrechen:

745 Also wehrten von hinten die Ajas dem Anfall der Troer.
Diese folgten immer; zween Krieger aber am nächsten,
Aineias Anchises Sohn, und der schimmernde Hektor.

Gleich der Wolke von ziehenden Staaren oder von Dohlen,
Welche fliegen mit hellem Geschrey, so bald sie den Falken

750 Sehn; denn dieser bringet den Tod dem kleinen Gevögel:
Also flohen mit lautem Geschrey die Söhne der Griechen,
Vor Aineias und Hektor, des Widerstands nicht mehr gedenkend.
Viele schöne Waffen der fliehenden Danaer fielen
In den Graben und rund umher in rastloser Feldschlacht.

Ilias.

Ilias.

Achtzehnter Gesang.

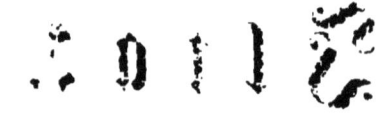

Ilias.

Achtzehnter Gesang.

Also kämpften die beyden Heere, gleich lodernden Flammen;
Aber Antilochos kam als Bote zum schnellen Achilleus;
Vor den Schiffen fand er den Peleionen, der eben
Das in seinem Herzen gedachte, was würklich geschehn war;
5 Denn er sagte seufzend in der Tiefe des Herzens:

Wehe, mir, was werden die hauptumlockten Achäer
Wieder erschrocken zurückgejaget über's Gefilde?
Haben mir nur die Götter nicht den Jammer bereitet,
Welchen mir einst die Mutter verkündete, da sie mir sagte,
10 Unter den Händen der Troer würde der Myrmidonen
Tapferster, weil ich lebe, das Licht der Sonne verlassen.
Ach, wohl ist gestorben der tapfre Menötiade!
Unglückseliger! ich befahl ihm, das feindliche Feuer
Abzuwehren, zu kehren, und nicht mit Hektor zu kämpfen!

15 Als er in der Tiefe des Herzens solches bewegte,
Kam indessen der Sohn des edlen Nestor ihm näher,
Heisse Thränen vergiessend, mit dieser traurigen Botschaft:

Wehe mir, Sohn des kriegrischen Peleus, traurige Botschaft
Wirst du hören; o wär' es nicht geschehen! Patroklos
20 Liegt; sie kämpfen nun um die nackte Leiche des Helden; ─────

Denn

Denn es raubte die Waffen Hektor mit wehendem Helmbusch.

Sprach es; jenen deckte die schwarze Wolke des Grames.
Sieh' er faßte mit beyden Händen Staub von der Erde,
Goß ihn über sein Haupt und übers göttliche Antliz;
25 Und sein Purpurgewand ward überstäubet mit Asche.
Ausgestreckt, bedeckt er selber den staubichten Boden,
Und zerrauft mit eignen Händen sein locklichtes Haupthaar.
Mägde, welche er und Patroklos hatten erbeutet,
Heulten laut mit traurigen Herzen; aus den Gezelten
30 Liefen sie um den kriegrischen Helden, schlugen mit Händen
Ihre Busen, und sanken all' in Ohnmacht nieder.

Auch Antilochos jammerte; heiße Thränen vergießend,
Hielt er die Hände des tiefaufschluchzenden Päleionen,
Daß er mit dem Erze sich nicht die Kehle durchschnitte.
35 Fürchterlich schrie er empor; ihn hörte die göttliche Mutter
In der Tiefe des Meers bey ihrem Vater dem Greise.

Alsbald weinte sie laut; die Göttinnen sammlen sich alle
Um sie herum, wieviel der Töchter Näreus im Meere
Waren; hier war Glauká, Thaleia, und Kümodoká,
40 Náseia, Speio, mit großen Augen Háliá,
Thoá, Kümothoá, und Aktoiá, und Limnoreia,
Melitá, Janairá, und Amfithoá und Agauá,
Doto, Dúnamená und Proto und Ferusa,
Deramená, Amfinomá, und Kallianeira,
45 Galateia die hochberühmte, Panopá und Doris,

Námártás

V. 26. Wieder das unübersezbare μέγας μεγαλωςι.

Námártás, und Apſeudás und Kallanaſſa;
Hier war Klümená, Janeira und Janaſſa,
Maira, Oreithüia, Amathaia die ſchöngelockte,
Und noch andre Näräiden, des Meeres Bewohner.

50 Sie erfüllten die ſilberſchimmernde Halle, jede
Schlug ſich den Buſen; Thetis begann die traurige Rede:

    Höret mich, Schweſtern, Näräiden, auf daß ihr alle
Wiſſet, welche Schmerzen meine Seele betrüben!
Wehe mir unglückſeligen! wehe mir Heldenmutter!

55 Die ich den trefflichen Sohn, den ſtarken habe gebohren,
Ihn den kühnſten der Helden! Er ſchoß empor, wie ein Sprößling,
Und ich pflegte der Pflanze mit Sorgfalt in fruchtbarem Boden;
Sandte ihn dann in krummen Schiffen gen Ilion, daß er
Mit den Troern ſtritte! Ich werd' ihn nimmer empfahen,

60 Wiederkehrend zum väterlichen Palaſte des Päleus;
Und ſo lang er lebend das Licht der Sonne noch ſchauet,
Wird er geängſtet: dennoch vermag ich ihm nicht zu helfen.
Aber nun geh' ich, zu ſehn den Geliebten, und von ihm zu hören,
Welcher Schmerz ihn, da er den Krieg verlaſſen hat, heimſucht.

65 Alſo ſprach ſie, verließ die Halle; weinend begleiten
Sie die Schweſtern; es theilt ſich vor ihnen die Woge des Meeres,
Als ſie die fruchtbaren troiſchen Fluren erreichten, beſtiegen
Sie das Ufer in Ordnung, wo der Mürmidonen
Häufige Schiffe ſtanden, um den ſchnellen Achilleus.

70 Hin zum Tiefaufſtöhnenden trat die göttliche Mutter,
Lautaufweinend umfaßt ſie das Haupt des geliebten Sohnes,
Jammert, und ſpricht zu ihm mit dieſen geflügelten Worten:

                                                Kind,

Kind, was jammerst du? welcher Kummer hat dich ergriffen?
Sprich, verhehle mir nichts! Die hat ja alles gewähret
75 Zeus, was du mit aufgehobnen Händen geflecht haft;
Bey den Schiffen hat er die Griechen alle gedränget,
Daß sie, dein bedürfend, schmähliches Uebel ertrügen.

Tiefaufstöhnend antwortete ihr der schnelle Achilleus:
Meine Mutter, das hat der Olympier alles vollendet.
80 Aber was ist mir das alles, nachdem mein theurer Genosse
Fiel, Patroklos, welchen ich liebte vor allen Gefährten,
Wie mich selbst? Den hab' ich verloren! Der mordende Hektor
Nahm ihm die ungeheure Rüstung, ein Wunder zu schauen,
Wie sie schön ist! Die Götter schenkten sie Peleus zur Gabe
85 Damals als sie dich legten ins Bett des sterblichen Mannes.
Wärst du doch geblieben bey deinen unsterblichen Schwestern,
Und es hätte mein Vater ein sterbliches Weib genommen.
Nun erfüllt unendlicher Gram dir immer die Seele
Deines Sohnes wegen, den du nicht kehrend zur Heimat
90 Wirst empfangen! Auch heischet mein Herz nicht längeres Leben,
Länger nicht, der Menschen Gesellschaft, wo ich nicht Hektorn
Unter meinem Speere zuerst das Leben entreiße,
Und mich räche wegen Patroklos, des Menoitiaden!

Ihm antwortete Thetis wieder, Thränen vergießend:
95 Ach nun stirbst du bald, mein Kind, nach dem was du sagest;
Denn nach Hektorn ward dir gleich die Stunde bestimmet.

Schweraufseufzend antwortete ihr der schnelle Achilleus:
Möcht' ich sterben! da ich nicht dem sterbenden Freunde
Helfen konnte, welcher entfernt vom Lande der Väter

100 Fiel,

100 Flieh, nach mir sich sehend, daß ich den Tod von ihm fernte!
Sieh' ich kehre nicht wieder zurück zur geliebten Heimat,
Bin Patroklos nicht zum Heile gewesen, den andern,
Auch nicht, deren viele dem edlen Hektor erlagen;
Hier siz' ich bey den Schiffen, umsonst die Erde belastend,

105 Obgleich stark, wie keiner der erzgepanzerten Griechen,
In der Schlacht; als Redner im Rathe sind andre berühmter.
Würde doch unter Göttern und Menschen die Zwietracht vertilget,
Und der Zorn, der auch die Herzen der Weisen empöret!
Süsser scheinend im Anfang, als niederträufelnder Honig,

110 Steiget er, wallend wie Rauch, empor im Busen der Menschen.
Mich empört' er gegen den König Agamemnon!
Aber ich laß das Vergangne fahren, wiewohl ich gekränkt bin,
Meinen Zorn aus Noth in meinem Herzen bekämpfend;
Und ich gehe, daß ich des theuren Freundes Vertilger

115 Hektorn finde. Freudig will ich sterben; wofern mir
Diesen Wunsch Kronion gewährt und die übrigen Götter.
Denn es ist dem Tode nicht Háráklás entronnen,
Der doch war der geliebteste Sohn von Zeus Kronion;
Ihn hat Hárás schwerer Zorn und das Schicksal bekämpfet.

120 So auch ich, wenn mir ein gleiches Schicksal bestimmt ist;
Werde liegen, gestreckt vom Tode; noch such' ich mir Ehre!
Noch soll manche der Troerinnen mit schwellenden Brüsten
Sich von ihren zarten Wangen mit beyden Händen
Thränen wischen; ich werde zu häufigen Seufzern sie zwingen.

125 Daß ich vom Kampfe lange rastete, sollen sie fühlen!
Liebende Mutter, wehre mir nicht; du kannst mich nicht hindern!

Drauf antwortete ihm die silberfüßige Göttin:
Ja mein Kind, das alles ist wahr! Es ist nicht übel,

L

Von

Von gedrängten Freunden das schlimme Verderben zu fernen.
130 Aber ist nicht die schöne, eherne, schimmernde Rüstung
In den Händen der Troer, die Hektor mit wehendem Helmbusch
Anzog, und frohlockend nun trägt? Zwar wird er nicht lange
Des frohlocken; es nahet ihm schon die Stunde des Todes!
Aber stürze dich noch nicht ins Getöse des Arás,
135 Bis du mit den Augen mich wiederkehrend erblickest.
Morgen komm' ich früh, zugleich mit der steigenden Sonne,
Von Häfästos dem Könige schöne Waffen dir bringend.

Also sprach sie, wandte sich wieder von ihrem Sohne,
Kam zu ihren Schwestern, und sprach zu ihnen die Worte:

140 Tauchet wieder hinein in den breiten Busen des Meeres,
Daß ihr wiedersehet in seinem Palaste den Meergreis,
Unsern Vater, und alles ihm saget. Auf den Olúmpos
Geh' ich, zum kunstberühmten Häfästos, ob er wolle
Schöne glänzende Waffen meinem Sohne verehren.

145 Also sprach sie, sie tauchten alsbald in die Wogen des Meeres.
Zum Olúmpos ging die silberfüssige Göttin,
Daß sie dem werthen Sohne schöne Rüstungen brächte;
Schnelle Füsse trugen sie hin. Es flohen indessen
Mit unendlichem Fluchtgeschrey vor dem mordenden Hektor,
150 Bis sie die Schiff' und den Hellåspontos erreichten, die Griechen.
Und auch hatten noch nicht die Achaier den troischen Waffen
Zu entreissen vermocht die Leiche des edlen Patroklos;
Denn es erreichte sie immer der Feind mit Männern und Rossen,
Und der flammenähnliche Sohn des Priamos, Hektor.
155 Dreymal ergriff ihn bey den Füssen der stralende Hektor,

Sehr begehrend, und rufte laut den troischen Schaaren;
Dreymal stiessen die beyden Aias, umgürtet mit Stärke,
Ihn von der Leiche zurück.   Er, seiner Stärke vertrauend,
Stürmte bald durchs Getöse des Streites, bald stand er wieder
160 Lautaufschreyend still; doch rücklings wich er nicht einmal.
Sowie nächtliche Hirten den hungrigen, grimmigen, Löwen
Nicht vom Körper, den er zerfleischt, zu treiben vermögen;
So vermochten auch nicht die beyden rüstigen Aias,
Abzuschrecken Priams Sohn vom todten Patroklos.
165 Sieh' er hätt' ihn erbeutend unendlichen Ruhm erworben,
Wäre nicht auf Füssen des Windes die eilende Iris
Vom Olümpos gekommen zum Päleionen, damit er
Sich erhübe. Hárá sandte sie heimlich, Kronion
Und die Götter wußten es nicht; sie sprach zu Achilleus:

170 Páleïon', erhebe dich, fürchterlichster der Menschen,
Schüze Patroklos, um welchen, die Feldschlacht heftig erregt,
Bey den Schiffen. Die Krieger vertilgen sich untereinander;
Diese, daß sie retten die Leiche des Todten; und jene,
Daß sie mögen ihn hin zur windigen Ilion ziehen.
175 Heiß ist der Angriff der Troer, vor allen des stralenden Hektors,
Dessen Herz gelüstet, das Haupt des Menoitiaden
Abzuhaun vom Nacken, auf einen Pfal es zu heften.
Auf! erhebe dich, Graun erfülle dein Herz, beym Gedanken,
Daß Patroklos soll werden ein Raub für die Hunde von Troja!
180 Denn dein ist die Schmach, mit welcher die Leiche gehöhnt wird.

Drauf antwortete ihr der göttliche schnelle Achilleus:
Welches Gottes Gesandte, o Iris, bist du gekommen?

Ihn antwortete wieder die Göttin mit Füssen des Windes:
Hárá sandte mich, die hohe Gattin Kronions,

185 Deß weiß nichtes der hochgethronte Kronion, und keiner
Aller Götter, des schneebedeckten Olümpos Bewohner.

Drauf antwortete ihr der Held mit steigenden Füssen:
Aber wie kann ich gehn in die Schlacht? Sie haben die Waffen.
Meine Mutter verbot mir, mich zum Streit zu erheben,

190 Bis ich sie wiederkehrend mit diesen Augen erblickte;
Denn, sie verließ mir prächtige Waffen, die Arbeit Häfaistos.
Sieh ich keine Letzten, des Waffen tragen ich könnte,
Ausgenommen den Schild von Aias, dem Telamoniden.
Aber ich hoff', er kämpfet selbst in den vordersten Reihen,

195 Mit dem Speere mordend, für meinen todten Patroklos.

Drauf antwortete ihm die Göttin mit Füssen des Windes:
Siehe wir wissen deine Waffen in Händen der Feinde,
Dennoch gehe zum Graben, und zeige dich nur den Troern;
Ob sie vielleicht, dich fürchtend, sich des Streites enthalten.

200 Aufzuathmen vermöchten alsdann die ermatteten Griechen,
Und die kleinste Erholung ist schon ein Labsal im Kriege.

Also sprach, und schied die Göttin mit Füssen des Windes.
Aber Achilleus erhub sich, Kronions Liebling. Atháná
Hielt vor seinen starken Schultern die prächtige Aigis,

205 Und mit einer goldenen Wolke kränzte die hohe
Göttin sein Haupt; ein leuchtendes Feuer loderte drüber.

V. 204. Kronions Schild.

Wie von einer Stadt der Rauch den Himmel hinanwallt,
Fern aus einem Eilande, welches Feinde bekriegen;
Wo sie, streiten den ganzen Tag in schrecklicher Feldschlacht,
210 Stürzend aus der Thoren; sobald die Sonne hinabsinkt,
Brennen häufige Fackeln umher; die steigenden Flammen
Lodern hell, auf daß die benachbarten Völker sie sehen,
Und als Retter vielleicht zu ihnen kommen in Schiffen:
Also stieg gen Himmel der Glanz vom Haupte Achilleus.

215 Bis zum Graben außer der Mauer ging er; er mischte
Sich nicht unter die Griechen, der Mutter Befehle verehrend.
Also stand er, und schrie, auch schrie besonders Athänä,
Und unendlicher Schrecken ergriff die Schaaren von Troia.

Wie die schallende Stimme von hellen Drometen ertönet,
220 Um die Mauern der Stadt, die schreckende Heere belagern;
So erscholl die laute Stimme des Aiakiden.
Als sie hörten die eherne Stimme des Aiakiden,
Wurden aller Herzen erregt; die glänzenden Rosse
Wandten mit ihren Wägen sich um, und ahndeten Unglück.

225 Ihre Führer erschracken, als sie die strebende Flamme
Lodern sahn auf dem Haupte des mutigen Päleionen,
Welche angezündet hatte Pallas Athänä.
Dreymal rufte über den Graben der edle Achilleus;
Dreymal ergriff Entsezen die Troer, und Bundesgenossen.

230 Hier verloren das Leben zwölf der mutigsten Streiter,
Durch der eignen Wagen Sturz und befreundete Lanzen.

Froh entrissen die Griechen Patroklos den feindlichen Waffen,
Legten auf eine Bahre ihn nieder. Die werthen Genossen
Standen klagend umher, mit ihnen der edle Achilleus,

235 Heiße Thränen weinend, da er den treuen Gefährten
Liegen sah auf der Bahre, vom scharfen Erze zerrissen.
Achil er hatt' ihn mit Wagen und Rossen gesandt in die Feldschlacht;
Aber sollte nicht ihn wieder lebend empfangen!

Hárá sandte nun die nieermübete Sonne.
240 In die Fluten des Meeres; ungern gehorchte sie, dennoch
Ging sie unter; es ruhten nun die edlen Achaier
Von der blutigen Schlacht des gefahrenfülleten Krieges.

Auch die Troer wichen zurück aus dem scharfen Gefechte,
Lösend von den Wagen ihre flüchtigen Rosse.
245 Sie versammleten sich, eh sie des Mahles gedachten.
Aufgerichtet standen sie alle; keiner wagte
Sich zu sezen; alle bebten, weil Achilleus
War erschienen, der lange gerastet hatte vom Kampfe.
Unter ihnen begann der weise Panthóïde
250 Pulúbamas; er allein sah Vorzeit und Zukunft,
Hektors Gefährte, mit ihm in einer Nacht gebohren,
Einer durch Reden berühmt, und durch die Lanze der andre;
Pulúbamas begann mit diesen Worten der Weisheit:

Ueberleget alles, ihr Lieben; aber ich rathe,
255 In die Stadt zu gehen, die heilige Morgenröthe
Nicht zu erwarten hier bey den Schiffen, fern von der Mauer.
Weil noch jener Mann dem göttlichen Agamemnon
Zürnte, waren minder furchtbar im Kriege die Griechen,
Und ich übernachtete selber froh bey den schnellen
260 Schiffen, in der Hoffnung, wir würden sie alle gewinnen.
Heftig fürcht' ich nun den rüstigen Päleionen.

Sieh

Sieh ich kenne den stolzen Sinn! Er wird im Gefilde
Nicht verweilen, wo bisher die Troer und Griechen
Theilten die Gefahren des Ares untereinander,
265 Sondern um unsre Stadt wird er kämpfen, und unsre Weiber.
Glaubet mir, und geht in die Stadt, denn so wird es gehen!
Eben hat die süsse Nacht Achillens gehemmet.
Wenn er sich morgen gerüstet erhebt, und hier uns findet;
O so wird ihn mancher erkennen, und freudig entrinnen
270 Zu der heiligen Burg, wofern er dem Helden entrinnet.
Viele der Troer werden die Hund' und Geyer zerreissen.
Immer bleibe solches von meinem Ohren entfernet!
So ihr meinen Worten, wiewohl mit Kummer, gehorchet;
So versammlen wir uns die Nacht auf dem Markte; die Stadt wird
275 Durch die Thürme geschüzt und die hohen Thoren mit festen
Grossen, wohlgeglätteten und einpassenden Flügeln.
Früh mit der Morgenröthe stehen wir alle gerüstet
Auf der Mauer; schwer wird es ihm werden, wofern ihn gelüstet,
Von den Schiffen kommend, mit uns um die Mauren zu kämpfen.
280 Rückwärts wird er treiben die hochgehälseten Rosse
Zu den Schiffen, ermüdet vom stadtumirrenden Laufe.
Einzudringen wird sein Mut ihm nimmer gestatten,
Nimmer verwüstet er Troia; eh sollen die Hunde ihn fressen!

Zürnend schaute Hektor auf ihn mit wehendem Helmbusch:
285 Pulüdamas, du rathest uns nicht nach meinem Herzen,
Der du ermahnest zur Stadt zu kehren, uns einzuschliessen.
Ward ihr nicht lange genug in euren Mauren gesperret?
Ehmals ward von allen Menschen, als reich an Golde,
Und als reich an Erz, die Stadt des Priam gepriesen;
290 Nun sind alle Kleinodien aus den Häusern geschwunden.

In

In dem schönen Maïonien und er fruchten wurden
Viele verkauft, dieweil der große Kronion uns zürnte.
Nun hat mir der Sohn des listigen Kronos gegeben,
Ruhm zu erwerben, und dicht zu drängen ans Meer die Achaier.

295 Darum wollest du, Thor, dem Volke solches nicht rathen!
Keiner der Troer wird dir gehorchen, ich werd' es nicht dulden!
Aber wohlan, gehorchet mir alle, wie ich euch rathe:
Haltet schaarenweise nun im Lager die Mahlzeit,
Und gedenket der Hut, und bleibet munter ein jeder.

300 Wenn ob seiner Habe sich mancher Troer noch ängstet;
Ey der gebe sie Preis den Genossen: denn es ist besser,
So des einer der Unsern froh wird, als die Achaier!

Früh bey der Morgenröthe wollen wir alle gerüstet
Bey den hohlen Schiffen die scharfe Feldschlacht erwecken.

305 Hat der edle Achill sich bey den Schiffen erhoben;
Desto schlimmer für ihn; ich werd' ihn wahrlich nicht fliehen,
In der wildertönenden Schlacht, ich will ihm bestehen;
Daß er mich, wo nicht, ich ihn besiege; denn Arås
Waltet beyder, und hat schon oft den Sieger getödtet.

310 Also redte Hektor, und Beyfall riefen die Troer.
Thoren! es hatte Pallas Athäná die Herzen bethöret;
Hektorn, welcher übel rieth, gewährten sie Beyfall;
Pulüdamas nicht, wie gut er hatte gerathen.

Schaarenweise halten sie nun das Mahl. Die Achaier
315 Seufzten und beklagten die ganze Nacht den Patroklos.
Päleus Sohn begann die jammervolle Klage.
Auf die Brust des Freundes legt er die mörderischen Hände,
Häufig seufzend: gleich dem starkgehaarten Löwen,

Dem ein hirschverfolgender Jäger aus dichtem Gebüsche
320 Seine Jungen geraubt hat; er grämt sich, wenn er zurück kommmt,
Viele Thale durchwandelt er, spürend die Tritte des Mannes,
Ob er endlich ihn finde; denn grimmiger Zorn ergreift ihn!
So sprach seufzend Achilleus zu den Myrmidonen:

O des eitlen Worts, so ich jenes Tages gesprochen,
325 Als ich dem Helden Menoitios Mut einsprach im Palaste,
Sagend, ich würde, mit Ruhm gekrönt, ihm wieder gen Opus
Bringen seinen Sohn, mit reicher Beute von Troia.
Aber Kronion vereitelt manche Gedanken der Menschen;
Uns ward beyden bestimmt, dieselbe Erde zu röthen
330 Hier vor Ilion! Mich auch wird nicht wieder empfangen
Im Palaste der rossetummlende alte Päleus;
Meine Mutter nicht; hier wird die Erde mich decken.
Aber Patroklos, da ich später sink' in die Erde,
Will ich dich nicht eher bestatten, bis ich dir bringe
335 Hektors, deines stolzen Mörders, Haupt und Rüstung;
Vor dem Scheiterhaufen will ich der blühenden Krieger
Ilions zwölf, ob deines Todes Zürnend, ermorden.
Bis dahin sollst du liegen bey meinen geschnäbelten Schiffen.
Troerinnen, dardanische Weiber mit schwellendem Busen,
340 Sollen dich des Nachts und dich des Tages beweinen,
Die wir selber mit Macht und grossen Speeren gewannen,
Als wir reiche Städte des troischen Landes verheerten.

Also sprach der edle Achill, und befahl den Genossen,
Einen grossen Dreyfuß über Feuer zu stellen,
345 Daß sie den blutigen Staub abwüschen von Patroklos.
Diese stellen den Dreyfuß alsbald auf glühendes Feuer,

Giessen

Gießen Wasser hinein, und drunter zünden sie Holz an;
Rund umflammte das Feuer den Dreyfuß, heiß ward das Wasser;
Aber, da es siedete nun im schimmernden Kessel,

350 Wuschen sie, und salbten mit fettem Oele Patroklos;
Seine Narben füllten sie mit neunjähriger Salbe,
Legten ihn auf Betten, bedeckten vom Haupt bis zum Fuße
Ihn mit feiner Leinwand, und weißem Teppich darüber.
Während der ganzen Nacht beklagten die Myrmidonen,

355 Seufzend mit dem rüstigen Pälelonen, Patroklos.
Da sprach Zeus Kronion zu seiner Schwester und Gattin:

Hohe Härä mit großen Augen, es ist dir gelungen,
Hast den schnellen Achilleus erregt; fast glaub' ich, entsprossen
Sey aus dir das Volk der hauptumlockten Achaier.

360   Ihm antwortete Härä, die hohe mit großen Augen:
Schlimmer Zeus, welch Wort ist deinen Lippen entfallen?
Kann doch wohl ein Mensch gedräutes Uebel erfüllen,
Welcher sterblich ist, und nicht so reich an Erfindung;
Und ich, die mich rühme zu seyn der Göttinnen erste,

365 Beydes durch Geburt, und weil ich stolz bin, zu heissen
Deine Bettgenossin, der du die Götter beherrschest,
Sollte, wenn ich es will, nicht Unglück stiften den Troern?

Also sprachen Zeus und Härä untereinander.
Thetis kam mit silbernen Füßen zu Häfaistos

370 Nimmeralterndem, stralendem, prächtigem, ehernem Hause,
Welches der hinkende Gott sich selber hatte erbauet.
Bey den Blasebälgen fand sie ihn schwitzend und ämsig;
Denn er hatte zwanzig Dreyfüsse eben vollendet,

Daß sie stünden an der Wand der prächtigen Halle.
375 Diese liefen auf goldenen Rädern, daß sie von selber
Zu der göttlichen Schaar der Gäste zu rollen vermöchten,
Und auch wieder zurück; es war ein Wunder zu schauen.

So weit waren sie eben fertig, die künstlichen Henkel
Wollt' er daran befestigen nun, und hämmerte Stifte.
380 Als er dieses alles mit weisem Sinne besorgte,
Siehe, da kam die silberfüßige Göttin ihm nahe.
Charis mit schimmerndem Hauptgeschmucke ging ihr entgegen,
Charis, die schöne Gattin des hinkenden Hochberühmten,
Diese nahm die Hand der kommenden Göttin, und sagte:

385 Thetis mit langem Gewande, du kommst zu unserm Palaste,
Die du lieb und hochgeehrt uns selten besuchtest?
Gehe weiter, auf daß ich dir Gastgeschenke verehre.

Also sprach sie, und leitete weiter die edle Göttin,
Ließ auf einen silbergezierten, künstlichen, schönen
390 Sessel sie sitzen; ein Schemel stand ihr unter den Füssen;
Rief alsdann den kunstberühmten Häfaistos, und sagte:

Tritt, Häfaistos, hervor; die göttliche Thetis bedarf dein.
Drauf antwortete ihr der hinkende Hochberühmte:

Ey in meinem Palaste, du werthe, innig geehrte
395 Göttin! welche mich rettete, als ich nach tiefem Falle
Schmerzen erlitt, durch den unverschämten Willen der Mutter,

Die

Die verbergen mich wollte, dieweil ich lahm war; da hätt' ich
Gräßliche Schmerzen erduldet, wo nicht in ihrem Schooß
Eurúnomá und Thetis mich hätten aufgefangen,

400 Eurúnomá die Tochter des flutenden Okeanos.

Diesen schmiedete ich neun Jahr lang künstliche Werke,
Spangen, Ohrengehenke, Nadeln und Halsgeschmeide,
In gewölbter Halle; des unermeßlichen Meeres
Wogen rauschten schäumend umher; es kannte die Halle

405 Keiner der Götter, es kannte sie keiner der sterblichen Menschen;
Eurúnomá und Thetis nur, die mich hatten gerettet.
Du kommst nun in meinen Palast, und darum ist billig,
Daß ich, Schöngelockte, dir dankende Gaben verehre.
Setz', o Charis, indessen der Göttin ein prächtiges Mahl vor,

410 Weil ich die Blasebälg' aus dem Feuer nehm' und das Werkzeug.

Also sprach der glühende große Gott, und erhub sich
Hinkend; unter ihm wankten seine schwächlichen Beine.
Aus dem Feuer nahm er die Blasebälg' und das Werkzeug,
Und schloß alles ein in einen silbernen Kasten;

415 Beyde Hände wusch er alsdann, das Gesicht und den starken
Nacken, nebst der haarichten Brust, mit einem Schwamme;
Nahm Gewand und Zepter, und ging heraus aus der Thüre
Hinkend; goldene Mägde begleiteten stüzend den König:
Lebenden Menschen waren sie gleich, und blühten wie Jungfraun,

420 Ja sie hatten Verstand und Stimme des Menschen und Kräfte,
Hatten von den unsterblichen Göttern Künste gelernet;
Diese unterstüzten den König; mühsam schreitend
Kam er zu Thetis, und sezte sich auf den glänzenden Thron hin,

Nahm

Nahm dann bey der Hand mit diesen Worten die Göttin:

425 Thetis, mit langem Gewande, was kommst du zu unserm Palaste,
Die du, wehrt und geehrt, uns dennoch selten besuchtest?
Sprich, was ist dein Wunsch? Denn meine Seele befiehlt mir,
Für dich alles zu thun, was meine Kräfte gewähren.

Drauf antwortete ihm die Göttin, Thränen vergiessend:
430 Hat wohl eine einzige Göttin des hohen Olümpos
So viel traurigen Kummer in ihrem Herzen erlitten,
Als Kronion Zeus auf meine Seele gehäuft hat?
Einem Manne unterwarf er mich, die Göttin,
Päleus Aiakos Sohn'; ich legte mich wider Willen
435 In sein Bett. Er liegt, gedrückt von schwerem Alter,
Heim in seinem Palast; des Jammers gab mir Kronion
Mehr. Zwar ließ er mich den Sohn gebähren, den stärksten
Aller Helden; er schoß empor, wie ein grünender Sprößling,
Und ich pflegte sein, als wüchs' er in fruchtbarem Boden,
440 Sandte dann ihn gen Ilion in geschnäbelten Schiffen,
Mit den Troern zu kämpfen; ich werd' ihn nimmer empfangen
Wiederkehrend zur heimischen Burg des alten Päleus!
Weil er lebend noch des Lichts der Sonne geniesset,
Härmt er sich, und ich vermag in nichts ihm zu helfen.
445 Ihm erkiesten jüngst die Achaier ein Mägdlein zur Gabe,
Diese riß aus den Händen ihm Agamemnon der König.
Solcher Kummer verzehrte sein Herz! Es drängten die Troer
Bey den Schiffen indessen die Griechen, daß sie nicht vorwärts
Rücken durften; da flehten ihm argeiische Greise,

450 Und

450 Und verhiessen ihm viele prächtige Gaben: er wollte
Dennoch selber nicht von ihnen den Untergang wenden;
Sondern sandte ihnen, in seiner Rüstung, Patroklos,
Welchem folgten zahlreiche Schaaren der Myrmidonen.
Diese fochten einen Tag vor den skäischen Thoren,

455 Und des Tages hätten sie Troia verheeret, wo Foibos
Nicht den starken Sohn des Menoitios hätte getödtet,
In den Vorderreihn, und Hektorn die Ehre gegeben.
Darum fall' ich dir zu den Knieen, daß du wollest
Schild und Helm und Panzerstiefeln mit Häcklein versehen

460 Geben und einen Harnisch dem frühesterbenden Sohne;
Seine vorigen Waffen verlor sein treuer Genosse,
Als er den Troern erlag. Er liegt auf dem Boden, und härmt sich.

Drauf antwortete ihr der hinkende Hochberühmte:
Sey getrost, und laß nicht dieses das Herz dir bekümmern!

465 O daß ich vor dem schrecklichen Tode so ihn verbergen
Könnte, wenn auch ihm das harte Schicksal herannaht;
Als ich schöne Waffen ihm werde geben, die jeder
Wird anstaunen, wer sie erblickt von sterblichen Menschen.

Sprach es, ließ die Göttin, und ging zu den Blasebälgen.

470 Diese richtet' er gegen das Feuer, und hieß sie zu blasen.
Zwanzig Blasebälge bliesen gegen die Tiegel,
Und sie athmeten alle feuererweckende Hauche;
Eilender athmeten sie, wenn des Gottes Befehle sie trieben;
Oder bliesen langsam zu langsamer Arbeit.

475 Alsdann warf er hartes Erz und Zinn in das Feuer,

Und

Und gepriesnes Gold und Silber; richtete ferner
Seinen grossen Ambos, und ergriff mit der einen
Hand den starken Hammer, mit der andern die Zange.

Erst verfertigte er den grossen Schild und den starken,
480 Schön mit künstlicher Zierde geschmücket; dreyfach und schimmernd
War sein weisser Rand, und silbern war das Gehenke.
Aus fünf über einander liegenden Scheiben bestand er.
Auf der obersten bildet' er manches nach weiser Erfindung.

Sieh er bildete erst die Erde, das Meer und den Himmel,
485 Und den vollen Mond und die unermüdete Sonne,
Rund um diese herum die himmelkränzenden Sterne,
Plääaden, Hüaden und den starken Orion,
Und die Bärin, welche das Volk den Wagen nennet,
Die in kleinen Kreisen sich dreht, Orion betrachtend,
490 Und nicht in die Fluten des Ozeanes sich tauchet.

Ferner bildet' er zwo von Menschen bewohnte schöne
Städte; Hochzeitfeyer und Schmäuse in der einen.
Aus den Kammern wurden Bräute mit leuchtenden Fackeln
Durch die Stadt geführt, bey schallendem Brautgesange;
495 Jünglinge tanzten in Kreisen umher, es tönten die Flöten
Und die Saiten der Leyer; es standen staunende Weiber,
Jede in dem Vorsaal ihres eigenen Hauses.

Auf dem Markte drängten sich Haufen; denn es war ein
Zwist entstanden zwischen Männern ob einer Buße
500 Wegen

500 Wegen eines Ermordeten: dieser bezeugte dem Volke,
Alles hab' er bezahlt und jener leugnete solches.
Beyde wünschten den Streit durch einen Richter zu enden,
Beyden erschollen begünstende Rufe des hörenden Volkes.
Herolde schweigten nun das Volk; es setzen sich Greise

505 Rund umher in heiligem Kreis' auf geglättete Steine;
In den Händen hielten sie der Herolde Zepter,
Richteten dann sich auf, und sprachen nach einander.
Unter ihnen lagen zwey Pfunde Goldes, damit sie
Der empfinge, welcher das Recht am billigsten spräche.

510   Glänzende Heere lagen vor den Mauren der zwoten
Stadt: das Heer der Belagernden, und der schützenden Bürger.
Jene heischten die Hälfte der sämtlichen Güter, und drohten,
Zu verheeren die Stadt, wofern sie nicht solches gewährte;
Diese weigerten sich, und sandten lauernde Schaaren.

515 Ihre Mauren bewachten indessen Weiber und zarte
Kinder, nebst den Männern, welche das Alter schon drückte.
Jene gingen; es führten sie Arás und Pallas Athäná.
Beyde waren von Gold, in goldnen Gewanden gekleidet,
Schön in ihrer Rüstung und groß; sie stralten als Götter

520 Sichtbar empor, doch nur ein wenig größer als Menschen.
Als sie an die Stäte kamen, die ihnen die beßte
Schien zum Hinterhalt, wo das Vieh zur Tränke geführt ward,
Lagerten sie sich am Fluß mit ihren schimmernden Waffen.

    Aber das Heer der Belagernden hatte Späher gesendet,
525 Aufzulauren den Rindern, und den Heerden der Schafe.

Bald erschienen Heerden, geführt von Hirten, die beyde
Sich mit Flöten ergözten, ohne Argwohn zu hegen.
Eilend stürzten Krieger hervor, entführten die Rinder
Und die Schafe, nachdem sie die Hirten hatten ermordet.

530 Da die Schaar am Flusse vernahm das laute Getöse,
Sprangen die Krieger auf flüchtige Roß', und erreichten die Feinde.
Bey den Ufern des Flusses standen sie nun, und stritten,
Schwingend erzgeschärfte Lanzen gegen einander.
Eris war bey ihnen, Kúdoimos, und die harte

535 Kär, die einem, wiewohl verwundeten, dennoch das Leben
Fristete, aber jenen todt bey den Füssen davon zog.
Ihre Schultern bedeckt ein Mantel, triefend vom Schlachtblut.
Lebenden sahen die Bilder gleich, als stritten sie würklich,
Und als zögen sie würklich zu sich die Leichen der Ihren.

540 Ferner bildet Häfaistos ein fettes und weiches Brachfeld,
Das zum drittenmale gepflügt ward. Viele Pflüger
Trieben auf und ab die angespannten Stiere;
Und so oft ein jeder erreichte das Ende des Ackers,
Reicht' ein Mann ihm einen Becher voll süsses Weines;

545 Eilig wandte sich jener dann wieder zur neuen Furche,
Wieder wünschend ans Ende des breiten Neubruchs zu kommen.
Dunkler schien die Erde hinter dem Pfluge, wiewohl sie
Golden war; gewiß es war ein Wunder zu schauen!

Hier erhub ein Acker sich mit wankenden Saaten.

M   550 Schnitter

B. 534. Eris, die Zwietracht. Kúdoimos, der Streitenden Lärm. Kär, das Schicksal, die Parze.

550 Schnitter hielten in den Händen die scharfe Sichel;
Reihenweise fielen die Schwade hintereinander,
Und drey Garbenbinder banden sie ämsig zusammen;
Hinter den Schnittern sammleten Knaben, und brachten's den Bindern
Unablässig in vollen Armen. Der König stand schweigend
555 Mit dem Scepter unter ihnen, und freute sich herzlich.
Unter einer Eiche bereiteten Diener die Mahlzeit,
Einen grossen geschlachteten Stier; geschäftige Weiber
Rührten weisses Mehl zum Abendschmause der Schnitter.

Nun verfertigt er einen grossen güldenen Weinberg,
560 Welcher reichlich war mit schwarzen Trauben behangen;
Reihenweise schlangen sich Reben um silberne Pfäle.
Schwarz lief rund umher ein Graben, über dem Graben
Ein Gehege von Zinn; ein Fußsteig führte zum Weinberg,
Diesen betraten die Träger, wenn sie die Weinlese hielten.
565 Frohgesinnte Mägdlein und Buben trugen die süsse
Honigfrucht der Reben in wohlgeflochtenen Körben.
Unter ihnen stand ein Knabe mit tönender Leyer,
Lieblich spielend, hell erklangen die bebenden Saiten;
Ihn begleiten Gesang und Jauchzen und tanzende Füsse.

570 Eine hochgehörnte Heerde verfertigt Häfaistos,
Einige Rinder waren von Gold, und von Zinn die andern.
Brüllend liefen sie aus dem Stalle zu der Weide,
Längst dem rauschenden, reissenden, schilfumsäuselten Strome;
Vier aus Gold gemachte Hirten folgten der Heerde,
575 Und sie wurden von neun flüchtigen Hunden begleitet.

Zween erschreckliche Löwen stürzten gegen die Heerde,
Faßten einen stöhnenden Stier, und zogen ihn; dieser
Brüllte heftig, es folgten die Hund', es folgten die Hirten.
Aber die Löwen zerrissen das Fell des grossen Stieres,
580 Schlürfend in schwarzem Blute sein Eingeweide; die Hirten
Folgten umsonst, und hetzten umsonst die eilenden Hund' an;
Diese scheuten sich zu beissen die Löwen, sie sprangen
Dicht hinan und bellten, sie dennoch immer vermeidend.

Eine Waldtrift bildete dann der hochberühmte
585 Hinkende Gott. Da sah man Heerden von weissen Schafen,
Ställe sah man und Hütten und vollgedrängte Hürden.

Einen Reigen bildet der hinkende Hochberühmte,
Jenem ähnlich, welchen vordem in der grossen Knossos
Daidalos für Ariadná erfand, die lieblichgelockte.
590 Sieh es tanzten Jünglinge hier und schöne Jungfraun,
Bey den Händen sich haltend; in feinen Gewanden von Leinwand
Waren die Jungfraun gekleidet; ein feiner schliessender Leibrock,
Welcher glänzte von Oel, bedeckte der Jünglinge Leiber.
Schöne Kränze schmückten die Jungfraun; goldene Schwerter,
595 Hangend an silbernen Riemen, zierten der Jünglinge Hüfter.
Kreisend liefen sie bald einher mit schwebenden Füssen,
Schnell wie die kreisende Scheib' in den drehenden Händen des Töpfers;
Bald auch liefen sie reihenweise gegeneinander.
Dichte Haufen des Volks umstanden den lieblichen Reigen
600 Hochergötzt; zween wackre Tänzer waren darunter,
Die den Gesang anstimmten, und durch die Reihen sich drehten.

M 2

Endlich

Endlich bildet Häfaistos am äussersten Rande des schönen
Schildes noch die mächtigen Fluten des Ozeanes.

Als er den grossen Schild, den starken, hatte vollendet,
605 Schmiedete er den Harnisch; er stralte wie flammendes Feuer;
Und den starken Helm, Achilleus Schläfen zu schüzen;
Schön und künstlich war er, umwebt vom goldenen Helmbusch.
Panzerstiefeln schmiedet' er auch aus feinem Zinne.

Als Häfaistos hatte vollendet die ganze Rüstung,
610 Nahm er sie auf, und übergab sie der Mutter Achilleus.
Wie ein Falke flog sie vom schneebedeckten Olúmpos,
Ihrem Sohne überbringend die stralenden Waffen.

Ilias.

Neunzehnter Gesang.

Ilias.

Neunzehnter Gesang.

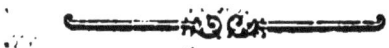

Aus den Fluten des Meers erhub sich im Safrangewande,
　　Um den Göttern und Menschen zu leuchten, die Morgenröthe.
Thetis kam zu den Schiffen, bringend die Gaben des Gottes.
Heftig weinend fand sie den Sohn, auf dem todten Patroklos
5 Liegend; viele seiner Genossen jammerten mit ihm.
Siehe da stellte sich unter sie hin die göttliche Thetis,
Nahm ihn bey der Hand, und sprach mit freundlichen Worten:

Liebes Kind, den lassen wir liegen, wiewohl wir betrübt sind;
Einmal hat ihn der Wille der ewigen Götter gefället!
10 Nim die herrlichen, nim die schönen Waffen Häfaistos;
Solche hat kein Sterblicher noch auf den Schultern getragen.

Also sprach die Göttin, und legte nieder die Waffen
Vor Achilleus; da schollen laut die künstlichen Waffen.
Schrecken ergriff die Myrmidonen; keiner vermochte
15 Sie zu betrachten; alle bebten. Aber Achilleus
Wandelte stärkrer Zorn an, da er sie schaute; entsezlich
Stralten unter den Augenwimpern, gleich Flammen, die Augen;
Froh ergriff und hielt er die herrliche Gabe des Gottes.
Als er hatte sein Herz durch den schönen Anblick ergözet,
20 Wandt' er sich zur Mutter mit diesen geflügelten Worten:
Meine Mutter, die Waffen, so mir Häfaistos gegeben,

Konnte

Konnte nur ein Gott, kein Sterblicher konnte sie machen.
Nun will ich mit ihnen mich rüsten. Aber ich fürchte
Sehr, daß dieser Tage den starken Menoitiaden
25 Mögen Fliegen befallen, die in die Wunden sich schleichen,
Daß sie Maden zeugen, und seine Leiche noch schänden,
Bis den ganzen Körper Patroklos Verwesung ergreife.

Drauf antwortete ihm die silberfüßige Göttin:
Kind, das müssest du nicht in deinem Herzen besorgen.
30 Ich will selber von ihm die Ungeziefer entfernen,
Welche sonst die schlachterschlagnen Menschen verzehren.
Ja, wofern er ein ganzes Jahr auch liegen noch sollte,
Sollte doch frisch sein Körper bleiben, und frischer noch werden.
Aber rufe nun die Helden Achaia's zusammen,
35 Und entsage dem Zorne gegen den Hirten der Völker,
Rüste dich dann, und gürte dich dann mit deiner Stärke.

Also sprach sie, den Sohn mit Heldenkühnheit beseelend.
Aber Ambrosia träufelte sie dem Patroklos und Nektar
In die Nase, vor der Verwesung den Körper zu schützen.

40 Aber Achilleus der edle ging am Gestade des Meeres
Fürchterlich schreiend, und erregte die Helden Achaia's.
Siehe da kamen auch Männer, die sonst die Schiffe der Griechen
Nicht verließen, die Steurer, welchen die Sorge des Ruders
War betrauet, und mit ihnen die Schaffner der Speise;
45 Diese gingen mit zur Versammlung, denn Achilleus
War erschienen, nachdem er hatte so lange gerastet.
Hinkend kamen zween Diener des Arás, der schlachterfahrne
Tydeide, und mit ihm Odysseus der edle,

Sich

Sich auf, Speere stützend; es schmerzten noch ihre Wunden;
50 Diese setzen sich, da sie den Ort der Versammlung erreichten,
Agamemnon kam zulezt, der König der Menschen,
Schwerverwundet; es hatt' ihn in der wütenden Feldschlacht
Koon, Antänors Sohn, mit ehernem Speere getroffen.

Als nun die Achaier sich alle hatten versammlet,
55 Da erhub sich unter ihnen, der rasche Achilleus:

Sohn des Atreus, wäre nicht diese Gesinnung uns beyden
Besser gewesen in der Stund', in welcher wir heftig
Zürnten im herzzernagenden Zwiste wegen des Mägdleins?
Hätte sie Artemis doch mit ihren Pfeilen getödtet,
60 Jenes Tages, an welchem ich Lürnässos verheerte;
O dann hätten nicht, dieweil ich zürnte, so viele
Danaer, von den Feinden bezwungen, die Erde gebissen!
Des gewannen die Troer und Hektor; aber die Griechen
Werden, meyn' ich, lange sich unsers Zwistes erinnern.

65 Aber laß das Vergangne fahren, wiewohl wir betrübt sind,
Und aus Noth die Herzen in unsern Busen bezähmen!
Meinem Grimm' entsage ich nun, auch ist es nicht billig
Immerfort zu zürnen; du aber eil' und errege
Zu der Feldschlacht nun die hauptumlockten Achaier:
70 Daß ich wieder möge den Troern begegnen, und sehen,
Ob sie wollen die künftige Nacht bey den Schiffen verbleiben.
Sich' ich meyne, froh wird mancher die Kniee zur Ruhe
Beugen, so er der Schlacht entrinnet und dieser Lanze.

Sprach's, es freuten sich die fußgeharnischten Griechen,
75 Daß der edle Päleion' entsagte dem Zorne.

Muͤt

Nun erhub sich der König der Menschen Agamemnon,
Aber blieb beym Sessel, und schritte nicht in die Versammlung:

O ihr Lieben, Danaer Helden, Genossen des Arës,
Wollet, weil ich stehe, mich hören! Denn es geziemt sich
80 Nicht zu unterbrechen, wie viel auch wisse der Störer.
Wer vermag zu hören im lauten Menschengedränge?
Wer zu reden, und wär' er auch ein mächtiger Redner?
Sieh ich wende mich zu Päleus Sohne, ihr andern
Merket auf, damit ihr meine Meynung verstehet.

85 Oftmal hab' ich von den Achaiern Vorwurf erduldet,
Wenn sie mich schalten; und dennoch bin ich an solchem nicht schuldig,
Sondern Erinnüs die Schattenumwandelnde, Zeus und das Schicksal,
Welche mir bösen Sinn eingaben in der Versammlung,
Jenes Tages, als ich Achilleus der Gabe beraubte.

90 Ach was sollt' ich thun? Es thut ja alles die Göttin
Atä, Kronions furchtbare Tochter, die jeglichen kränket.
Leichtes Fusses geht sie einher, und berührt nicht den Boden,
Sondern sie wandelt auf den Häuptern der Menschen, und trachtet
Schadend hie und da zu bestricken der Sterblichen einen.

95 Siehe, sie hat sogar Kronion geschadet, wiewohl er
Ueber Götter ist erhaben und Menschen; denn ihn hat
Härä die weibliche Gottheit sogar durch Ränke betrogen,
Jenes Tages, an welchem Alkmänä den starken Härakläs
In der schönummauerten Thäbä sollte gebähren;
100 Denn er hatte stolz zu allen Göttern gesprochen:

Höret mich, ihr Götter, und hört, ihr Göttinnen alle,
Daß ich sage, was mir mein Herz zu sagen gebietet.

Heute

V. 57. Die Jurie.

Heute bringet ans Licht die begünstende Eileithüia
Einen Knaben, der wird die benachbarten Völker beherrschen,
105 Deren Menschen einer, die stammen aus meinem Blute.

Listensinnend antwortete ihm die erhabne Hárá:
Zeus, du redest nicht wahr, und wirst nicht solches erfüllen!
Aber wohlan, Olümpier, schwöre mir starken Eidschwur,
Daß da die benachbarten Völker werde beherrschen,
110 Welches Knäblein heute dem Schoosse der Mutter entstürzet,
Deren Menschen einer, die stammen aus deinem Blute.

Also sprach sie, und keinen Argwohn hegt' Kronion,
Schwur den grossen Eid, und mußte büssen des Eides.
Denn es entschwang sich Hárá dem Gipfel des hohen Olümpos,
115 Und erreichte schnell das achaische Argos; da kannte
Sie des Sthenelos edles Weib, des Sohnes von Perseus.
Diese trug ein Knäblein, das war im siebenten Monde,
Solches brachte Hárá ans Licht, wiewohl es noch klein war,
Hemmte ferner Alkmänäs Geburt und die Eileithüien.
120 Alsdann brachte sie selber Botschaft zu Kronion:

Vater Zeus, schnellblizender, höre, was ich dir sage!
Eben ward der Argeier tapfrer Beherrscher gebohren,
Eurüstheus, des Sthenelos Sohn, des Sohnes von Perseus,
Deines Blutes, und wehrt, daß er die Argeier beherrsche.

125 Also sprach sie; Gram erfüllt' ihm die Tiefe des Herzens;
Alsbald faßt' er die Atá bey den glänzenden Locken,
Zürnend in seinem Herzen, und schwur mit feyrlichem Eide,

Daß

V. 103. Die Göttin, welche bey der Geburt der Menschen waltet.

Daß den Olümpos nicht und nicht den sternichten Himmel
Wieder Ate sollte besteigen, die jeglichem schadet.

130 Sprachs, und schleuderte sie vom sternichten Himmel herunter
Mit geschwungner Hand; sie erreichte die Wohnung der Menschen.
Spät noch seufzte Zeus Kronion; wenn er den werten
Sohn, sah schmähliche Dienste fröhnen dem König Eurüstheus.
So auch ich, als Hektor der grosse mit wehendem Helmbusch,

135 Bey den vordersten Schiffen das Heer der Argeier vertilgte,
Konnte nimmermehr der schädlichen Ate vergessen.
Weil sie mich verführte, und Zeus mir raubte die Weisheit,
Will ich dir zur Sühnung verehren unendliche Gaben.
Auf erhebe dich nun, und errege die Schaaren der Streiter!

140 Ich will dir die Gaben verehren, welche dir neulich
Hat in deinem Gezelte verhiessen der edle Odüsseus.
Willst du sie erwarten, wiewohl du eilest zum Streite;
Siehe so sollen sie meine Genossen aus meinem Schiffen
Bringen, daß du sehest, ich gebe dir prächtige Gaben.

145 Drauf antwortete ihm der Held mit fliegenden Füssen:
Ruhmgekrönter Sohn des Atreus, König der Menschen,
Ob du willst die Geschenke geben, wie es sich ziemet,
Oder behalten, stehet bey dir. Nun laß uns die Feldschlacht
Gleich beginnen; denn es gebührt uns nicht, länger zu zaudern;

150 Viel ist zu vollenden uns übrig. Es sollen die Feinde
Wieder in den Vorderreihen sehen Achilleus
Mit dem ehernen Speere die trojschen Reihen vertilgen.
Euer sey nun jeder bereit zum mutigen Kampfe!

Sprach's, und ihm antwortete drauf der weise Odüsseus:

155 Nicht

155 Nicht so, götterähnlicher Patroklos; du wollest
 Tapfer wie du auch bist, doch nicht die hungernen Griechen
 Gegen Ilions Mauren erregen. Die Feldschlacht wird lange
 Dauren, wenn sich erst die kriegrischen Schaaren begegnen;
 Und von beyden Seiten ein Gott mit Mut sie beseelet.

160 Heisse bey den schnellen Schiffen nun die Achaier
 Speis' und Wein geniessen; denn das giebt Leben und Stärke.
 Denn kein Streiter vermag ungessen den ganzen Tag lang
 Bis zu Sonnenuntergang beständig zu fechten.
 Wenn ihn auch sein mutiges Herz ermuntert zum Kampfe,

165 Sinken doch ermattet die Glieder, und es ergreift ihn
 Hunger und Durst, auch schwanken die ermüdeten Kniee.
 Aber wer sich zuvor mit Wein und Speise gelabt hat,
 Solcher vermag den ganzen Tag mit Feinden zu kämpfen;
 Mutig ist sein Herz im Busen, ihm wanken die Kniee

170 Nicht, bis endlich alle zugleich den Kampfplaz verlassen.
 Drum laß aus einander das Volk, und laß sie das Frühmahl
 Zu sich nehmen. Die Gaben wird Agamemnon, der König,
 Bringen in die Versammlung, auf daß die Danaer alle
 Sie mit Augen sehen, und du dich ihrer erfreuest.

175 Aufgerichtet schwöre der König vor den Argeiern,
 Daß er nimmer noch nach Weise der Männer und Weiber
 Hat der Briseis Bette bestiegen, sie niemal umarmt hat.
 Auch dein Herz sey mild in deinem Busen, Achilleus!
 Dich soll Atreus Sohn in seinem Zelte mit reichem

180 Mahle bewirten, damit es an nichts dir möge gebrechen.
 Atreus Sohn, du wirst auch gegen andre, von nun an,
 Billig seyn; wohl stehet es an selbst Königen, wenn sie
 Einen Mann beleidigten, daß sie wieder ihn sühnen.

 Drauf

Drauf antwortete ihm Agamemnon, der König der Menschen:

185 Sieh ich freue mich deiner Rede, Sohn des Laertäs,
Wohl hast du gesprochen, und alles weislich erwehnet.
Ich bin willig zu schwören den Eid, die Seele gebeut mir's,
Und, bey den Göttern! ich schwöre nicht fälschlich. Aber Achilleus
Bleibe hier, wie heftig er auch zur Feldschlacht entflammt ist;

190 Ihr auch müsset hier verweilen, bis die Geschenke
Aus dem Zelte kommen, und wir das Bündniß beschwören.
Sieh ich heiße dich für dieses sorgen, Odüsseus:
Wollest unter den edelsten Jünglingen selber erlesen,
Daß sie aus meinem Schiffe bringen, was wir Achilleus

195 Haben versprochen, und daß sie zu uns die Mägdlein auch führen.
Aber Thaltübios soll aus dem grossen Lager der Griechen
Einen Eber uns bringen, zu opfern der Sonn' und Kronion.

Drauf antwortete ihm der Held mit fliegenden Füssen:
Ruhmgekrönter Sohn des Atreus, König der Menschen,

200 Möchten wir lieber ein andermal das alles besorgen,
Wenn einmal in ruhiger Frist uns solches vergönnt ist,
Und nicht dieser Zorn in meinem Herzen mehr wütet.
Noch noch liegt Patroklos durchstochen, welchen erlegt hat
Hektor, Priams Sohn, als Zeus den Sieg ihm gewährte.

205 Auf dann, lasset essen die Schaaren — zwar ich würde
Nüchtern und ungessen erregen die Söhne der Griechen
Mit den Troern zu kämpfen; beym Untergange der Sonne
Möchten sie, nach gerächter Schmach, die Mahlzeit bereiten.
Eh' soll weder Speise noch Trank durch die Kehle mir gleiten,

210 Wegen meines erschlagnen Genossen, der im Gezelte
Lieget ausgestreckt, von scharfem Erze verwundet,
Mit den Füssen gegen die Thüre. Seine Genossen

Stehen

Stehen klagend umher, ich kann nichts anders gedenken,
Als nur Mord und Blut, und seufzendes Menschengewimmer.

215 Sprach's, und drauf antwortete ihm der weise Odüsseus:
O Achilleus, Päleus Sohn, du stärkster Achaier,
Tapfrer, und nicht um ein kleines tapfrer, als ich, mit dem Speere
Bist du; am Rathe möcht' ich vielleicht dich weit übertreffen,
Bin auch älter als du, und habe vieles gelernet.

220 Drum laß dieses nur bey meinem Vorschlag bewenden.
Siebe Menschen ermüden bald des Menschengewürges;
Viele Halmen mähet das Erz herab auf den Boden
In gar kurzer Zeit, wenn Zeus Kronion die Wagschaal
Sinken läßt; denn Zeus Kronion waltet des Krieges.

225 Nicht mit dem Bauche sollen die Griechen den Todten betrauren;
Denn es sinken ja täglich so viele hinter einander
Auf die Erde; wer könnte sich dann des Schmerzens erholen?
Welcher fällt, der werde begraben; die Noth gebietet
Hartes Herzens zu seyn, und einen Tag nur zu weinen.

230 Alle, welche noch übrig läßt die schreckliche Feldschlacht,
Müssen des Tranks und der Speise gedenken, auf daß wir gestärket
Wieder unablässig kämpfen mit feindlichen Männern,
In der ehernen Rüstung gewaffnet. Keiner der Streiter
Bleibe hier, zu erwarten neue Befehle; sie werden

235 Unglück bringen dem, der bey den Schiffen zurückbleibt.
Bald erheben wir, dichtgedrängt, uns gegen die Troer!

Sprach's, und erkiesete sich zu Gefährten die Söhne des Nestors,
Megäs, Füleus Sohn, und Märionäs und Thoas,
Lükomädäs, Kreiontäs Sohn, und Melanippos.

240 Diese gingen ins Zelt des Agamemnon Atreidäs,

Und

Und schnell, wie es gesprochen war, ward alles vollendet.

Sieben versprochne Dreyfüsse brachten sie aus dem Gezelte,
Zwanzig schimmernde Opferkessel und zwölf Rosse,
Führten sieben treffliche Weiber, mancherley Künste
245 Kundig, die rosenwangigte Briseis war die achte.
Mit zehn dargewognen Talenten ging Odüsseus
Vor den Jünglingen her; sie trugen andre Geschenke,
Brachten sie mitten in die Versammlung. Da erhub sich
Agamemnon; Thaltübios mit der göttlichen Stimme
250 Hielt mit den Händen den Eber, und stand beym Hirten der Völker.
Mit der Rechten griff Agamemnon Atreides zum Messer,
Welches ihm immer hing an der grossen Scheide des Schwertes,
Schnitt vom Kopfe des Ebers Borsten, flehte Kronion
Dann mit aufgehabnen Händen; es sassen die Griechen
255 Nach der Sitte schweigend umher, dem Könige horchend;
Dieser schaute betend empor zu dem weiten Himmel:

Sey des Zeuge, Vater Zeus, du mächtigster, bester!
Und du Erde! du Sonne! Erinnen! die unter der Erde
Strafet jeglichen Mann, der einen Meineid geschworen:
260 Daß ich meine Hand an Brises Tochter nicht legte,
Nicht zum Beyschlaf, nicht zu irgend einer Begierde;
Daß sie unberühret blieb in meinem Gezelte!
Wenn ich fälschlich schwöre, so mögen die Götter mir Jammer
Häufen, wie sie pflegen zu thun dem Schwörer des Meineids!

265 Sprachs, und durchschnitt die Kehle des Ebers mit grausamem Erze;
Diese warf in die weiten Fluten des grauen Meeres
Schleudernd Thaltübios, den Fischen zur Speise. Achilleus
Richtete

Richtete sich empor in der kriegrischen Danaer Kreise:

Vater Zeus, du verwickelst in schweres Uebel die Menschen,
270 Denn sonst hätte nicht Agamemnon so heftig erreget
Meinen Zorn, und hätte mir nicht das Mägdlein entrissen,
Wider meinen Willen und unerbittlich; Kronion
Aber wollte der Danaer vielen den Tod bereiten.
Gehet zum Mahl, auf daß wir nachher die Feldschlacht beginnen.

275 Also sprach er, und ließ die Versammlung auseinander.
Sie zerstreuten sich, zu seinem Schiffe ging jeder.
Agamemnons Geschenke besorgten die Myrmidonen,
Alles bringend ins Schiff des göttergleichen Achilleus.
In die Gezelte leiteten sie die Weiber, und Rosse
280 Edle Kriegsgenossen die Rosse zur übrigen Heerde.

Aber Briseis, ähnlich der goldenen Afroditä,
Als sie Patroklos sah vom scharfen Erze verwundet,
Goß sie sich um ihn, und jammerte laut, zerriß mit den Händen
Ihre Brüste, den zarten Hals und die rosichten Wangen.
285 Also klagte sie weinend, und schön wie der Göttinnen eine:
Ach Patroklos! wie liebte ich dich, elende, so herzlich!
Als ich ging aus diesem Gezelte, verließ ich dich lebend,
Und nun find' ich dich todt allhier, du Führer des Heeres!
Also harret mein beständig Unglück auf Unglück!
290 Meinen Gatten, welchem mich gaben mein Vater und Mutter,
Hab' ich gesehn vor der Stadt mit scharfem Erze zerrissen,
Nebst drey Brüdern, mit mir von einer Mutter gebohren,
Welche alle zugleich das Ziel des Todes erreichten.
Dennoch wolltest du nicht, als meinen Gatten Achilleus

295 Tödtete, und die Stadt des göttlichen Münäs verheerte,
Weinen mich sehn; du sagtest, du würdest dem edlen Achilleus
Mich zum blühenden Weibe geben, und mich in Schiffen
Bringen gen Ftia, dort die Hochzeitfeier zu halten.
Unablässig werd' ich dich weinen, du Mildegesinnter!

300 Also sprach sie weinend, die andern Weiber beseufzten
Dich, Patroklos, zum Schein, in der That den eigenen Jammer.

Um Achilleus sammleten sich die Greise der Griechen,
Baten ihn, Speise zu nehmen; er weigerte dessen sich seufzend:

So ihr wolltet gefällig seyn, ihr wehrtesten Freunde,
305 O so hießet ihr nicht mit Speis' und Trank mich zu laben;
Denn ein heftiger Schmerz hat meine Seele getroffen.
Wohl ertrag' ich zu harren, bis die Sonne sich senket.

Also sprach er, und ließ von sich die Führer der Griechen.
Atreus Söhne nur blieben und Odüsseus der edle,
310 Nestor, Idomeneus, und der roßtummlende Foinix.
Diese suchten zu trösten den innigbetrübten; doch ward er
Nicht getröstet, bis er ins Heer der Feinde sich stürzte.
Immer seines Patroklos gedenkend, seufzt' er und sagte:

Ach unseliger, bester von meinen Genossen! du hast mir
315 Sonst in diesem Gezelt das liebliche Frühmal bereitet,
Aemsig oft und schnell wenn die Griechen eilten, der Feldschlacht
Jammer über die roßbezähmenden Troer zu bringen.
Nun liegst du durchstochen alhier; und dich vermissend,
Kann ich nicht des Tranks und nicht der Speise genießen.
320 Sieh es könnte mir kein größrer Jammer begegnen,

Selbst

Selbst nicht, wenn ich den Tod von meinem Vater vernähme,
Welcher helle Thränen vielleicht in Ftia vergießet,
Einen solchen Sohn vermissend, der fern in der Fremde
Wegen der schlimmen Helena kämpft mit den Schaaren von Troia;

325 Oder wenn ich den Tod von meinem Sohne vernähme,
Wenn er etwa noch lebt, der göttliche Neoptolemos.
Ehmals hoffte dieß Herz in meinem Busen beständig,
Ich nur würde sterben entfernt vom fruchtbaren Argos,
Hier in Troia; du würdest wiederkehren gen Ftia,

330 Würdest meinen Sohn in einem eilenden Schiffe
Holen von Sküros, und zu Ftia sein Erbtheil ihm zeigen,
Meine Habe, den hochgewölbten Palast und die Knechte.
Denn ich vermute, Päleus sey schon lange gestorben,
Oder er lebt vielleicht noch ein kleines, betrübt, und von schweren

335 Jahren gedrückt, und immer von mir die traurige Botschaft
Bang' erwartend, ich sey vor Troia's Mauren gefallen.

Also sprach er weinend; es seufzten die Fürsten der Griechen,
Derer gedenkend, die jeder zu Hause hatte gelassen.
Diese sah mit erbarmenden Blicken Vater Kronion,

340 Und er rief Athäna mit diesen geflügelten Worten:
Meine Tochter, du hast den Edlen völlig verlassen!
Ist Achilleus ganz in deinem Herzen vergessen?
Schau ihn, wie er sizet vor den geschnäbelten Schiffen,
Immer klagend um seinen Freund. Die übrigen Fürsten

345 Gingen zum Frühmal; er nur ist ungessen geblieben.
Geh und träuf' Ambrosia ihm und lieblichen Nektar
In die Brust, auf daß ihn nicht der Hunger entkräfte.

Also sagte Kronion, die willige Göttin erregend.

Aehnlich

Aehnlich dem hellschreyenden, hochgeflügelten Aar,

350 Flog sie vom Olympos herab durch die Lüfte ins Lager.
Rüsten sich schön die Achaier zum Streit; sie träufelt Achilleus,
In die Brust Ambrosia und lieblichen Nektar,
Daß nicht seine Kniee der herbe Hunger entkräfte.
Alsdann kehrte sie wieder in ihres mächtigen Vaters

355 Hohes Haus; die Achaier ergossen sich aus den Schiffen.

Wie wenn häufige Flocken von Schnee den Wolken entfallen,
Unter dem kalten Wurf des himmelerheiternden Nordwinds;
Also strahlten die häufigen glänzenden Helme der Griechen,
Ihre hochgewölbten Schild' und Panzer und Speere.

360 Siehe der Schimmer stieg himmelempor; es lachte die Erde
In des Erzes Glanz, und erscholl von den Füßen der Männer.

In der Mitte rüstete sich Achilleus der edle;
Seine Zähne knirschten; es flammten wie loderndes Feuer
Seine Augen; heftiger Schmerz erfüllt' ihm die Seele.

365 Grimmig zürnend gegen die Troer nahm er des Gottes
Gabe, die schönen Waffen, die ihm Häfestos geschmiedet.
Seine Beine deckt' er zuerst mit den glänzenden Schienen,
Sauber waren sie, mit silbernen Häcklein versehen;
Seine Brust bedeckte der Harnisch; er warf um die Schultern

370 Dann sein ehrnes Schwert, mit silbernem Hefte gezieret.
Endlich griff er zur Wucht des großen und schweren Schildes,
Welches fernhin schimmerte, wie das Antlitz des Mondes.

Wie wenn weit im Meere den Schiffern der Schimmer erscheinet
Eines flammenden Feuers; es lodert hoch auf der Warte

375 Eines einsamen Berges; sie werden vom Sturme geworfen

Tief in die Wogen des fischreichen Meeres, fern von den Freunden;
Also ſtralte gen Himmel der Glanz des künſtlichen, ſchönen
Schildes Achilleus. Er deckte ſein Haupt mit dem ſchweren Helme,
Welcher ſtralte, wie ein Geſtirn, vom wallenden Roßſchweif,
380 Und von niederflatternden goldnen Faden ihn umwehet.

Nun verſuchte ſich in den Waffen Achilleus der edle,
Ob ſie ihm paßten, und leicht ſich ſeine Glieder bewegten:
Siehe ſie waren wie Flügel, und huben den Hirten der Völker.

Aus dem Gehäuſe zog er alsdann die mächtige, groſſe,
385 Schwere Lanze des Vaters; es konnte ſie keiner der andern
Griechen ſchwingen; nur Achilleus konnte ſie ſchwingen,
Dieſe Eſche: Cheiron hatte ſie ſeinem Vater
Auf des Pälion Gipfel, zum Tode der Krieger, gehauen.

Automedon und Alkimos ſpannten dann vor den Wagen
390 Seine ſchöngeſchirrten Roſſe, ſie ſchnallten die Zäume
Ueber die Köpf', und zogen die Zügel rückwärts zum Seſſel
Seines Wagens; es griff Automedon zur glänzenden Geiſſel,
Und ſprang auf den Wagen. In voller Rüſtung gewaffnet,
Stellte ſich hinter ihm, wie die Sonne ſtralend, Achilleus,
395 Schalt mit dieſen Worten alsdann die Roſſe des Vaters:

Xantos und Balios, ihr der Podargä berühmte Kinder,
Sehet zu, daß ihr dießmal den Führer lebend zurückbringt
Zu der Danaer Heer, wenn wir nun kehren vom Kampfe,
Daß ihr ihn nicht, wie Patroklos, todt auf dem Felde zurücklaßt!

N 3 400 Vos

V. 396. Zeſüros hatte dieſe Roſſe mit der Harpüe Podargä erzeugt, ſie
waren unſterblich wie die Eltern. S. d. 16ten Geſang.

400 Vor dem Wagen antwortete ihm der rüstige Xantos.
Mit gesenktem Haupt, es floß die wallende Mähne
Uebers Joch auf die Erde; Härä gab ihm die Stimme:

Ja Wir bringen dich lebend zurück, du starker Achilleus.
Aber es nahet dir schon der Tag des Todes; wir sind nicht
405 Schuldig, sondern ein großer Gott und das harte Verhängniß.
Nicht durch unsre Langsamkeit, nicht durch unsre Säumniß,
Rissen die Troer die Rüstung herab von den Schultern Patroklos;
Sondern der mächtige Sohn der lieblichlockichten Läto
Schlug ihn im Vordertreffen, und schenkte Hektor die Ehre.
410 Siehe wir würden im Laufe des Zefüros Odem ereilen;
Welcher, schneller als alles ist; doch ward dir bestimmet,
Einem Gott' und sterblichen Manne zu unterliegen.

Xantos sprachs; die Erinnen schloßen ihm wieder die Stimme.
Unmutsvoll antwortete ihm der schnelle Achilleus:

415 Was weissagest du mir den Tod, o Xantos? Dir ziemet
Solches nicht. Ich weiß mein Schicksal; hier soll ich fallen,
Fern von meinem Vater und Mutter; aber ich werde
Doch nicht rasten, ich werde die Troer immer verfolgen!

Sprach's, und trieb mit Geschrey die Rosse gegen die Feinde.

Ilias.

Ilias.

Zwanzigster Gesang.

Silas

Ilias.

Zwanzigster Gesang.

Also rüsteten sich bey den krummen Schiffen die Krieger,
Sohn des Päleus um dich, du unersättlicher Streiter!
Gegen über die Troer auf abwärtshangendem Felde.

Zeus befahl der Themis, die Götter zu der Versammlung
5 Vom vielgipflichen Scheitel des hohen Olümps zu berufen;
Themis ging und berief sie ins Haus des Vaters der Götter.
Siehe da fehlte nicht einer der Götter, nur Okean fehlte;
Keine der Nümfen, welche da wohnen in lieblichen Hainen,
Im beblümten Gefild' und an den Quellen der Flüsse.
10 Und sie traten in den Palast des Wolkenversammlers,
Sezten sich auf Throne, von stralenden Säulen gestüzet,
Welche die Arbeit und Kunst des Häfaistos dem Vater verehret.
Alle waren gekommen; sogar der Erschüttrer der Erde,
Hätte verlassen das Meer, und gehorchte der rufenden Göttin,
15 Saß in der Mitte des Kreises, und forschte den göttlichen Rathschluß:

Schleuderer zückender Blize, was hast du die Götter berufen?
Hast du dich wegen des Krieges der Griechen und Troer entschlossen?
Denn nicht lange, so wird die Schlacht von neuem entflammen.

Also sprach er; und Zeus antwortet, der Wolkenversammler:
20 Erderschüttrer, du weißt, was ich im Herzen beschlossen,

Weißt,

Weißt, warum ich euch rief; mich jammert der fallenden Troer.
Dennoch bleib' ich allein auf dem Gipfel des hohen Olümpos,
Siz' und schau' und ergöze mein Herz. Nun gehet ihr andern
Zu den Achaiern und Troern, und schaltet, wie jedem gelüstet.
25 Wenn Achilleus allein im Treffen den Troern begegnet,
So bestehen sie alle nicht lange den rüstigen Helden;
Denn sie zitterten schon, wenn sie von fern ihn erblickten:
Nun da wütender Schmerz ob seinen Patroklos ihn anflammt,
Fürcht' ich, daß er auch gegen das Schicksal die Mauren zertrümmre.

30 So sprach Zeus, verderblichen Krieg erregend. Die Götter
Eilten, zwiefach getheilt, hinunter ins Waffengetümmel;
Härá ging zu den Schiffen; mit ihr ging Pallas Athäná,
Und Poseidaon der Gestadumgürter und Hermäs,
Hermäs, Geber des Reichthums, unerschöpflich an Ränken;
35 Unter diesen ging, mit schwachen wankenden Knieen
Hinkend, Häfaistos, mit rollendem Troz in flammenden Augen.
Zu den Troern der Kriegsgott mit rauschendem Federbusch, Foibos
Mit jungfräulichen Wangen, und Artemis stolz auf den Köcher,
Läto, Xantos der Fluß, Afroditá mit lächelnden Lippen.

40 Weil noch die Götter beyseit von den sterblichen Menschen sich
hielten,
Schimmerten rühmlich die Griechen hervor: denn ihren Achilleus
Sahen sie, welcher so lange von blutigen Schlachten geruhet.
Aber ängstliche Schrecken durchbebten die Glieder der Troer,
Da sie wieder mit strahlender Rüstung und triefendem Blute,
45 Furchtbar wie Arás, erblickten den Päleionen.

Da die Olümpier nun in die sterblichen Schaaren sich stürzten,
Tobte

Tobte die völligentflammende Wut; es stellte sich Pallas
Nun mit lautem Geschrey an den Graben ausser der Mauer,
Denn mit lautem Geschrey ans widerhallende Ufer.

50 Brausend wie stürmende Strudel, gehüllt in Schrecken der Nächte,
Schrie von Ilions thürmender Burg der Kriegsgott herunter,
Lief dann schreyend an Simoeis Ufer bis Kallikolona.

So entflammten die Götter die beyden Heere zum Kampfe.
Fürchterlich donnerte Zeus, der Vater der Götter und Menschen
55 Oben herab; von unten erschütterte Poseidon
Die unendliche Erde bis zu den Häuptern der Berge;
Alle Füsse wankten des quellenströmenden Ida
Bis zu den Gipfeln; es wankte die Stadt und die Schiffe der Griechen.
Da erschrack in der Tiefe der Schattenbeherrscher Aidoneus,
60 Bebend entsprang er dem Thron, lautrufend, daß nicht von oben
Poseidon, der Gestaderschütter, die Erde zerreiße,
Daß nicht erscheine den Menschen, daß nicht den Göttern erscheine
Seine düstre Behausung, für die auch Olümpier grauet.

Solch Getümmel erregte der Streit der unsterblichen Götter.
65 Gegen Poseidon, den mächtigen Herrscher des Meeres,
Stellte sich Foibos Apollon mit seinen gefiederten Pfeilen;
Gegen Arès Athäna mit blauen rollenden Augen;
Artemis, welche das Jagdgeschrey liebt und die goldenen Pfeile,
Artemis, stolz auf den Köcher, des Fernhertreffenden Schwester,
70 Artemis wagte zu widerstehen der obersten Göttin;
Lato betrat mit Hermäs, dem Geber des Reichthums, die Kampfbahn;
Gegen Häfaistos der unter sich strudelnde grosse Skamandros,
Von den Menschen Skamandros genannt, und Xantos im Himmel.

Also gegen Götter die Götter. Aber Achilleus

75 Sehnte sich mitten im Haufen der Feinde Hektor zu finden;
Laut gebot ihm sein Herz, mit dem Blute des Sohnes von Priam
Dich zu tränken, Arä, du unüberwindlicher Krieger!

Aber der Völkererhalter Apollon erreget Aineias
Gegen Päleus Sohn, und giebt ihm göttliche Stärke;

80 Hüllet sich in die Gestalt des Priamiden Lükaon,
Nahet so sich dem Helden, und spricht mit der Stimme des Jünglings:
Aineias, du Rath der Troer, wo bleibt die Verheißung,
Welche du Ilions Fürsten beym Becher des Mahles gegeben,
Zu bestehen die Lanze des Pälcionen Achilleus?

85 Also Foibos Apollon, und ihm erwiedert Aineias:
Priamide, was heischest du von mir, wider mein Wollen
Gegen den überwallenden Mut Achilleus zu kämpfen?
Heute würd' ich zuerst den schnellverfolgenden Helden
Nicht erfahren; er hat vordem mit drohender Lanze,

90 Eh' er gegen Lürnässos und Pädasos siegend sich wandte,
Mich vom Ida gejagt, um meine Kinder zu rauben.
Hätte mir Zeus nicht Kraft und fliegende Füße verliehen,
O so wär' ich unter der Faust Achilleus gefallen
Und Athänä's, welche vor ihm die Fackel des Sieges

95 Schwang, und mit ehernem Speere die Troer zu tödten entflammte!
Sterbliche Menschen vermögen es nicht, mit Achilleus zu kämpfen;
Ein die Gefahren entfernender Gott ist immerdar um ihn.
Sicher trifft sein Geschoß, und rastlos fliegen die Pfeile,
Bis sie sich tauchen in Blut! O daß der Unsterblichen einer

100 So mich schützte! Fürwahr, er sollte mich schwerlich besiegen,
Wär' er bis zu der Ferse vom Scheitel geschmiedet aus Eisen!

So Aineias; ihm erwiederte Foibos Apollon:
Held, was säumest du noch, zu den ewigen Göttern die Stimme
Zu erheben? Du bist ja Sohn der Göttin von Kúpros;
105 Und Achilleus Sohn der geringern Göttin des Meeres;
Jene Tochter des Zeus, und diese des alternden Náreus.
Edler, wohlauf! und schwinge die unüberwundene Lanze
Mutig umher, und lasse dich nicht durch Dräuungen schrecken!

Sprach's, und beseelte mit Mut das Herz des Hirten der Völker,
110 Welcher, mit schimmerndem Erze gewaffnet, die vordersten Reihen
Schnell durchlief. Ihn sah die Göttin mit weissen Armen,
Als er gegen Achilleus durch feindliche Haufen sich drängte,
Und berief die Götter: Poseidon und Atháná
Schaut und bedenkt; Aineias, gesandt von Foibos Apollon,
115 Geht, mit schimmerndem Erze bewaffnet, gegen Achilleus!
Kommt, vertreibt den Sohn Afrobitá's! Oder gelüstet
Unser einen, Achilleus zu helfen? Kraft seinem Arme,
Mut zu geben dem Herzen; auf daß er sichtbar erkenne,
Wie die mächtigsten Götter ihm beystehn, andre denn jene,
120 Welche mit kraftloser Rechte dem Falle von Ilion steuren?
Siehe darum verliessen wir alle den hohen Olúmpos,
Um noch heut vor jeder Gefahr den Helden zu schüzen!
Ach! die Stunde nahet ihm doch; bald wird er erdulden,
Was am Tage seiner Geburt mit gleitendem Faden
125 Ins Gewand des Lebens die grausamen Schwestern ihm webten.
So der Unsterblichen Mund nicht Schuz Achilleus verheisset,
Wird ihn Schrecken befallen, wenn einer der Götter im Kampfe
Gegen ihn angeht; fürchterlich ist's, die Götter bestehen!

Ihr antwortete Poseidon, der Erschütterer der Erde:

130 Hárá,

130 Hárá, es ziemet nicht dir, vergeblich zu zürnen; die Götter
Möcht' ich, da wir stärker als jene, zum Kampfe nicht reizen.
Gönne den sterblichen Menschen die Sorge des Krieges; wir wollen
Nun verlassen die Schlacht, und selbander die Warte besteigen.
Wenn Arás zu streiten beginnt, wenn Foibos Apollon,

135 So sie hindern Achilleus, ihm nicht zu kämpfen verstatten;
Göttin, dann wird unser der Kampf! Ich meyne, sie werden,
Bald getrennt, und bald von unserm Arme gezähmet,
Kehren zurück zur Götterversammlung, zurück zum Olümpos!

Also sprach der dunkelgelockte Poseidon, und führte
140 Zu der hohen Mauer des edlen Háraklás die Götter,
Zu der Mauer, welche die Troer und Pallas Atháná
Bauten, daß er entflöhe dem Ungeheuer des Meeres,
Welches den Helden vom Ufer bis in's Gefilde verfolgte.
Alda saßen mit Poseidon die übrigen Götter,
145 Und verhülleten sich in undurchbringlichen Nebel.

Auf den Gipfeln Kallikoloná's setzten sich jene
Um den Städtevertilger Arás und Foibos Apollon.
Also hielten sie Rath von beyden Seiten, und säumten,
Deinem kampfgebietenden Donner, o Zeus, zu gehorchen.
150 Aber von drängenden Streitern, von stampfenden Rossen erbebte
Seufzend die Erd', und schimmerte weit von flammendem Erze.

Angefeuert von heisser Begierde zu kämpfen, entrissen
Sich der Mitte des Heers die beyden edelsten Helden:
Aineias der Anchisiad', und der grosse Achilleus.

155 Dräuend schreitet zuerst mit gemessnen Tritten Aineias,
Vorwärts

Vorwärts schüttelnd sein Haupt mit schwerem Helme; die Linke
Hielt den Schild vor der Brust, in der Rechten schwang er die Lanze.
Stürmend stürzet sich ihm der Sohn des Páleus entgegen;
Gleich dem verderbenden Löwen, nach deſſen Leben ein ganzer
160 Haufe trachtet: da geht er einher, und achtet der Schaar nicht;
Aber wenn ihn die Lanze des rüſtigen Jünglings verwundet,
Krümmt er ſich wütend; es triefen vom Schaum des geöffneten Rachens
Ihm die Zähn', es ſtöhnt ſein Herz in der ſchwellenden Seite;
Seine Ribben geiſſelt der Schweif, und geiſſelt die Nieren
165 Rechts und links, und reizet ihn ſelbſt zum blutigen Kampfe;
Vorwärts ſchießt er mit flammenden Augen, wütet und tödtet,
Wen er begegnet, oder ſtürzt hin in die vorderſten Lanzen:
So entbrannte der Mut und die Kraft des groſſen Achilleus,
Gegen den edelmütigen Sohn Anchiſes zu kämpfen.
170 Da ſie ſich naheten, ſprach der Held mit geflügelten Füſſen:

Warum läufſt du ſo weit durch die vorderſten Haufen, Aineias,
Gegen mich an? Gebeut dir dein Herz, mit Achilleus zu kämpfen?
Hoffſt du dereinſt zu beherrſchen die roſſetummlenden Troer,
Wie ſie Priam beherrſcht? Und ob du mich tödteteſt, Jüngling,
175 Würde dennoch nicht Priam dir ſolche Würde verleihen.
Seiner Söhne ſind viel, und feſtes Sinnes ihr Vater.
Haben die Troer vielleicht dir ein köſtliches Erbe verheiſſen,
Reich an Weinſtock und Hain, mit fruchtbaren Aeckern verſehen,
So du mich tödteſt? Ich meyne, du werdeſt es ſchwerlich vollbringen.
180 Siehe mich deucht, ich habe dich ſchon mit dem Speere geſcheuchet.
Iſt dir entfallen, wie ich, da du bey den Rindern allein warſt,
Dich von den Gipfeln des Ida mit fliegenden Füſſen verfolgte?
Ha wie du eilleſt, und ſahſt dich nicht einmal in zagender Flucht um,
Bis du Lürnéſſos erreichteſt! Ich aber zerſtörte Lürnéſſos,

185 Durch

185 Durch die Hülfe der Pallas und ihres Vaters Kronion;
     Vielen Weibern entriß ich die Freyheit, und führte sie mit mir:
     Zeus Kronion rettete dich und die übrigen Götter.
     Aber sie retten dich heute gewiß nicht, wenn dich der Dünkel
     Deines Herzens verleitet! Noch warn' ich dich, weiche von hinnen,
190 Eil' in die Menge zurück, und wage nicht, mich zu bestehen,
     Ehe dich Unfall ergreift; der Schaden belehret auch Thoren.

     Ihm antwortete Aineias! O hoffe nicht, wie ein Knäblein
     Mich durch Worte zu schrecken! Ich könnte durch Worte mich rächen,
     Held, wir kennen unser Geschlecht, die Eltern von beyden,
195 Durch das weitberühmte Gerücht der sterblichen Menschen.
     Du hast nicht die meinen gesehen, und ich nicht die deinen.
     Alle sagen, du seyst vom trefflichen Päleus entsprossen,
     Und von Thetis, der schönen Nymfe mit wallenden Locken;
     Ich bekenne mit Stolz, zu seyn des grossen Anchisás
200 Sohn, zu seyn der Sohn der unsterblichen Afrodíta.
     Heute noch werden mich tiefe, wo nicht, dich jene beweinen;
     Denn ich hoffe doch nicht, das kindische Theidinge beyde
     Werden trennen, und daß wir umsonst die Kampfbahn verlaffen.
     So dich gelüstet, zuvor den Stamm meiner Ahnen zu lernen;
205 Zwar von vielen Menschen gekannt; wohlauf denn, und höre!
     Dardanas ward von Zeus, dem Wolkenversammler, gezeuget;
     Dardaná hat er gegründet; die heilige Ilios war noch
     Nicht im Felde gebaut, noch wohnten die Väter der Troer
     Rundumher an dem Hange des quellenströmenden Ida.
210 Dardanos war der Vater des Königes Erichthonios
     Der begüterter war, als alle sterbliche Menschen.
     Seiner Stuten weideten in gewässerten Auen
     Dreymaltausend, es prangten die Mütter mit lieblichen Füllen;

                                                          Boreas

Boreas sah sie, liebte die schönsten, und wandelte schnell sich

215 In ein wieherndes Roß mit dunkelwallender Mähne,
Und zwölf Stuten gebahren von ihm zwölf ähnliche Füllen.
Wenn sie mit flüchtigen gleitenden Füssen die Aecker berührten,
Streiften sie leise die nickenden Aehren, und brachen den Halm nicht;
Wenn sie mit flüchtigen gleitenden Füssen die Fluten berührten,

220 Reiten sie eben den Huf in der obersten Fläche der Wellen.
Erichthonios zeugete Thros, den König der Troer.
Edle Helden sproßten aus ihm : drey treffliche Söhne,
Ilos und Assarakos und der göttliche Ganymedes ;
Ganymedes, der schönste von allen sterblichen Menschen.

225 Ihn entrissen der Erde die Götter, weil er so schön war;
Täglich zu füllen den Becher Kronions, zu wohnen bey Göttern.
Ilos war Laomedons Vater, des trefflichen Sohnes,
Und Laomedon zeugte viel Söhne: Tithonos und Priam,
Lampos und Klytios und Hiketaon, den Zögling des Kriegsgottes.

230 Assarakos war Vater des Kapys, Kapys Anchises.
Vater, Anchises der meine, und Priam des göttlichen Hektors.
Solches Stammes bin ich, aus solchem Blute gebohren !
Aber Zeus giebt Stärke den Sterblichen, giebt sie, und nimt sie,
Wie ihn gelüstet; bey ihm ist aller Stärke die Fülle !

235 Auf denn, Achilleus, wohlan ! nicht mehr der kindischen Worte;
Denn wir stehn vor den vordersten Haufen der streitenden Heere !
Viel zu schwatzen ist leicht, und Schimpf mit Schimpf zu vergelten;
Flüchtig ist die Zunge des Menschen, vielfach die Reden
Aller Art , und groß das Gebiet der streifenden Worte;

240 Welcherley Wort du sprichst, magst du auch wieder vernehmen.
Keinesweges sey unser der Zank ! Was sollen wir Helden
Scheltwort wechseln gegen einander, gleich müssigen Weibern,
Welche sich auf der Strasse begegnen, und kränkende Worte

Ueber die Lippe gießen, wie ihnen die Galle gebietet?

245 Deine Worte schrecken mich nicht aus dem Kampfe zurücke,
Ehe du gegen mich schwingest den Speer! Wohlan denn, wir wollen
Jeder die Lanze des andern und ihre Schärfe versuchen!

Sprach's, und warf den trojenden Schild, mit der ehernen Lanze;
Donnernd hallte der tönende Schild, von der Spitze getroffen.
250 Staunend hielt ihn der Pelione mit nervichter Linke
Weit von sich ab; er wähnte, des mutigen Anchisiaden
Lange Lanze möchte den Schild und den Panzer durchdringen;
Thor, uneingedenk der Götter und ihrer Geschenke,
Die den schwachen Kräften der sterblichen Menschen nicht weichen!
255 Siehe darum vermochte des kampferfahrnen Äneias
Stürmender Speer nicht ganz das Göttergeschenk zu durchbohren;
Aber dennoch durchdrang er zwo Schichten des Schildes; die goldne
Hielt ihn tönend zurück, zwo eherne waren durchbohret,
Denn fünf Schichten hatte dem Schilde Häfastos gegeben:
260 Außen zwo eherne Schichten, von Zinn die inneren beyde,
Die in der Mitte von Gold; es prallte von dieser der Speer ab.

Nun erhub sich Achill, und schwang die furchtbare Lanze
Gegen die runde Fläche des Anchisiadischen Schildes.
Sie durchbohrte das oberste Erz, durchbohrte die starke
265 Stierhaut, und dumpf tönte das Fell, von der Lanze durchstochen.

Äneias erschrack, und bückte sich schnell, mit der Linken
Hielt er von sich den Schild; die blutbegierige Lanze
Saust unwillig, und bebet noch, tief in die Erde gesunken.
Aber Äneias richtet sich auf, entgangen dem Tode.
270 Wallende Dämmrung umschwebte des erschrocknen Anchisiaden

Auge,

Auge, da er so nahe den Speer des Griechen erblickte.
Päleus Sohn stürmt gegen ihn an mit flammendem Schwerte,
Fürchterlich schreyend. Aineias ergreift einen Stein von der Erde,
Den in unserm erschlafften Jahrhundert zween Männer nicht trügen;
275 Aber er schleudert ihn leicht. Den Wütenden hätt' er gefället,
Oder seinen Helm und schützenden Schild getroffen;
In dem Augenblick hätt' ihn Achilleus gehauen;
Wenn nicht der Erderschütterer Poseidon die Kämpfer gesehen,
Welcher zu den unsterblichen Göttern also sich wandte:

280 Götter, mich jammert das Schicksal des edlen Anchisiaden,
Wenn Achilleus ihn trifft, und er zu den Schatten hinabsinkt.
Thor! dich haben die Worte des göttlichen Schützen getäuschet;
Dennoch wird Foibos dich nicht den Gefahren des Todes entreissen.
Aber Götter, warum soll heut der Schuldlose büssen
285 Andrer Verbrechen? Er hat ja doch stets die Altäre beschenket
Aller Unsterblichen, welche den weiten Olümpos bewohnen.
Drum wohlan, wir wollen ihn noch erretten vom Tode,
Ehe Kronidas zürnt, wofern Achilleus ihn tödtet.
Denn sein Wille gebeut das Leben des Anchisiaden,
290 Daß nicht ohne Samen des Dardanos Abkunft erlösche,
Dardanos, den Kronidas vor allen Söhnen geliebt hat,
Welche sterbliche Weiber dem Vater der Götter gebohren.
Lang schon hat Zeus den Stamm des Priam gehasset;
Und bald wird nach ihm Aineias die Troer beherrschen,
295 Und des Sohnes Sohn und seine spätesten Enkel.

Die erhabne Härä mit grossen Augen erwiedert:
Erderschüttrer, da siehe du zu, und schalte nach deinem
Eignen Willen, ob du den Anchisiaden errettest,

Oder

Oder ihn, gut wie er ist, der Hand Achilleus dahingiebst.

300 Zwo Göttinnen haben gedoppelte Eide geschworen,
     Unter allen Unsterblichen, ich und Pallas Atháná:
     Nicht von einem Troer den Tag des Todes zu fernen,
     Dann noch nicht, wenn Ilion schon von Mauer zu Mauer
     Lodert in meiner tapfren Achaier verzehrenden Flammen!

305 Als der Erderschüttrer Poseidon dieses vernommen,
     Eilt' er durch's Getümmel der Schlacht, durch sausende Lanzen,
     Steht schon bey Aineias, und beym berühmten Achilleus.
     Plözlich geußt er über die Augen des Páleionen
     Náchtliches Dunkel; darauf entreißt er die eschene Lanze

310 Dem durchbohrten Schilde des großgesinnten Aineias,
     Und legt wieder sie hin zu den Füssen des Páleionen.
     Aber den Troer hebt er empor, und schwingt den gehobnen.
     Ueber viele Reihen der Helden und Reihen der Rosse
     Fleugt der troische Held, von der Rechte des Gottes geschleudert.

315 Bald erreicht er die Grenzen des äussersten Waffengetöses,
     Wo die Kaukonen gerüstet entgegen dem Tode sich stellen.
     Und Poseidon nahet sich ihm mit fliegenden Worten:

     Welcher Gott, Aineias, hat dich bethörten geheissen,
     Gegen den Páleiden im wilden Kampfe zu fechten?

320 Er ist stärker als du, wird mehr geliebt von den Göttern.
     Weich ihm immer zurück, so oft er gegen dich angeht,
     Daß du nicht gegen den Willen der Götter zum Aidäs hinabsinkst.
     Aber sobald das Schicksal des Todes Achilleus gefasset hat;
     Magst du kühn in die vordersten Haufen der Streiter dich mengen;

325 Denn der andern Achaier wird dich nicht einer besiegen.

     Sprach's, und ließ den gewarnten Aineias hinter sich, eilte

                                                        Wieder

Wieder hin zu Achilleus, um seine Augen vom Nebel
Zu befreyen. Es sieht nun der Held mit deutlichen Blicken,
Seufzet im Innersten Herzen, und zürnt, und spricht zu sich selber:
330 Traun ein Ebentheuer mit diesen Augen gesehen!
Hier liegt auf der Erde vor mir die Lanze; den Streiter
Seh ich nicht, dem ich sie warf; ihn auf dem Boden zu strecken.
Wird denn auch Aineias geliebt von unsterblichen Göttern?
Sieh! ich wähnt', er hätte sich das vergebens gerühmet.
335 Laß ihn fahren! Es wird hinfort an Mut ihm gebrechen,
Mich zu versuchen; froh entrann er des Todes Gefahren.
Aber wohlauf, nun will ich die kriegrischen Griechen entflammen,
Und will selber den übrigen Troern entgegen mich stürzen!

Sprach's, ermahnte jeglichen Streiter, und sprang in die Reihen:
340 Bleibt so weit von den Troern nicht stehn, ihr edlen Achaier;
Euer Mann gegen Mann mit heisser Begierde zu streiten!
Stark wie ich bin, ist's dennoch zu schwer dem einen Achilleus,
Immer mit allen zu fechten; und alle zugleich zu verfolgen.
Selbst der unsterbliche Kriegsgott und Pallas Athäná vermöchten
345 Nicht allein mit solchem unendlichen Heere zu fechten.
Was die Kräfte des Arms und meiner Füsse vermöge,
Und des beseelenden Muts, des will ich keines versäumen.
Auf! ich spring' in die Mitte der Feinde! keiner der Troer
Wird sich freuen, wofern er meinem Speere sich nahet.
350 Also spricht er, die Griechen ermahnend; der göttliche Hektor
Auch ermahnend wie er, und verspricht mit Achilleus zu kämpfen:

Edelgesinnte Troer, ihr müßt Achilleus nicht scheuen;
Denn mit Worten will ich auch gegen Unsterbliche kämpfen,
Aber nicht mit dem Speer; denn sie sind stärker als Menschen.

355 Wahrlich Achilleus wird nicht jede Dräuung erfüllen,
Diese wird er erfüllen, und jener wird er entsagen.
Sieh' ich eil' auf ihn zu, und wäre sein Arm eine Flamme,
Wäre sein Arm eine Flamme, sein Mut ein glühendes Eisen!

Also sprach er ermunternd; und schnell erhoben die Troer

360 Mit dem Feldgeschrei und vereintem Martgeschrei Speere.
Aber Apollon nahet sich Hektorn, und spricht zu dem Helden:
Hüte dich, Hektor, allein mit dem Päliden zu kämpfen:
Geh und mord' im mittelsten Haufen des Waffengetümmels,
Daß dich nicht treffe sein Speer; daß nicht sein Schwert dich ergreife!

365 Also Foibos; der Held erkannte die Stimme des Gottes,
Und erschrack, und sprang in die dichten Reihen der Feinde.

Aber umgürtet mit Kraft stürmt gegen die Troer Achilleus,
Fürchterlich schreyend. Er tödtet zuerst den mutigen Streiter
Iphition, den Sohn des Otrintás, den Führer der Völker.

370 Raub die Nymfe gebahr ihn dem Städtevertilger Otrintás
Auf dem schneeigten Tmolos, in Hydás reichen Gefilden.
Rüstig eilt' er Achilleus entgegen; da warf ihm Achilleus
Seine Lanze durch's Haupt, und theilte den Schädel des Jünglings;
Tönend fällt er; da jauchzet ob ihm der grosse Achilleus:

375 Lieg du hier, du Sohn des Otrintás, furchtbarer Streiter!
Hier dein Tod! Es stammt dein Geschlecht vom gygäischen See;
Dort erwartet dich schon das blühende Erbe der Väter,
Zwischen dem strudelnden Hermos und Hyllos fruchtbar an Fischen.

Trotzig sprach er es. Nacht bedeckte die Augen des Jünglings;

380 Seinen Körper zerrissen die Räder und Rosse der Griechen,
In dem vordersten Treffen. Dem Sohn Antänors, dem edlen
Rüstigen Streiter Dämoleon, warf Achilleus die Lanze
Grad' in den Schlaf, durch die ehernen Wangen des Helmes; es stürmte
Durch den Schädel der Speer, und spritzte blutiges Hirn aus.

385 Hippodamas springet vom Wagen; es eilet Achilleus
Hinter ihm mit dem Speer, und stößt ihn zwischen den Schultern;
Brüllend athmet er von sich den Geist: so brüllt der gebundne
Stier, den Jünglinge um den Altar des Meergottes ziehen;
Des erfreut sich der Gott; so entfuhr die Seele dem Jüngling.

390 Weiter ging Achill zum göttlichen Polüdoros,
Priams Sohn. Ihm wollte noch nicht der Vater gestatten,
Sich in's Treffen zu mengen, weil er der jüngste von allen
Und geliebteste war, im Laufen war er der schnellste.
Thörichte Lust zu zeigen, was seine Füsse vermögen,

395 Jagt' ihn durch's vorderste Treffen, bis er sein Leben verscherzet.
Denn ihm wirft der schnellere Grieche, da er vorbeyläuft,
Seine Lanze grad' in den Rücken, wo sich des Gürtels
Goldne Spangen begegnen, und seinen Panzer verdoppeln.
Panzer und Rücken durchfleugt bis zu dem Nabel die Lanze;

400 Schreyend fällt er auf's Knie; die Nacht des Todes umhüllet
Schnell sein Haupt; er fällt und faßt mit der Hand seine Gedärme.

Hektor sieht den Bruder in seinem Blute sich wälzen;
Dämmernde Nebel umschwimmen sein Auge: nun kann er nicht länger
In der Entfernung sich halten; er reißt sich, wie lodernde Flammen,

405 Mit der brohenden Lanze dem Päleionen entgegen.
Ihn erblickt Achilleus, und zürnt und spricht zu sich selber:

Siehe den Mann, der mich bis an die Seele verwundet,
Als er meinen Patroklos erschlug! Nun werden wir nicht mehr
In den Reihen der Schlacht, der eine von ändern vermeiden.

410　Trotzend sieht er ihn an, und spricht zum göttlichen Hektor:
　　Näher! daß du schneller das Ziel des Todes erreichest!

Sonder Furcht antwortete ihm der göttliche Hektor:
Sohn des Päleus, hoffe nicht, mich durch Worte zu schrecken,
Wie ein Knäblein! Ich könnte ja nicht durch Worte mich rächen.
415　Sieh ich weiß, wie tapfer du bist, viel tapfrer, als ich bin.
Aber es liegt im Schooße der Götter der Ausgang des Kampfes,
Ob ich vielleicht, zwar schwächer wie du, dir dennoch das Leben
Raube; dieser Speer ward auch zum Tode geschärfet!

Sprach's, und schwang und warf die Lanze. Aber Athäne
420　Hauchte mit leisem Athem zurück die fliegende Lanze
Vom berühmten Achilleus; sie kehrte zum göttlichen Hektor,
Und fiel nieder zu seinen Füßen. Aber Achilleus
Reißt sich ihm entgegen mit heißer Begierde zu tödten,
Fürchterlich schreyend. Da kömmt und entreißt den Händen Achilleus
425　Foibos Apollon den Priamiden, und hüllt ihn in Nebel.
Dreymal stürzet fliegend auf ihn der edle Achilleus,
Mit dem ehernen Speer, und dreymal trifft er den Nebel.
Als er mit göttlicher Kraft zum viertenmal gegen ihn anlief,
Rief er zürnend mit donnernder Stimme die fliegenden Worte:

430　Wieder entrannst du dem Tode, du Hund; doch schwebte schon Unglück
Ueber dein Haupt, wofern dich nicht Foibos Apollon gerettet!
Seit h du gelobest ihm viel, bevor die Lanzen erklingen?

　　　　　　　　　　　　　　　　　　　　　　　D so

Der keiner der Götter auch mir als Helfer sich nahte,
Wollt' ich unfehlbar dich tödten, sobald ich dich wieder begegne;
435 Aber nun tödt' ich die übrigen Troer, so viel ich erhasche.

Also sprach er, und warf in die Mitte des Nackens dem Dryops
Mit dem fliegenden Wurfspieß; er fiel zu den Füßen des Helden.
Dem Munchos, Filäkors Sohn, dem edlen, sehr großen,
Warf er den Speer ans Knie, und nahm mit dem Schwert ihm das Leben.
440 Dardanos und Laogonos, beyde Söhne des Bias,
Stürmt er vom hohen Wagen zugleich zur Erden hinunter,
Tödtet den mit dem Speer, und den mit dem fliegenden Wurfspieß.
Tros, Alastors Söhne, fällt ihm zu den Knieen Achilleus,
Ob er ihn schone vielleicht, und leben sende von dannen,
445 Ob sich der Jüngling vielleicht des flehenden Jünglings erbarme.
Ach Bethörter! du wähntest durch Flehn sein Herz zu erweichen;
Aber nicht mildes Sinnes, nicht weiches Herzens ist dieser
Schreckliche Mann. Zwar hielt der Jüngling mit bebenden Händen
Flehend seln Knie; da stieß er das Schwert ihm tief in die Leber,
450 Daß mit schwarzem quellenden Blut die Leber entströmte,
Finsterniß deckt' ihm des Seellosen Blick. Dem Mullos warf er
Seine Lanze durch's Ohr; es bringt die eherne Lanze
Auch durch's andere Ohr. Den Sohn Agänors, Echeklos,
Haut er mit ungeheurem Schwerte, tief in den Scheitel,
455 Daß vom strömenden Blute die Klinge dampfet; es schließet
Seine Augen der blutige Tod und das harte Verhängniß.

Päleus Sohn verwundet Deukalion, wo sich die Sehnen
Seines Ellenbogens verbinden; die eherne Lanze
Hatte den Arm durchbohrt, und beschwerte die sinkende Rechte.
460 Ruhig erwartet der Troer den Tod; da senkt ihm Achilleus

In den Nacken das Schwert, daß mit dem Helme sein Haupt fleugt;
Einem Rückgrad entspritzt das Mark; gestreckt auf der nieder
Gegen Rhigmos; den Peireiden, tödtet Achilleus
Rhigmos, welchen die fruchtbaren Fluren von Thrazien sandten;
465 Diesem wirft er den Speer in den Bauch, und stürzt ihn vom Wagen.
Aräithoos, den Kriegsgefährten des Peireiden
Stieß er zwischen den Schultern, indem er lenkte die Rosse,
Daß vom Wagen er fiel; da schäumten sich bäumend die Rosse.

Wie die Flamme des Himmels im waldichten Thal des Gebürges,
470 Wütet durch alternde Stämme; vom Grund aus lodert der Wald auf,
Hierhin, dorthin athmet der Sturm die wehende Lohe;
So Achill' verfolgend und tödtend, mit fliegendem Speere
... schwimmet der schwarze Boden im Blute.

Wie wenn zween hochstirnige Stiere des fleißigen Landmanns
475 An einander gejocht, ... der flachen Tenne zu dreschen;
Hüpfend fliegt nun die Hülse des fasten Stiere das Korn aus;
Also stampften die starkgeschaffnen Rosse Achilleus
Lichen und Rüstung zugleich. Die Axen der rollenden Räder,
Werden von unten bespritzt, mit ihnen der Sessel des Wagens;
480 Blutige Tropfen ... Von den Hufen der Rosse,
Staub und Blut bei den Rädern umher; er übereilt nach Ehre;
Blutiger Staub bedeckt die unbezwingbaren Hände ...

Ilias.

Ein und zwanzigster Gesang.

Ein und dreißigster Betrug

Alter

Ilias.
Ein und zwanzigster Gesang.

Als sie die Furth des lautern strudelnden Xantos erreichten,
Xantos, den der unsterbliche Zeus Kronion gezeugt hat;
Trennte der Päleïone das Heer der Troer. Die Hälfte
Jagt' er über's Gefilde zur Stadt, wo voriges Tages
5 Hatte mit dem Speere gewütet der stralende Hektor;
Siehe sie gossen sich aus in die Flucht; es breitete Härä
Dicke Nebel aus, um sie zu hemmen. Die andern
Warfen sich in die Tiefen des silberstrudelnden Stromes;
Mit Getöse stürzten sie sich in die Fluten zu dem Wasser,
10 Rauschten, und es schollen die Ufer; mit jammernder Stimme
Schwammen sie hie und dort, von wirbelnden Wogen getragen.

Wie Heuschrecken sich aus Furcht des Feuers erheben,
Und zum Strome fliegen; es lodert die strebende Flamme,
Plötzlich angezündet im Felde; sie fallen ins Wasser:
15 Also ward der rauschende Strom des strudelnden Xantos
Vor Achilleus erfüllt mit Rossen und Männern der Troer.
Aber der Göttliche ließ den Speer am Gestade, und lehnte
Ihn an's Buschgesträuch; er sprang mit Stärke den Göttern;
In den Strom, das Schwert in der Hand, Verderben ersinnend.
20 Hie und dorthin schlug er; es röchelten ächzende Laute
Schwerterschlagner, es rötheten sich die Wogen des Stromes.

Wie den ungeheuren Delfin die übrigen Fische
Fliehn, und in den schüzenden Klüften der Bucht sich verbergen,
Voller Furcht; denn jeden verschlingt er, den er erhaschet:

25 Also suchten die bebenden Troer des hohen Gestades
Schuz. Als seine mordende Faust begann zu ermüden,
Wählt' er noch zwölf lebende Jünglinge in dem Strome,
Daß sie büßen sollten den Tod des Menoitiaden.

Sieh' er brachte die Starren aus Ufer, wie bebende Rehe;

30 Band dann hinter den Rücken die Hände mit zierlichen Riemen,
Welche sie selber trugen um ihre schuppichten Panzer,
Gab sie seinen Genossen, alsdann in die Schiffe zu führen;
Denn er eilte wieder zum Strom, begierig zu morden.

Da begegnete er dem Priamiden Lükaon,

35 Welcher den Fluten eben entrann. Ihn hatte Achilleus,
Einmal schon gefangen, als er mit nächtlichen Füßen,
Unter den Ästen des Vaters gütig, mit schneidendem Erze
Schossen des Feigenbaumes zu hauen, zum Reife des Wagens:
Damals begegnete unverhofft ihm der edle Achilleus,

40 Führt' ihn in Schiffen zur wohlgebaueten Lämnos,
Und verkaufte ihm; da kaufte ihn der Sohn des Jäsons.
Endlich löste ihn ein Gast Aeetion wieder,
Imbriens König; und sandte ihn hin zu den Mauren Arisbä;
Dort entrann er, und kam zum väterlichen Palaste.

45 Sieh' er hatte elf Tage lang sich seiner Befreyung
Mit den Freunden gefreut, am zwölften warf ihn der Götter
Einer wieder in die Händen Achilleus, der sollt' ihn

_____

V. 42. Dieser Aeetion muß nicht mit dem Vater der Andromachä verwechselt werden, welcher Hüpoplakos beherrschte. S. d. 6ten Gesang.

Wider seinen Willen hinunter senden zum Tode.
Als ihn nun der göttliche Held mit fliegenden Füssen
50 Wehrlos, ohne Helm und Schild und Lanze erblickte;
(Alles hatt' er von sich geworfen, ermattet vom Schweisse,
Als er dem Strom entfloh mit mühsamwankenden Knieen,)
Sprach er zu sich selber in seinem muthigen Herzen:

Traun ein Abentheuer mit diesen Augen gesehen!
55 Siehe, nun werden die muthigen Troer, die ich getödtet
Habe, wieder sich aus dem schattichten Dunkel erheben;
So wie dieser wiedergekommen dem grausamen Schicksal
Ist entflohen, wiewohl ich ihn in der lieblichen Lämnos
Halt verkauft; es hielten ihn nicht die Wogen des grauen
60 Meeres, welches doch viele wider Willen zurückhält.
Aber er soll nun kosten von meinem Speere die Schärfe,
Daß ich sehe mit meinen Augen, daß ich vernehme,
Ob es auch von dannen entrinnen, oder ihn halten
Wird die allnährende Erde, die auch den Starken zurückhält.

65 Also spricht er, den Troer erwartend. Der naht sich erschrocken,
Zu umfassen die Kniee: höchlich er wünschte so herzlich,
Zu entrinnen dem schlimmen Tod und dem harten Verhängniß.
Schon erhub den grossen Speer der edle Achilleus,
Ihn zu treffen; Lukaon duckte unter den Speer hin;
70 Ueber den Rücken des Jünglings flog er, und blieb in der Erde
Bebend stecken, des menschlichen Blutes munter noch dürstend.
Jener umfaßte mit einer Hand die Kniee des Helden,
Mit der andern faßt er den scharfen Speer des Achilleus,
Und sprach flehend zu ihm mit diesen geflügelten Worten:

75 Sieh ich liege zu deinen Füssen; erbarme dich meiner,
  Edler! ich suche Zuflucht bey dir; du müssest mich hören!
  Denn ich habe bey dir der Demeter Früchte gegessen,
  Jenes Tages, da du mich griffst im Acker des Vaters,
  Und mich fern vom Vater und meinen Freunden verkauftest;

80 Hin gen Lämnos, den Preis von hundert Stieren erwerbend.
  Dreymal theurer würde mein Vater mich lösen! Es ist mir
  Dieß der zwölfte Morgen, seitdem ich in Ilion ankam,
  Nachdem ich so vieles erlitten. Das grausame Schicksal
  Giebt mich wieder in deine Hand; der Vater Kronion

85 Muß mich hassen! Es hat mich für kurzes Leben gebohren
  Meine Mutter Laothoä, die Tochter des Greisen
  Altäs, welcher der kriegrischen Leleger Stämme beherrschet,
  In der hohen Pädasos wohnend, am Strom Satnioeis.
  Seine Tochter nahm Priam nebst andern Weibern zur Ehe,

90 Und zween Söhne sproßten aus ihr; die mordest du beyde.
  Denn du hast in den Vordertreihen des Fußvolks getödtet
  Polüdoras, den göttergleichen, mit spitziger Lanze;
  Und mein harret der Tod alhier. Ich darf ja nicht hoffen,
  Deiner Hand zu entrinnen, nachdem ein Gott mich dir brachte.

95 Nur ein Wort noch laß mich dir sagen, und dieses bedenke.
  Tödte mich nicht; es gebahr mich nicht die Mutter des Hektors,
  Welcher den starken Patroklos erschlug, den mildegesinnten.

  Also sprach mit flehenden Worten des Königes Priam
  Schimmernder Sohn; da hört er die unerbittliche Stimme:

100 Thörichter Jüngling, schwatz mir nicht von lösendem Golde!

Vers 77. Ceres.

Ehe Patroklos noch den Tag des Todes erreichte,
War mir oftmal zum Schonen in meinem Herzen zu Mute;
Viele Troer hab' ich gefangen, und wieder verkaufet.
Nun ist unter allen nicht einer, welcher entrinnen
105 Darf dem Tode, wofern ihn vor Ilion einer der Götter
In die Hände mir wirft, vor allen nicht Priamos Söhne!
Darum, Lieber, stirb auch du! Was klagst du vergebens?
Auch Patroklos starb, der doch viel stärker als du war.
Siehst du nicht, wie schön ich bin und wie groß, eines edlen
110 Vaters Sohn, der Sohn von einer unsterblichen Mutter?
Doch ist mir auch einst der Tod und das harte Verhängniß
Schon bestimmt, am Morgen, am Abend, oder am Mittag;
Dann wird in der Schlacht mir einer das Leben entreißen,
Mit der Lanze, oder vielleicht mit dem Pfeile des Bogens.

115   Sprach es; Schrecken durchbebte das Herz und die Glieder des
                              Troers,
Fahren ließ er den Speer, und breitete knieend die beyden
Händ' aus. Aber Achilleus griff zum schneidenden Schwerte,
Und durchhieb ihm den Nacken; die zwiefach geschärfte Klinge
Drang tief, und er fiel mit dem Bauch auf die Erde; so lag es
120 Ausgestreckt, mit schwarzem Blute die Erde benetzend.
Bey dem Fuß ergriff ihn Achilleus, warf ihn hinunter
In den Strom, und rief mit diesen trozenden Worten:

    Liege du nun dort bey den Fischen; sie werden dir sorglos
Aus den Wunden lecken das Blut! Es wird dich die Mutter
125 Nicht auf Leichenbetten beweinen; aber Skamandros
Wird in den weiten Schooß des Meeres strudelnd dich tragen.
Mancher Fisch wird den dunklen Wirbeln des Stromes enthüpfen,

                              P   Einen

Einen feisten Bissen an dir, Lákaon, zu finden.
Sterbt ihr! eh wir Ilions heilige Mauren erreichen,
130 Flüchtlinge, die ich alle mit stürmendem Angriff verfolge!
Euch wird nicht der silberwirbelnde breite Skamandros
Retten, wiewohl ihr ihm oft schon habet Stiere geopfert,
Und lebendige Ross' in seine Strudel geworfen.
Schwereres Todes werdet ihr sterben, bis daß ihr alle
135 Habt den Mord des Patroklos gebüßt, und den Tod der Achaier,
Die ihr, eh ich kämpfte, habt bey den Schiffen getödtet.

Also sprach er, und heftig zürnte der Gott des Stromes;
Da bedacht' er bey sich, wie er den edlen Achilleus
Wollte hemmen im Kampf, und steuren der Troer Verderben.

140 Aber Páleus Sohn sprang mit weitschattender Lanze
Und Begierde zu morden, gegen Asteropaios,
Pálegons Sohn. Des lauterwallenden Axios Gottheit
Hatte mit der ältesten Tochter des Akessamenos,
Peribola, Pálegon gezeugt; der mächtige Strudler
145 Hatte das sterbliche Weib umarmt. Auf Asteropaios
Stürzt' Achilleus; jener trat aus den Fluten, und stand nun
Mit zween dräuenden Speeren: es gab ihm Mut in die Seele
Xantos; denn er zürnte wegen der blühenden Krieger,
Welche sonder Erbarmen Achilleus hätte getödtet.
150 Als sie nahe waren aneinander gekommen,
Rufte zuerst der edle Achill mit fliegenden Füssen:

Welches Stammes du? und wer? der du wagst zu bestehen
Mich, dem nur der Unglückseligen Söhne begegnen?

Drauf

Drauf antwortete ihm der schimmernde Pálegonide:

155 Edler Pálcione, was forscheſt du meiner Geburt nach?
Fernher kommend aus Paioniens fruchtbaren Fluren,
Führ' ich die langgeſpeerten Paioner; dieß iſt mir die zwölfte
Morgenröthe, ſeitdem ich gen Ilion bin gekommen.
Vom breitſtrömenden Fluſſe Axios bin ich entſproſſen;
160 Dieſer zeugte den ſpeerberühmten Pálegon; Pálegons
Sohn bin ich. Nun laß uns kämpfen, edler Achilleus!

Also ſprach er, und dräute. Da hub der edle Achilleus
Seine Eſche; zwo Lanzen warf Held Aſteropaios,
Der geübt war, Lanzen aus beyden Händen zu ſchwingen.
165 Mit der einen traf er den Schild; ſie vermochte den Schild nicht
Zu durchbringen; ihr wehrte das Gold, die Gabe des Gottes.
Mit der andern ſtreift' er am Ellenbogen den rechten
Arm, dem ſchwarzgewölktes Blut entſpritzte; dann blieb ſie
In der Erde ſtecken, des Heldenblutes noch dürſtend.

170 Siehe, nun warf Achill die gradefliegende Eſche
Gegen Aſteropaios, ihn zu tödten begierig;
Aber er fehlt' ihn, und traf des Stromes hohes Geſtade,
Daß mit dem halben Schafte der Speer die Erde durchbohrte.

Nun griff Páleus Sohn zum ſcharfen Schwert an der Hüfte,
175 Und ſprang ſtürmend auf ihn; der nicht die Eſche des Helden
Konnte mit nervichter Fauſt dem hohen Ufer entreiſſen.
Dreymal erſchüttert er ſie, begierig ſie auszuziehen;
Dreymal ließ er ſie fahren; das viertemal wollte er biegend
Brechen den gewaltigen Speer des Aiakiden,
180 Aber Achilleus nahm ihm mit dem Schwerte die Seele:

Denn

Denn er schlug ihn auf den Bauch an den Nabel; zur Erde
Fielen die Eingeweid', und Dunkel deckte sein Auge;
Röchelnd starb er. Achilleus stämmte gegen des Todten
Brust den Fuß, und nahm ihm mit jauchzenden Worten die Rüstung:

185 Lieg hier, denn es ist schwer, auch für die Enkel der Ströme,
Mit dem Geschlecht des mächtigen Zeus Kronion zu kämpfen.
Ha, du rühmtest dich abzustammen vom breiten Strome,
Und ich rühme mich abzustammen vom grossen Kronion!
Denn mich hat der Beherrscher zahlloser Myrmidonen
190 Päleus gezeuget, Aiakos Sohn, des Sohnes Kronions.
Wie viel mächtiger Zeus, als alle rauschende Ströme;
So viel stärker ist sein Geschlecht, als die Söhne der Flüsse.
Floß nicht neben dir ein gewaltiger Strom, und vermochte
Doch nicht dir zu helfen? Denn Zeus kann keiner bestehen.
195 Ihm vergleichet sich nicht der herrliche Acheloios,
Nicht die tiefhinbrausende Kraft des Okeanos,
Aus dem alle Ström' und alle Meere doch stammen,
Dem die Quellen entquillen, und dem die Brunnen entfliessen;
Dennoch scheuet auch er den Donner des grossen Kronions,
200 Seinen schrecklichen Blitz, wenn Zeus vom Himmel herab kracht.

Sprach's, und entriß dem hohen Gestade die eherne Lanze.
Jenen ließ er daselbst, nachdem er ihn hatte getödtet,
Liegen, im Sande des Ufers, von schwarzen Wogen benetzet.
Fische sammleten sich um ihn und Aale des Flusses,
205 Daß sie über den Nieren das Fett vom Körper ihm fräßen.

Aber

V. 191. Ein Fluß in Theffalien.

Aber Achilleus ging zur reisigen Schaar der Paioner,
Die erschrocken flohen am Ufer des wirbelnden Stromes,
Als sie den tapfersten Krieger sahn im blutigen Kampfe
Unter der Faust und dem Schwerte des Aiakiden bezwungen.

210 Páleus Sohn erhaschte Thersilochos, Astypylos,
Mydon, Mnesos, Thrasios, Ainios, Ofelestos;
Und er hätte noch viele Paionische Krieger ermordet,
Hätte nicht der zürnende und tiefwirbelnde Xantos
Menschliche Bildung genommen, und aus dem Strudel gerufen:

215 O Achill, du wütest und thust entsetzliche Thaten,
Uebermenschlich! es stehen dir die Götter zur Seite!
Hat dir, sie zu vertilgen, Zeus die Troer gegeben;
O so treibe sie wieder aus mir, und wüt' im Gefilde!
Meine lieblichen Fluten sind angefüllet mit Leichen,
220 Und ich kann ins heilige Meer die Wasser nicht wälzen;
Denn ich werde von Leichen gedrängt, du wütest verderblich!
Ach, laß ab! es ergreifet mich Graun, du Führer der Völker!

Drauf antwortete ihm der Held mit fliegenden Füßen:
Himmelgenährter Skamandros, es soll dein Wille geschehen.
225 Eh will ich vom Morde der stolzen Troer nicht rasten,
Bis ich sie hab' in die Stadt getrieben, und bis ich versuche
Hektorn, ob er mir, ob ich ihm, raube das Leben? —

P 3 Sprachs,

V. 213. Xantos und Skamandros sind zween Namen eines Stromes,
Bey den Menschen Skamandros genannt, und Xantos im Himmel.
Ges. 20. v. 73.

V. 224. Nemlich daß er die Troer aus den Fluten treiben, und im Gefild
sie tödten wollte.

Sprach's, und stürmte gegen die Thor mit göttlicher Stärke;
Siehe da rief zu Föbos Apollon der strudelnde Xantos:

230 Ach Kronions Sohn mit silbernem Bogen! du bist nicht
Eingedenk der Befehle des Vaters: er hat dich geheissen,
Beyzustehn den troischen Schaaren, bis des Abends
Dämmerung käme, die fruchtbare Erde überschattend.

Also sprach er; Achilleus sprang in die Mitte des Stromes
235 Von dem hohen Ufer herab. Da fluhte wütend,
Seine getrübten Wasser versammelnd, Skamandros; er wälzte
Häufige Krieger dahin, die Achilleus hatte getödtet,
Warf sie brüllend, wie ein Stier, hinan ans Gestade,
Und verbarg in tiefen Strudeln die lebenden Troer.
240 Schrecklich umrauschte die trübe Woge den Päleionen,
Stieß an den Schild, und stieß an die Füsse. Nun konnt' er nicht länger
Stehen; da umfaß' er eine mächtige, hohe
Ulme, zog sie heraus mit den Wurzeln; das ganze Gestade
Riß sie auseinander, und hemmte die schönen Gewässer
245 Mit dem dichten Gezweig', und ward dem Strome zur Brücke.

Aber erschrocken entsprang Achilleus der Tiefe, mit schnellen
Füssen flog er übers Gefilde: noch ruhte der grosse
Xantos nicht; er machte sich auf in schwärzlicher Wallung
Seiner Wasser, damit er den edlen Achilleus im Kampfe
250 Möchte hemmen, und von den Troern den Untergang fernen.
Eines Speerwurfes weit entlief ihm der Päleione,
Mit dem Ungestüm des schwarzen raubenden Adlers,
Welcher der stärkste zugleich von allen Vögeln und schnellste:
Also eilte Achill; ihm rasselte schrecklich der Panzer

255 Auf

255 Auf der Brust... Nun lief er zur Seiten, und bückte sich aber
  Ihn verfolgte Skamandros mit lauten rauschenden Wassern.

    Wie wenn ein wasserleitender Mann aus dem schwärzlichen Borne
  Eine Rinne führt durch seine Saaten und Gärten,
  Und mit der Schaufel die hemmenden Stein' aus dem Graben heraus
                          wirft:

260 Siehe nun fleußt das Wasser hervor, es löset die Kiesel,
  Weil es von der Höhe mit rieselnder Welle herabrollt;
  Bald ereilt es, nun läuft es zuvor dem leitenden Manne:
  So erreichte, wie schnell er auch war, den Päleionen
  Doch des Stromes Flut; denn Götter sind stärker als Menschen.

265 Und wie oft der göttliche starke Achill es versuchte,
  Stille zu stehn, und um sich zu schauen, ob ihn die Götter
  Alle, des weiten Himmels Bewohner, hätten verlassen;
  So oft überspülte die Flut des mächtigen Stromes
  Seine Schultern. Es sprang Achilleus wieder von dannen,

270 Herzlich bekümmert; der Strom ermattete seine Kniee,
  Reissend fliessend, den Sand ihm unter den Füssen entziehend;
  Endlich seufzte Päleus Sohn, und schaute gen Himmel:

    Vater Zeus, ach keiner der Götter übernimmt es,
  Mich vom Flusse zu retten; sonst will ich alles erdulden.

275 Aber keiner unter den Göttern ist dessen so schuldig,
  Als die liebe Mutter, die mich durch Lügen getäuscht hat,
  Als sie sprach, ich würde unter der triegrischen Troer
  Mauer fallen, durch das Geschoß des Foibos Apollon.
  Hätte mich Hektor doch, der tapferste Troer, getödtet,

280 Siehe, so hätt' ein Starker dem Starken die Rüstung genommen.
  Ach nun ward mir bestimmt, des schmählichsten Todes zu sterben,

Überfüllt vom Strom, gleich dem fortschiebenden Wasser,
Den ein Regenbach im stillen Herbste durchwaschen.

Also sprach Achill. Poseidaon und Athäne
285 Kamen schnell, und standen bey ihm in menschlicher Bildung,
Faßten ihn bey der Hand, und sprachen stärkende Worte.
So begann zu reden der erderschütternde König:

Päleione, du wolltest nicht zagen, den Xantos nicht scheuen;
Denn wir beyde sind als schützende Götter gekommen,
290 Mit Kronions Erlaubniß, ich und Pallas Athäná.
Dir ward nicht vom Schicksal bestimmt, im Strome zu sterben,
Und bald wirst du ihn ruhig sehn. Nun höre den weisen,
Nüzlichen Rath; wir geben ihn dir; du wollest gehorchen!
Laß nicht ab, mit den Fäusten im wütenden Streit zu morden,
295 Bis du in den heiligen Mauren von Troia der Feinde
Flüchtlinge eingeschlossen, und Hektorn das Leben geraubt hast.
Kehre dann zu den Schiffen zurück; wir geben dir Ehre!

Also sprach er: sie gingen nun beyde zurück zu den Göttern
Aber Achilleus erreichte, gestärkt durch die Stimme des Gottes,
300 Nun die Ebne; sie war ganz überschwemmet mit Wasser.
Vieler schwerterschlagner blühender Jünglinge Waffen
Schwammen und Leichen; es sprang mit starken Knieen Achilleus
Grade gegen des Stürmenden Lauf: ihm konnte nicht länger
Wehren der breite Strom, ihn kräftigte Pallas Athäná.

305 Aber Skamandros rastete nicht, er zürnte nur stärker
Gegen den Päleionen; mit hochaufschwellender Woge
Hub er sich, rufend dem Simoeis zu mit lauter Stimme:

Lieber

Aber Bruder, wir werden doch beyde die Kräfte des Mannes
Hemmen? Sonst wird er die große Stadt des Königes Priam
310 Bald vertilgen, ihm können nicht mehr die Troer bestehn!
Aber komm, und hilf mir schnell, erfülle die Fluten
Mit den Wassern der Quellen, und rufe die Bäche zusammen,
Hebe mächtige Wogen empor mit lautem Geräusche
Uferentrißner Stämm' und Steine, zu steuren dem wilden
315 Uebermächtigen Mann, der wie die Unsterblichen schaltet.
Ihm soll seine Kraft nicht frommen, nicht frommen die Bildung,
Nicht die prächtige Rüstung; sie wird im Grunde der Tiefe
Liegen, mit Schlamm bedeckt. Ich will des Sandes am Ufer
Und zahlloser Kieselsteine Menge über ihn schwemmen,
320 Daß nie die Achaier vermögen seine Gebeine
Aufzusammlen; ich will ihn überschlämmen mit Unrat.
Dieser soll sein Grabmal seyn; so kann er entbehren
Eines Ehrenhügels, wenn ihn die Achaier bestatten!

Sprach's, und rollete übelschwellend gegen Achilleus
325 Lautaufrauschend mit Schaum, mit Blut und schwimmenden Leichen.
Dunkel hub sich empor und stand des himmelgenährten
Stromes Flut; schon wankten die Kniee des Peleionen.
Aber Härä schrie, sie furchte, ihren Achilleus
Möchte zu sich reissen der grosse mächtige Strudler;
330 Und sie redte Häfaistos an mit diesen Worten:

Mache dich auf, mein Kind Häfaistos! Den strudlenden Xantos
Kannst du, meyn' ich, wohl mit gleicher Stärke bestehen,
Eil' Achilleus zu Hülf', und zeige lodernde Flammen!

Ich

Ich will unterdessen den West und den eilenden Südwind

335 Bitten, aus dem Meere brausenden Sturm zu erregen,
Welcher die Körper zugleich und die Rüstung der Troer verzehre,
Flammen wehend. Verbrenne du am Ufer des Xantos
Alle Bäum', ihn selbst laß sieden; durch schmeichelnde Worte
Laß dich nicht, dich nicht durch seine Dräuungen stören!

340 Deine Kräfte laß nicht rasten, bis ich dir selber
Laut hinrufe; hemme dann dein loderndes Feuer.

Härä sprach's. Häfaistos schleuderte schreckliche Flammen;
Erst es brannte erst das Feld, es brannten die Leichen,
Welche weit umher Achilleus hatte verbreitet;

345 Ausgetrocknet ward die Ebne, das Wasser gehemmet.
Wie der herbstliche Nord den frischberegneten Garten
Leicht austrocknet; es freuet sich sein die Seele des Gärtners:
So ward ausgetrocknet das Feld, es brannten die Leichen.

Aber nun wandte gegen den Strom Häfaistos die Flamme.

350 Und nun brannten die Ulmen, es brannten Gesträuch und Weiden,
Mit dem Lotos brannte das Schilf, es brannte der Kalmus,
Deren Gewächse häufig die Ufer des Stromes umsprossen;
In der Tiefe wurden die Aal' und Fische geängstet,
Zappelnd sprangen sie hin und her im schönen Gewässer,

355 Unter dem heissen Hauche des listenreichen Häfaistos.
Heftig litt nun Xantos selber, und sagte zum Gotte:

Keiner der Götter kann dir widerstehn, o Häfaistos;
Ich auch möchte nicht mit dir, du lodernder, kämpfen.

Drum

Drum laß … Es mag der edle Achilleus …
360 Treiben aus der Stadt! Was kümmern mich Retter und Beyſtand?

Leidend, ſprach er's; es warfen Blaſen die ſchönen Gewäſſer.
Wie ein Keſſel ziſcht, durch vieles Feuer gehizet,
Voll vom ſchmelzenden Fette des wohlgepflegeten Maſtſchweins;
Ueber dem dürren Holze ſiedet das Waſſer und brauſt auf:
365 Alſo ſchäumten kochend die lieblichen Waſſer des Stromes.
Vorwärts konnt er nicht flieſſen, ihm wehrte mit bizendem Qualme
Und mit Gewalt der Arm des kunſterfahrnen Häfaiſtos;
Endlich rief er mit ſchnellen und fliegenden Worten zu Härä!

Warum quält mich, o Härä, dein Sohn vor den übrigen allen,
370 Meinen Strom verfolgend? Ich bin ja weniger ſchuldig,
Als die andern Götter, die Troja's Mauren beſchirmen.
Ich will gern ablaſſen vom Schuze, ſo du gebieteſt;
Nur er laſſe gleichfalls nach: ſo will ich dir ſchwören,
Nimmer den Untergang von Troja's Volke zu fernen,
375 Dann auch nicht, wenn Ilion einſt in flammendem Feuer
Lobert, angeſteckt durch die kriegriſchen Söhne der Griechen.

Als die Göttin mit weiſſen Armen ſolches vernommen,
Rief ſie mit dieſen Worten zu ihrem Sohne Häfaiſtos:
Höre, berühmter Häfaiſtos, laß ab, mein Sohn; es geziemt ſich
380 Nicht, der Sterblichen wegen der Götter einen zu quälen.

Alſo ſprach ſie; Häfaiſtos löſchte die tobende Lohe:
Rückwärts wallten die ſchönen Gewäſſer in ihre Geſtade.

Als

Als nun Kronos gebändiget ruht, das ruhten Wolke . . .
. . . ließ sie ruhen, wiewohl sie immer noch . . .

385 Aber heftiger Zwist entflammte die übrigen Götter,
Denn der Unsterblichen Herzen waren zwiefach gesinnet:
Kräftig rauschten sie gegen einander; es krachte die weite
Erde; der Himmel erschöll. Da lächelte hoch vom Olympos
Zeus, als er die Götter gegen einander erblickte.
390 Lange standen sie nicht getrennt; der Durchbrecher der Schilde
Arés begann; er stürzte zuerst auf Pallas Athaná
Mit dem ehernen Speer, und rief mit schmählichen Worten:

Unverschämte Fliege, durch deine Dreistigkeit treibst du
Gegen einander die Götter, vom schwellenden Herzen getrieben.
395 Weißest du noch, wie du den Tydeiden erregtest,
Mich zu treffen? Du faßtest selber die schimmernde Lanze,
Stürmtest gegen mich an, und verwundetest meinen Körper:
Siehe das alles sollst du nun büßen, womit du mich kränktest!

Also sprach er, und stieß mit dem Speer die schreckliche Ägis,
400 Welche nicht zu zertrümmern vermochten die Blitze Kronions;
Diese stieß der Blutbefleckte mit mächtigem Speere.
Rückwärts wich sie; hub auf einen ecksichten schwarzen
Großen Stein, zur Grenze gesetzt von Männern der Vorzeit;
Traf . . . Nacken . . . stürmenden Arés, und warf ihn zu Boden.
405 Sieben Morgen Landes bedeckt' er fallend; sein Haupthaar
Ward bestäubt, die Rüstung rasselte. Pallas Athaná
Lachte sein, und rief mit frohen geflügelten Worten:

Thor.

Thor, noch hattest du nicht bedacht, wie viel ich im Kriege
Stärker bin als du, und wagtest mich zu bestehen!
410 Also wirst du büssen der zürnenden Mutter Verwünschung,
Welche Uebel dir ersinnet, weil du die Griechen
Hast verlassen, das treulose Volk der Troer zu schützen.

Also sprach sie, und wandte von ihm die stralenden Augen.
Ihn ergriff bey der Hand Afrodita, die Tochter Kronions,
415 Als er kaum zu sich selber kommend schwerauffseufzte.

Da ihn Härä die Göttin mit weissen Armen erblickte,
Rief sie diese geflügelten Worte zu Pallas Athänä:
Schau, o reine Tochter des Gottes mit furchtbarem Schilde,
Wie die unverschämte Fliege den mördrischen Aräs
420 Durch die kriegrischen Haufen führet; geh' und verfolge!

Sprach's; Athänä verfolgte sie eilend mit freudigem Herzen,
Stürmte gegen sie an, und schlug mit nervichter Rechte
Ihre Brüste; da schwankte sie athemlos hin auf den Boden.
Also lagen sie beyd' auf der allernährenden Erde.
425 Aber Athänä rief mit frohen geflügelten Worten:

Möchten alle Beschürmer der Troer also fallen,
Wenn sie streiten gegen die rüstigen Schaaren der Griechen!
Möchten sie mutig seyn und stark wie Afroditä,
Als sie meine Rechte bestand, um Aräs zu schützen!
430 Siehe so rasteten wir schon lang von der Arbeit des Krieges,
Hätten Ilions prächtige Stadt schon lange zerstöret!

Sprach's;

Sprach's; es lächelte ihr die Göttin mit weissen Armen.
Aber der erderschütternde König sprach zu Apollon:
Föibos, warum stehen wir beyde so weit von einander?

435 Siehe, nun geziemet uns nicht, da die andern begannen,
Ohne Kampf zurück zum hohen Olümpos zu kehren.
Fang an, du bist jünger als ich; mir wär es nicht rühmlich
Zu beginnen; denn ich bin älter als du, und erfahrner.
Thor, uneingedenk des Unrechts, welches wir beyde

440 Haben erlitten um Ilions Mauren, als wir ein Jahr lang
Dienten Laomedon dem stolzen, gesandt von Kronion,
Für bestimmten Lohn, und seinen Befehlen gehorchten.
Damals hab' ich die Stadt und die Mauren von Troia erbauet,
Groß und schön, auf daß ich unzerstörbar sie machte;

445 Und du hast indessen des Königs Rinder geweidet,
In des vielfachgebirgten Ida's waldichten Thalen.
Als uns nun die willkommnen Horen die Zeit der Bezahlung
Brachten, da entzog mit Gewalt der schreckliche König
Uns den ganzen Lohn, und sandt' uns dräuend von dannen.

450 Sieh' er dräute, dir die Füß' und die Hände zu binden,
Und in weitentlegene Eilande dich zu verkaufen;
Ja er verhieß, mit dem Erz uns beyden die Ohren zu rauben.
Damals gingen wir beyde zurück mit zürnenden Herzen,
Höchstunwillig wegen des Lohnes, des er uns täuschte;

455 Gleichwohl schützest du nun sein Volk, statt dich zu vereinen
Mit uns übrigen, zu vertilgen die treulosen Troer,
Rein mit ihren Kindern und ihren züchtigen Weibern?

Drauf

B. 447. Göttinnen der Zeit, der Jahrs-Zeiten, der Stunden.

Drauf antwortete ihm der Fernhintreffer Apollon:
Erderschüttrer, du würdest ja selber des Unsinns mich zeihen,

460 So ich kämpfen wollte mit dir, der elenden Menschen
Wegen, welche grünen, gleich Blättern an Bäumen, der Erde
Früchte genießend, und dann gleich Blättern an Bäumen verwelken.
Drum laß uns entsagen dem Kampf, laß Sterbliche fechten.

Also sprach Apollon, und wandte sich, weil er sich scheute,

465 Gegen seines Vaters Bruder den Arm zu erheben.
Des schalt seine Schwester ihn, die Göttin des Wildes,
Artemis; sie rief mit diesen schmählichen Worten:
Fernhintreffer, du fleuchst, und hast dem Poseidon
Ganz den Sieg gelassen? umsonst ihm Ehre gegeben?

470 Thor! vergebens trägst du auf deinen Schultern den Bogen.
Daß ich nur hinfort dich nicht im Palaste des Vaters
Pralen höre, wie vormals in der Götter Versammlung,
Du vermöchtest zum Kampfe Poseidon zu begegnen!

Ihr antwortete nicht der Fernhintreffer Apollon.

475 Aber es zürnte die hohe Bettgenossin Kronions;
Also schalt sie die Göttin, die ihrer Pfeile sich freuet:
Dreiste Hündin! du unterstehst dich, mir zu begegnen?
Sieh es wird dir sauer werden, mich zu bestehen!
Bogenträgerin, welche Kronion unter den Weibern

480 Hat zum Löwen gesetzt, zu morden, wie dich gelüstet.
Traun es wäre dir besser, die wilden Thiere zu tödten
Und die Hirsche, als mit mächtigen Göttern zu kämpfen!
Hast du Lust, des Kampfes zu kosten; wohlan, so erfahre,

Wie

Wie viel stärker ich bin, wenn du es wageſt zu trotzen!

485 Sprach's, und ergriff mit der Linken die beyden Hände der Göttin,
Mit der Rechten riß ſie ihr von den Schultern den Köcher,
Gab mit den eignen Pfeilen auf beyde Wangen ihr Streiche;
Artemis wandte ſich hin und her, es fielen die Pfeile.
Weinend floh die Göttin, gleich einer ſchüchternen Taube,
490 Die, vom Falken verfolgt, in eine Felſenkluft flüchtet,
Denn noch will das Schickſal ihr das Leben erhalten;
Weinend floh ſie, und ließ zurück die Pfeil' und den Köcher.

Aber Hermäs, der Mörder des Argos, ſagte zu Láto:
Láto, ich will nicht kämpfen mit dir; mir würd'es nicht frommen,
495 Anzugreifen die Weiber des Wolkenverſammlers Kronion.
Darum magſt du dich nur vor allen unſterblichen Göttern
Rühmen, daß du mich durch deine Kräfte beſiegt haſt.

Láto nahm von der Erde den Bogen, und raffte der Tochter
Pfeile zuſammen; ſie lagen zerſtreut in ſtaubichtem Kreiſe;
500 Alsdann ging ſie von dannen, zu ihrer Tochter zu kommen,
Welche ſchon den Palaſt Kronions hatte erreichet.

Auf dem Schooſſe des Vaters ſaß die weinende Jungfrau;
Duftend zittert' ihr Strahlengewand die Glieder herunter;
Zeus Kronion umarmte ſie freundlichlächelnd, und ſagte:

505 Liebes Kind, wer hat dich von allen Himmelsbewohnern
Alſo behandelt, als hätteſt du öffentlich Frevel verübet?

Ihm

Ihm antwortet die schöngekränzte Göttin des Waldes:
Vater, es hat mich Härä, dein Weib, so übel behandelt;
Denn sie ist die Quelle der Zwietracht unter den Göttern.

510 Also sprachen die Himmelsbewohner untereinander.
Foibos Apollon ging durch des heiligen Ilions Thore,
Sorgend für die Mauer der wohlgebaueten Troia,
Daß nicht gegen das Schicksal die Griechen sie nun schon zerstörten.
Zum Olümpos kehrten die andern ewigen Götter:
515 Einige setzten sich zürnend, die andern freudig und siegreich,
Um den dunkelumwölkten Vater. Aber Achilleus
Mordet' indessen die Troer und ihre stampfenden Rosse.

Wie aus einer brennenden Stadt den Himmel hinanwallt
Schwarzer Rauch, empor gesandt von zürnenden Göttern;
520 Allen Bewohnern bringt er Kummer, einigen Jammer:
Also brachte Kummer Achilleus den Troern und Jammer.

Nun stand Priam der Greis auf einem heiligen Thurme,
Schaute den ungeheuren Achill, und schaute die Troer;
In Verwirrung flohn sie den Päleionen und matlos.
525 Siehe da stieg er weinend vom Thurm auf die Erde herunter,
Und gab diesen Befehl den wackern Hütern der Thore:
Haltet offen die Flügel der Thore, so lange noch Schaaren
Fliehender kommen zur Stadt; der stürmende Päleione
Ist uns nah, und ich meyn', uns dräue grauses Verderben.
530 Aber so bald sie sich innerhalb der Mauren erholen,
Schlaget wieder zu die wohleinpassenden Flügel;

Q   Denn

Denn sonst, fürcht' ich, stürmet herein der gräuliche Krieger.

Spricht's; sie stoßen die Riegel zurück, und öffnen die Thore.
Offen retteten sie das Heer; den Kommenden eilte
535 Foibos Apollon entgegen, der Troer Verderben zu fernen.
Diese liefen gräd' auf die Stadt zur thürmenden Mauer,
Ausgetrocknet von Durst und staubicht, übers Gefilde;
Jener verfolgte mit drohendem Speere; ihm tobte im Busen
Unbezwingbare Wut und heiße Siegesbegierde.

540 Und nun hätten die Griechen die thürmende Troia erobert,
Hätte nicht Foibos Apollon den edlen Agänor erreget,
Deinen Sohn, Antänor, den tadellosen und starken.
Kühnheit gab er ihm in die Brust, und stellte sich selber
Neben ihm, abzuhalten die schweren Hände des Todes,
545 An die Buche gelehnt, mit vielem Nebel umhüllet.
Jener, da er den Städtevertilger Achilleus erblickte,
Stand er still, und bewegte vieles im flutenden Herzen;
Seufzend sprach er endlich zu seiner mutigen Seele:
Wehe! was soll ich thun? So ich nun den starken Achilleus
550 Flöhe, hier wo sich bebend vor ihm die Schaaren zerstreuen;
Würd' er dennoch, mich fahend, als einen Feigen mich würgen.
Aber so ich jene dem drängenden Päleionen
Ueberließ', und flöh von der Mauer mit eilenden Füßen
Ueber Troia's Gefilde, bis ich die buschichten Thale
555 Ida's erreichte, dort mich unter Stauden verbürge;
Siehe, so könnt' ich den Abend, im lautern Strome gebadet,
Abgekühlt vom Schweiße, zur heiligen Ilion kehren.

Doch

Doch was will ich solches in meinem Herzen erwägen?
Wenn er mich fliehen sieht von der Stadt her über's Gefilde;
560 Wird er bald mich erreichen, mit eilenden Füßen verfolgend;
Und dann kann ich nicht mehr dem Tod' und den Kären entrinnen,
Denn er ist der stärkste von allen sterblichen Menschen.
So ich vor den Mauren der Stadt entgegen ihm gehe;
Siehe, so weiß ich, auch er ist mit dem Erze zu treffen.
565 Denn auch sterblich ist er, hat eine einzige Seele;
Aber der waltende Zeus Kronion verleihet ihm Ehre!

Sprach's, den Päleionen erwartend; die mutige Seele
War entschlossen zum Kampf. So steht im dicken Gebüsche
Gegen den Jäger ein Pardel; ihn schrecken die bellenden Hunde
570 Nicht, und hätt' ihn auch der Pfeil des Jägers getroffen,
Würd' er dennoch, vom Pfeile durchbohrt, dem Jäger nicht weichen,
Bis er sich auf ihn stürzte, oder sein Leben verlöre:
Also wollte der mutige Sohn des edlen Antänor
Auch nicht fliehen, eh er den Päleionen versuchte.
575 Vor sich hielt er die Scheibe des gleichgerundeten Schildes,
Hub den Speer empor, und rufte mit lauter Stimme:
Stralender Päleione, du hast im Herzen gehoffet,
Heute zu verheeren die Stadt der mutigen Troer;
Thor! noch wird sie Jammer um ihre Mauren verbreiten!
580 Denn noch sind der Streitenden viel, und tapfer ein jeder,
Unsre Eltern zu schützen und unsre Weiber und Kinder;
Aber dich wird hier die Hand des Todes ergreifen,

Q 2   Furcht=

V. 561. Kären, Göttinnen des Schicksals, Parzen.

Furchtbar wie du bist, und unerschrocken im Kriege.

Sprach's, und warf den scharfen Speer mit der nervichten Rechte,
585 Und verfehlte Achilleus nicht; er traf auf das Bein ihn,
Unter dem Kniee; da scholl das Zinn am Beine des Helden
Laut, es sprang die Lanze zurück vom Geschenke des Gottes.

Nun erhub sich Achilleus gegen den göttergleichen
Sohn Antänors; da ließ ihn Apollon den Sieg nicht gewinnen;
590 Riß Agänor hinweg, in dunkle Nebel ihn hüllend,
Und ließ unverletzt ihn aus dem Kampfe entrinnen.

Aber den Päleionen entfernt' er durch List von den Troern.
Siehe, der Fernhintreffer nahm die Bildung Agänors,
Lief vor Achilleus; Achilleus verfolgt' ihn mit eilenden Füßen.
595 Als Achilleus ihn nun auf Waizenfluren verfolgte,
Hingewandt zum strudelnden Strom des tiefen Skamandros;
Lief dicht vor ihm her, und täuschte durch List ihn Apollon,
Daß er beständig noch hoffte, in eilendem Lauf ihn zu haschen.

Haufenweis' entrannen indeß die fliehenden Troer
600 Freudig in die Stadt; von Flüchtlingen ward sie erfüllet.
Keiner hatte das Herz, vor der Stadt und außer der Mauer
Zu erwarten die andern, und auszuspähen im Haufen,
Welcher ermordet wäre, welcher entronnen; sie gossen
Alle sich hinein, durch eilende Füße gerettet.

Ilias.

Ilias.

Zwey und zwanzigster Gesang.

Ilias.

Zwey und zwanzigster Gesang.

Siehe, gejagt wie junge Hirsche, wischten sich diese
Von den Gliedern den Schweiß, und löschten den brennenden
Durst sich;
An die schönen Mauren gelehnet; aber die Griechen
Rückten hinan an die Stadt, durch ihre Schilde geschirmet.

5   Hektorn zwang zurück zu bleiben das böse Verhängniß
Ausser Iliens Mauren, vor dem skaiischen Thore;
Aber zum Päleionen rufte Foibos Apollon:

    Päleus Sohn, was läufst du mir nach mit eilenden Füssen,
Sterblich dem unsterblichen Gotte? Aber du hast mich,
10 Meyn' ich, nicht erkannt, indem du mich mühsam verfolgest;
Und die Troer kümmern dich nicht. Die du eben noch jagtest,
Sind nun in der Stadt; du hast dich selber entfernet;
Und mich wirst du nicht morden, ich bin dem Tode nicht dienstbar.

    Ihm antwortete seufzend der Held mit fliegenden Füssen:
15 Fernhintreffer, du hast mich getäuscht; du schlimmster der Götter,
Hast mich von der Mauer entfernt! Noch hätten der Troer
Viele, eh sie die Stadt erreichten, den Boden geküßt.
Grossen Ruhm entrissest du mir, und rettetest jene
Sonder Mühe, frey von aller künftigen Strafe!

20 Ach du solltest mir büssen, wofern ich rächen mich könnte!

Sprach es, und eilte hohes Mutes gegen die Mauren
Ilions: wie ein Roß, das viele Palmen gewonnen,
Ausgedehnt mit fliegendem Wagen die Laufbahn durcheilet;
Also lief Achilleus einher, mit fliegenden Füssen.

25 Sein ward Priam der Greis gewahr, er sah ihn im Felde
Laufen: schimmernd wie den Stern der herbstlichen Tage,
Welcher in dunkler Nacht vor allen Gestirnen hervorstralt,
Und Orions Hund von sterblichen Menschen genannt wird;
Zwar er ist der glänzendste Stern, doch ist er ein böses
30 Zeichen, und bringet Hize den mühbeladenen Menschen:
Also stralte das Erz an der Brust des laufenden Helden.
Ach es weinte der Greis, und schlug sein Haupt mit den Händen,
Rufte mit lauter Stimme dann herunter zum lieben
Sohne, der vor den Thoren stand, und kampfbegierig
35 Auf Achilleus harrte. Er streckte flehend die Händ' aus:

Hektor, liebes Kind, du wollest nicht jenen erwarten,
Von den andern gesondert; daß nicht der Tod dich ereile
Unter den Händen des Päleionen, denn er ist stärker.
O des Wütenden! Würd' er so von den Göttern geliebet,
40 Als von mir; so fräßen ihn bald die Hund' und die Geyer,
Und es wäre mein Herz des schweren Kummers entladen!
Vieler Kinder hat er mich und tapfrer beraubet,
Diese mordend, jen' in ferne Inseln verkaufend.
Nun vermag ich auch Lükaon und Polüderes,
45 Welche Laothoä mir, die schöne, gebohren,
Unter den eingeflüchteten Troern nicht zu erblicken.

Wenn

Wenn sie nur bey ihm in seinem Lager noch leben;
O so kann ich mit Erz und Gold sie lösen; denn vielen
Reichthum schenkte Altas, der hochberühmte, der Tochter.

50 Sind sie aber todt und im Palaste des Aides,
So werd' ich mich des, und ihre Mutter, zwar herzlich
Grämen; aber geringer wird seyn der Kummer des Volkes,
So nur du nicht stirbst, von Achilleus Händen bezwungen.
Komm in die Stadt, mein Kind, auf daß du die Troer errettest,

55 Und die Troerinnen, und nicht dem Sohne von Peleus
Mögest Ruhm verleihen, und dir das Leben verkürzen.
Ach du wollest dich mein, des Unglückseligen, weil ich
Lebe, noch erbarmen; den auf der Schwelle des Alters
Zeus in Elend verwickelt, und der viel Jammer noch sehn wird:

60 Meine Söhne getödtet, und die Töchter geraubet,
Ausgeplündert meine Gemächer, die stammelnden Kinder
In der Verheerung Gräuel auf den Boden geworfen,
Und die Schnüre geschleppt durch die grausamen Hände der Griechen.
Endlich werden mich zulezt in den vordersten Thoren

65 Hungrige Hunde zerfleischen, nachdem auch mir mit dem Erze
Einer, hauend oder werfend, das Leben geraubt hat.
Hunde, die ich an meinem Tische zu Hütern mir nährte,
Werden saufen mein Blut, und dann mit wütendem Grimme
Liegen in meinem Vorsaal. Dem schwertermordeten Jüngling

70 Stehet es wohl, mit scharfem Erze zerrissen, zu liegen,
Auf dem Boden gestreckt, und alle Glieder zu zeigen;
Aber wenn die Hunde die graue Scheitel, den grauen
Bart des Greisen zerreissen, und seine Lenden entblössen,
Ach das ist den elenden Menschen der schrecklichste Anblick!

75 Also flehte der Greis, und raufte sich aus der Scheitel
Graues

Graues Haar; und dennoch vermocht' er nicht, Hektorn zu rühren.
Auf der andern Seite klagte die weinende Mutter,
Riß das Gewand vom Busen, wies mit der Hand auf die Brüste,
Und sprach weinend zu ihm mit diesen geflügelten Worten:

80 Hektor, um dieses Anblicks willen wollest du meiner
Dich erbarmen! Wenn ich dir weinenden jemals die Brust gab,
Des erinnre' dich nun, und entrinne dem schrecklichen Manne,
Kommend in die Stadt; ach stelle dich ihm nicht entgegen!
Unglückseliger, so er dich mordet, werd' ich, du theurer

85 Sprößling, den ich gebahr, dich nicht auf Betten beweinen,
Auch Andromacha nicht; dich werden dann bey den Schiffen,
Fern von uns, die schnellen Hunde der Griechen verzehren!

Also riefen diese dem Sohn, mit jammernder Stimme
Flehend: aber dennoch bewegten sie Hektors Entschluß nicht;

90 Sondern er harrte des kommenden ungeheuren Achilleus.

Wie ein wilder Drache, genährt von giftigen Kräutern,
In der Höhle laurend, den kommenden Wandrer erwartet;
Vor sich schaut er mit grimmigen Augen, und rollt sich in Kreise:
So ergriff der Zorn den Priamiden. Er wich nicht,

95 Lehnte den schimmernden Schild an einen Thurm von der Mauer,
Und sprach unmutsvoll im edelmütigen Herzen:

Wehe mir! so ich nun durch die Thore von Ilion ginge,
Würde mich Pulüdamas mit höhnenden Worten empfangen,
Der mir rieth, das Heer gen Troia zu führen, in jener

100 Schrecklichen Nacht, da zum Kampf sich erhub der edle Achilleus.
Aber ich hört' ihn nicht, viel besser wär' es gewesen!
Nun ich habe das Heer durch meine Thorheit verlohren,

Scheu'

Scheu' ich die Troer und Troerinnen mit langen Gewanden,
Daß da irgend der schwächern einer sagen mir möchte:
105 Seiner Stärke vertrauend hat Hektor die Schaaren verloren!
Also würden sie sagen; mir aber wäre viel besser,
Wieder zurück zu kehren vom überwundnen Achilleus,
Oder rühmlich von ihm vor der Stadt ermordet zu werden.
So ich von mir legte den Schild mit gewölbtem Nabel,
110 Und den schweren Helm, und lehnte den Speer an die Mauer,
Ginge dann entgegen dem tadellosen Achilleus,
Und verspräche, Helena mit den sämtlichen Schäzen,
Welche Alexandros in hohlen Schiffen gen Troia
Brachte, (Helena war die erste Ursach des Zwistes!)
115 Wiederzugeben des Atreus Söhnen, und mit den Achaiern
Alle Schäze zu theilen, die Ilions Häuser verwahren,
Noch dazu die Männer von Troia heilige Eide
Schwören zu lassen, nichts zu verbergen, alles zu theilen,
Was die liebliche Stadt mit ihren Mauren umschliesset —
120 Aber wie kann ich solches in meinem Herzen erwägen?
Flehend muß ich ihm nicht begegnen; er würde sich meiner
Nicht erbarmen, und wär' ich gleich wehrlos, dennoch mich tödten,
Sonder Müh', als wär' ich ein Weib. Wie Jüngling und Jungfrau,
Kann man nicht vom Felsen mit ihm, von der Eiche nicht schwazen,
125 Wie im süßen Gespräch sich Jüngling und Jungfrau ergözen.
Besser ist's ihm gleich zu begegnen, je eher je lieber
Zu erfahren, welchem den Sieg Kronion verleihet.

Also dachte Hektor, und blieb. Ihm nahte Achilleus,
Enualios gleich, mit fürchterlich nickendem Helme;

130 Ueber

130 Ueber der rechten Schulter bebte Pälions Esche;
  Fernhin stralte von ihm, gleich Blizen, der Schimmer des Erzes,
  Aehnlich loderndem Feuer, oder dem Sonnenaufgang.

  Hektor sah ihn, zitterte, durfte den Päleionen
  Nicht erwarten, und floh, die Thore hinter sich lassend.
135 Hinter ihm stürmte mit eilenden Füssen der Päleione.

  Wie ein Falk zur Gebürge, von allen Vögeln der schnellste,
  Leicht mit nächtigem Schwung der schüchternen Taube sich nachschwingt;
  Jen' entschlüpfet ihm seitwärts; aber mit tönenden Flügeln
  Schießt er immer ihr nach, von wilder Begierde getrieben:
140 Also stürmte vorwärts Achilleus. Der fliehende Hektor
  Lief nun längst der troischen Mauer mit eilenden Füssen.
  Vor dem wehenden Feigenbaum, und vorbey vor der Buche,
  Liefen sie auf der Heerstraß beyde, neben der Mauer,
  Kamen zu den lieblichen Bornen, welchen die heyden
145 Quellen des silbervirbelnden Xantes rauschend entsprudeln.
  Eine fließet mit warmem Gewässer, ihr entdampfen
  Immer steigende Rauche, wie von brennendem Feuer;
  Aber kalt wie Hagel fleußt im Sommer die andre,
  Wie des Winters Schnee, und wie das Eis auf dem Wasser.
150 Alhier waren schöne, steinerne Badewannen,
  Wo der Troer Weiber vordem, und die lieblichen Töchter
  Ihre Schimmergewande wuschen in Tagen des Friedens.
  Diesen liefen vorben der Jagende und der Verfolgte.
  Sieh' ein starker floh, ein noch viel stärker verfolgte

                                      155 Schnell.

  V. 130. Cheiron hatte den Schaft zu Achilleus Lanze auf Pälions Ge-
    bürge gehauen.

155 Schnell. Kein Opferthier, kein Stierfell suchten die beyden
Zu gewinnen, wie sonst im Wettstreit der Füsse; sie liefen
Um die Seele des roßbezähmenden Priamiden.

So wie sieggewohnte, hufgeflügelte Rosse
Eilend umlaufen das Ziehl, für einen stattlichen Kampfpreis,
160 Ein Weib, oder Dreyfuß, einem Erschlagnen zur Ehre;
Also liefen dies' in eilendem kreisenden Laufe
Um des Priamos Mauer. Es schauten sie alle Götter;
Da begann zu reden der Vater der Götter und Menschen:

Ach was seh' ich dort! Verfolgt um Ilions Mauren
165 Läuft ein Mann, den ich liebe, und es jammert mich herzlich
Sein! Wie hat mir Hektor so oftmal Lenden der Stiere
Auf den Gipfeln des vielfachgebürgten Ida's, und oftmal
Auf der Ilischen Burg geopfert! Nun verfolgt ihn
Rund um Priams Stadt der göttliche schnelle Achilleus.
170 Aber wohlan, bedenket euch noch, ihr Götter, und rathet:
Ob wir ihn erretten vom Tode; oder, wiewohl er
Gut ist, doch ihn übergeben der Hand des Achilleus?

Drauf antwortete ihm die blaugeaugte Athänä:
Blizeschleudernder, dunkelumwölkter Vater, was sagst du?
175 Einen sterblichen Mann, dem schon die Tage gezählt sind,
Willst du wieder der Hand des gräulichen Todes entreissen?
Thu wie du willst, des werden nicht alle Götter dich preisen.

Drauf antwortete ihr der Wolkensammler Kronion:
Sey getrost, mein liebes Kind! Ich redete eben
180 Nicht im Ernste; dir will ich mich gütig erzeigen.

Raste

Raste nicht, und handle nur nach Herzens Gelüsten.

Sprach's, und erregte noch mehr die schon entflammte Atháná;
Sie entschwang sich eilend den Gipfeln des hohen Olúmpos.

Unablässig verfolgte der schnelle Achilleus den Hektor:
185 Wie den jungen Hirsch ein Hund im Gebürge verfolget,
Durch die Thäler den aufgejagten, durch Triften ihn treibend;
Ob sich auch der erschrockne Hirsch in Stauden verbürge,
Würd' ihn dennoch der jagende suchen, bis er ihn fände:
Also konnte Hektor dem eilenden Páleionen
190 Nicht entrinnen. So oft er zu den Dardanischen Thoren
Wollte laufen, und zu den wohlgegründeten Thürmen,
Hoffend, die Seinen würden von dannen mit Pfeilen ihn schützen;
Kam ihm immer Achilleus zuvor, und wandte ihn abwärts
Gegen das Feld, unfern der Mauer selber verbleibend.

195 Wie man oft in Träumen nicht den Fliehenden haschen
Kann, und weder entrinnen, noch den andern verfolgen;
Also konnte nicht Hektor entrinnen, Achilleus nicht haschen.
Ach wie wäre Hektor dem Schicksal des Todes entronnen,
Wäre nicht etwa Foibos Apollon zuletzt noch gekommen,
200 Seine Kniee zu kräftigen, und den Mut ihm zu heben?

Páleus Sohn verbot mit winkendem Haupte den Griechen,
Herbe Pfeile zu schießen gegen den Priamiden:
Daß ihm keiner käme zuvor, den Ruhm ihm entrisse.
Aber da sie zum viertenmal die Quellen erreichten;
205 Siehe da hielt der Vater empor die goldene Wage,
Legt' hinein zwey Loose des schlummergebenden Todes,

Eins

Eins Achilleus, eins des epssetummlenden Hektors;
Faßte dann bey der Mitte die Wage: des Priamiden
Todesloos sank bis zum Aidäs; Foibos verließ ihn.

210 Zu Achilleus nahte die blaugeaugte Athänä,
Stellte sich neben ihm hin, mit diesen geflügelten Worten:

Stralender Päleione, Kronions Liebling, wir werden,
Hoff' ich, grossen Ruhm bey den Schiffen der Griechen erwerben,
So wir Hektor ermorden, den unersättlichen Krieger.
215 Unsern Händen soll er nun nicht wieder entrinnen,
Ob für ihn auch vieles thät' Apollon und litte,
Zu den Knieen des Vaters mit furchtbarem Schilde sich würfe!
Aber bleibe du stehn, und hole Athem; so will ich
Zu ihm gehen; auf daß ich ihn bewege zu kämpfen.

220 Also sprach sie; Achilleus gehorchte, blieb stehen, und stüzte
Sich auf seinen eschenen Speer, und freute sich herzlich.

Pallas verließ ihn, und erreichte den göttlichen Hektor,
Nahm die Bildung, nahm die Stimme des Daifobos,
Und stand neben ihm mit diesen geflügelten Worten:

225 Lieber Bruder, es dränget dich sehr der schnelle Achilleus,
Dich mit eilenden Füssen um Priams Mauren verfolgend;
Aber laß uns bleiben, auf daß wir beyd' ihn bestehen.

Ihr antwortete Hektor, der grosse mit wehendem Helmbusch:
Daifobos, unter Priams und Hekabäs Kindern
230 Bist du mir schon lang der liebste Bruder gewesen;

Und

Und nun werd' ich noch mehr in meinem Herzen dich ehren,
Der du meinetwegen dich wagtest, Ilions Mauren
Zu verlassen; daheim sind alle die andern geblieben.

Drauf antwortete ihm die Göttin mit blauen Augen:
235 Lieber Bruder, es bat mich der Vater, es bat mich die Mutter,
Meine Kniee umfassend, es baten mich unsre Genossen,
Dort zu bleiben; (beym Anblick Achilleus beben sie alle!)
Aber es ward mein Herz von herbem Kummer genaget.
Drum wohlauf zum mutigen Kampf! Wir wollen der Lanzen
240 Nicht mehr schonen, wollen den Päläiden versuchen:
Ob er uns ermordet, und blutige Rüstung zurück bringt
Zu den Schiffen; oder ob du mit dem Speer ihn erwerbest.

Pallas sprach es, und ging voran, durch Täuschung ihn lockend.
Als sie nahe waren an einander gekommen;
245 Redte Hektor zuerst, der grosse mit wehendem Helmbusch:

Päleus Sohn, ich werde vor dir von nun an nicht fliehen.
Dreymal bin ich rund um Ilions Mauren gelaufen;
Durfte dir nicht begegnen; nun aber treibt mich mein Herz an,
Dich zu bestehn, getödtet zu werden, oder zu tödten.
250 Aber laß uns der Götter gedenken, sie werden die beßten
Zeugen immer seyn und Hüter jedes Vergleiches.
Deinen Körper will ich nicht schmählich höhnen, wofern mir
Zeus den Sieg verleiht, ich dir das Leben entreisse;
Sondern sobald ich dir habe die schöne Rüstung geraubet,
255 Geb' ich die Leiche den Griechen: du müssest ein gleiches versprechen.

Zürnend schaute auf ihn, und sprach der schnelle Achilleus:

Hektor,

Hektor, Verhaßter, du wolleſt mir nicht von Bündniſſen ſchwazen!
Wie ſich Löwen nicht mit Menſchen vergleichen; wie Lämmer
Niemals ſich zu Wölfen in friedlicher Eintracht geſellen,
260 Sondern beſtändig gegeneinander feindlich geſinnt ſind:
Alſo werden wir nimmer uns verbünden, zu keiner
Sach' uns jemals vergleichen, bis einer von beyden gefallen
Hat mit ſeinem Blute getränkt den wütenden Arés.
Brauche jeglicher Kampfeskunde! Siehe, nun mußt du
265 Lanzengeübt, und mußt dich unerſchrocken beweiſen!
Nun entrinnſt du nicht mehr; es wird dich Pallas Athäná
Unter meiner Lanze bezwingen! Meiner Genoſſen
Tod, die du ſchlugſt mit tobendem Speere, ſollſt du nun büſſen!

Sprach es, und ſchwang und warf die weithinſchattende Lanze.
270 Dieſe ſah und vermied der ſchimmernde Priamide;
Denn er kniete; über ihn flog die eſchene Lanze,
Blieb in der Erde ſtecken. Da riß ſie Pallas Athäná
Wieder heraus, und gab ſie Achilleus. Der Hirte der Völker,
Hektor, ſah die Göttin nicht, und ſprach zu Achilleus:

275   Haſt gefehlt, du göttergleicher Achilleus. Kronion
Offenbarte dir nicht mein Schickſal, wie du dich rühmteſt;
Aber pralend warſt du in deinen Worten und liſtig,
Hoffend, ich würde dich ſcheuen, und meiner Stärke vergeſſen.
Dennoch wirſt du mir fliehenden nicht den Rücken durchbohren!
280 Auf, durchſtoß mir die Bruſt, (ich ſtürze dir mutig entgegen!)
So ein Gott den Sieg dir verleiht; doch trachte zu meiden
Dieſen ehernen Speer! O daß er ganz dich durchdränge!
Leichter wird dann um vieles der Kampf für die Troer,
So du fielſt; denn du biſt Ilions größtes Verderben!

R   285 Sprach

285 Sprach es, und schwang und warf die weithinschattende Lanze,
Fehlte nicht, und traf den grossen Schild des Achilleus;
Weitab prallte vom Schilde der Speer. Der Priamide
Zürnte, unter sich schauend, daß vergebens entflogen
Wäre der Speer; er hatte nun keinen. Da rief er mit lauter
290 Stimme dem weißgeschildeten Bruder Däifobos,
Seine Lanze fodernd; der Bruder war ihm nicht nahe.
Da erkannte den Trug der Priamide, und sagte:

Ach so haben mich nun die Götter zum Tode gerufen!
Denn ich meynt', es wäre bey mir der Held Däifobos;
295 Aber er ist in der Stadt; mich täuschte Pallas Athäná!
Nun ist der verderbliche Tod mir nahe gekommen;
Hier ist kein Entrinnen! Sonst hat es oftmals Kronion,
Seinem fernhintreffenden Sohne oftmal gefallen,
Günstig mich zu erretten; nun aber hascht mich das Schicksal.
300 Auf dann, feige will ich nicht, und ruhmlos nicht sterben,
Will noch Thaten thun, der sich die Enkel erinnern!

Also sprach er, und riß sein scharfes Schwert aus der Scheide,
Welches groß und stark ihm von der Hüfte herabhing,
Wandte sich ungestüm, wie ein hochfliegender Adler,
305 Welcher durch schwarze Wolken sich auf die Ebne herabstürzt,
Einen zitternden Hasen, oder ein Lämmchen zu rauben;
Also und mit geschwungnem Schwerte wandte sich Hektor.
Stürmend riß sich ihm Achilleus entgegen, mit wilder
Ueberschwellender Wut im Herzen; mit prächtigem Schilde
310 Deckt' er die Brust, und stralende Schimmer entblizten dem Helme,
Welcher vorwärts nickte, mit goldnen Mähnen umwallet,
Die auf den obersten Gipfel Häfaistos hatte geheftet.

Wie

Wie in dunkler Nacht vor andern Sternen hervorstralt
Hesperos, der am Himmel vor allen Sternen der schönste;
315 Also stralte die Schärfe des Speeres, welchen Achilleus
Schwang mit der Rechten, Verderben ersinnend dem göttlichen Hektor,
Spähend, wo er könnte den Körper des Schönen verwunden.
Zwar ihn schien die prächtige Rüstung ganz zu bedecken,
Die er, als er schlug den Patroklos, hatte erbeutet;
320 Doch war eine Stelle noch offen zwischen den Schultern
Und dem Hals' an der Kehle, die tödtlichste Stelle des Körpers.
Stürmend traf ihn hier der göttliche Päleione,
Und den zarten Nacken durchdrang die Spize der Lanze;
Doch zerriß ihm die erzgeschärfte Lanze die Kehle
325 So nicht, daß er nicht hätte vermocht noch Worte zu wechseln.
In den Staub hin sank er; da jauchzte der edle Achilleus:

Hektor, da du Patroklos erschlugst, die Rüstung ihm raubtest,
Meyntest du sicher zu seyn, und furchtest mich nicht in der Ferne!
Thor! ich war bey den Schiffen zurückgeblieben, ein stärker
330 Krieger, und sollte rächen an dir Patroklos Ermordung!
Deine Kniee löset' ich dir; dich werden die Geyer,
Dich zerreissen die Hunde; jenen bestatten die Griechen.

Schwachaufathmend erwiederte ihm der Priamide:
Ich beschwöre bey deiner Seele, bey deinen Knieen,
335 Ich beschwöre dich bey deinen Eltern, Achilleus:
Gieb mich nicht bey den Schiffen den Hunden der Griechen zur Speise;
Wollest nehmen des Erzes, und die Gaben des Goldes,
Welche mein Vater dir und die edle Mutter wird bieten.

R 2   Sende

Sende meine Leiche zurück, auf daß mir die Troer
340 Und die Troerinnen die Ehre des Feuers erweisen.

Zürnend schaut' auf ihn, und sprach der schnelle Achilleus:
Hund, beschwöre mich nicht bey meinen Knieen und Eltern!
O daß mich der Zorn in meinem Herzen bewegte,
Dein zerhacktes Fleisch für deine Frevel zu essen!
345 Keiner soll mir die Hunde von deinem Körper vertreiben,
Wög' er mir dar zehnfältige, zwanzigfältige Lösung,
Und verhiesse noch mehr! Und wollte Priam, dein Vater,
Dein Gewicht erstatten an Gold; doch sollte die edle
Mutter, die dich gebahr, dich nicht auf der Bahre beweinen;
350 Hunde sollen dich, dich sollen Geyer zerreissen!

Drauf antwortete ihm der sterbende Priamide:
Sieh' ich kenne dich, und ich ahndete selber, ich würde
Nicht dich erweichen; denn dein Herz im Busen ist eisern.
Sinn' ihm nach, wenn meinetwegen die Götter dir zürnen,
355 Jenes Tages, da Paris dich tödtet und Föbos Apollon!
Fallen wirst du, wie tapfer du bist, im skaiischen Thore!

Also sprach er, die Hülle des Todes bedeckte sein Antliz,
Fliehend enteilte den Gliedern die Seele hinab zu den Schatten,
Ihr Geschick bejammernd verließ sie Jugend und Stärke.
360 Todt noch redte ihn an der göttliche Päleione:

Stirb! mein Schicksal werd' ich erfüllen, wenn es Kronion
Und gefallen wird den andern unsterblichen Göttern!

Also

Also sprach er, und riß den ehernen Speer aus der Leiche,
Stellt' ihn seitwärts, und zog von den Schultern die blutige Rüstung
365 Hektors. Da umgaben ihn bald die Söhne der Griechen,
Staunend über den Wuchs und das Antliz des göttlichen Hektors.
Alle, die ihn umstanden, verwundeten seine Leiche;
Mancher wandte sich zu seinem Genossen, und sagte:

Traun, er ist nun weicher anzufühlen, als vormals,
370 Da er unsre Schiffe mit loderndem Feuer besuchte!

Also sagte mancher, den Körper des Schönen verwundend.
Als ihn Achilleus der göttliche hatte der Rüstung beraubet,
Sprach er zu den Achaiern diese geflügelten Worte:

O ihr Lieben, ihr Führer und Fürsten achaischer Völker,
375 Da mir die Götter diesen Mann in die Hände gegeben,
Welcher mehr, als die übrigen alle, uns Schaden gethan hat;
Auf, so laßt uns die Stadt in voller Rüstung umwandeln,
Daß wir nun den Sinn und den Mut der Troer erforschen:
Ob sie werden verlassen die Burg, da dieser gefallen;
380 Oder ob sie wagen es werden, uns doch zu bestehen.
Aber wie kann ich solches in meinem Herzen erwägen?
Liegt nicht unbeweint und unbegraben Patroklos
Bey den Schiffen? Ich werde nicht sein vergessen, so lang' ich
Unter den Lebenden bin, und meine Kniee sich regen!
385 Ob auch im Aidäs die Todten der Todten vergäßen,
Dennoch würd' ich mich dort des geliebten Freundes erinnern!
Auf, ihr Jünglinge Griechenlands! den Siegsgesang singend,

R 3   Laßt

Laßt uns kehren zurück zu den hohlen Schiffen mit Hektorn!
Grossen Ruhm erwarben wir nun, den göttlichen Hektor
390 Mordend, auf den sich die Troer, wie auf die Götter, verliessen.

Sprach's, und verübte schändlichen Frevel an Hektor dem Edlen.
Sieh, er durchbohret' ihm hinten zwischen der Fers' und dem Knöchel
Beyde Füß', und zog durch die Wunden Riemen von Stierfell,
Band ihn an seinen Wagen, das Haupt des Todten zu schleifen;
395 Stieg in den Wagen, und heftete dran die erbeutete Rüstung,
Schlug die Rosse dann; sie flogen mit williger Eile.
Ach es umwölkte Staub den Geschleiften! mit schwarzen Locken
Ward sein ganzes Haupt im Sande geschleifet. Kronion
Uebergab den Feinden das sonst so liebliche Antlitz,
400 Daß sie in seinem Vaterland' es schmählich verhöhnten.
Also ward sein Haupt ganz überstäubet. Die Mutter
Riß die Haare sich aus, und warf den glänzenden Schleyer
Weit von sich weg, sie sah auf den Sohn mit schreyendem Jammer.
Kläglich jammerte auch der Vater; es heulten die Völker
405 Rund umher; es ward die Stadt mit Klagen erfüllet,
Weniger nicht, als würde sie ganz vom obersten Gipfel
Bis zum tiefsten Grunde verzehrt von feindlichen Flammen.
Kaum vermochten die Troer den jammernden Alten zu steuren,
Denn er begehrte herauszugehen durch Ilions Thore;
410 Sieh er wälzte sich in dem Staub mit flehender Klage,
Nannte jeden besonders bey seinem Namen, und sagte:

Laßt mich, ihr Lieben, wehret mir nicht, wie sehr ihr besorgt seyd;
Laßt mich gehn aus der Stadt, und zu den Schiffen der Griechen;

Laßt

Laßt mich, daß ich flehe dem wilden, entsezlichen Manne:
415 Ob er, meine Jahre verehrend, vielleicht sich erbarme
Meines Alters. Auch er hat einen Vater, wie ich bin,
Päleus, welcher ihn zeugte, und nährte zum Unglück der Troer.
Aber vor allen hat er mir viel Kummer gegeben;
Denn er hat mir ermordet so viele blühende Söhne,
420 Derer aller ich weniger klage, wie sehr ich betrübt bin,
Als des einen, des Schmerz mich hinunter stürzet zum Aïdès,
Hektors! Wär' er noch in meinen Armen gestorben;
O so hätten wir uns mit Klagen und Thränen gesättigt,
Ich, sein Vater, und sie, die unglückselige Mutter!

425 Also sagt' er weinend, um ihn seufzten die Bürger.
Hekabá aber begann die Wehklag' unter den Weibern:
Kind, was soll ich ferner, ich Unglückselige, leben,
Da du todt bist, du, für den ich des Nachts und des Tages
Flehte zu den Göttern! Du warst die Stüze von allen
430 Troern und Troerinnen der Stadt! Wie einen der Götter
Ehrten sie dich; und lebtest du nur, du würdest mit Ehre
Sie noch krönen. Nun hat dich der Tod und das Schicksal ergriffen!

Also sagte sie weinend. Andromachá wußte der keines,
Denn ihr hatte noch nicht einmal ein Bote verkündigt,
435 Daß er ausser der Stadt auf dem Felde wäre geblieben.
Einsam saß sie, ein Tuch von blendender Weisse mit bunten
Bildern durchwebend, im innersten Zimmer des hohen Palastes.
Eben befahl sie den schöngelockten Mägden des Hauses,
Einen grossen Dreyfuß auf Feuer zu stellen, zum warmen

440 Bade für Hektor, wenn er nun bald vom Streite zurück käme.
Ach, die Arme! noch wußte sie nicht, daß fern von den Bädern
Ihn durch die Hände Achills Athänä hätte geschlagen!
Siehe, da hörte sie lautes Geschrey und Klagen vom Thurme,
Ihre Kniee wurden erschüttert; es fiel ihr das Webschiff
445 Aus den Händen; und ängstlich rief sie den Mägden des Hauses:

Kommt, zwo müssen mir folgen, damit ich geh und erkunde!
Denn ich hörte die Stimme von meiner Schwieger; auch hüpft mir
In dem Busen das Herz bis an den Hals; und es starren
Mir die Kniee! Es droht ein Unfall Priamos Söhnen!
450 O es müsse nicht werden erfüllet! Aber ich fürchte,
Daß der starke Achill den edelmütigen Hektor,
Ausgeschlossen von Ilion, im Gefilde herumtreibt.
Ach, schon hat er vielleicht gehemmt die verderbliche Kühnheit,
Welche Hektorn immer beseelte; er wollte nicht bleiben
455 In der Menge, lief immer voran, er scheute nicht einen.

Also sprach sie, dem Hauf' entstürzend, als wäre sie rasend,
Mit hochklopfendem Herzen, von zwo Mägden begleitet.
Aber als sie den Thurm und die Menge der Menschen erreichte,
Stand sie auf der Mauer, und schaute um sich, und schaute
460 Hektorn, welchen eilende Roß' um Ilion schleiften.
Ach sie schleiften ihn sorglos zu den Schiffen der Griechen!
Ihre Augen wurden mit nächtlichen Schatten umhüllet,
Rücklings sank sie hin auf den Boden, der Odem entging ihr.
Ihren Haaren entfiel der Schmuck, die schimmernden Binden,
465 Und die Haub' und der güldne Schleyer, den Afrodite

Ihr

Ihr des Tages verehrte, da Hektor mit wehendem Helmbusch
Heim sie führt' aus Aetions Haus', und sie reichlich beschenkte.
Hektors Schwestern standen um sie, und die Weiber der Brüder,
Hielten sie in den Armen, die, wie im Tode, betäubt lag.

470 Als sie wieder athmete, und die Seele zurück kam;
Sprach sie aufaufschluchzend und weinend unter den Weibern:

Hektor, ich Unselige! Ach wir wurden zu gleichem
Schicksal gebohren: du in Priamis Palaste zu Troia,
Ich zu Thäbä in dem waldichten Hüpoplakos,

475 Auf Aetions Burg. Er nährte mich, weil ich noch klein war,
Unglückselig er des Unglückselige! Hätte
Doch mein Vater mich nicht zu solchem Jammer erzeuget!
Zu Adäs Behausung in den Tiefen der Erde
Gehest du, und lässest mich hier in nagendem Jammer,

480 Eine Wittwe, zurück; und unserm stammelnden Söhnchen,
Welches wir unselige Eltern haben gezeuget,
Wirst du nicht zum Schuz, er nie zur Stüze dir dienen.
So er auch entrönne dem herben achaiischen Kriege,
Dennoch würde dein Tod ihm Müh' und Kummer erregen;

485 Denn es werden Freunde sein Erbtheil schmälern. Die Stunde,
Die ein Kind des Vaters beraubt, beraubt es der Freunde!
Niedergeschlagen geht es einher, mit Thränen im Antliz;
Dürftig wendet es sich zu seines Vaters Gefreundten,
Fasset flehend beym Mantel den einen, den andern beym Kleide.

490 Wenn sich einer erbarmt, so reicht er dem Knaben ein Schälchen,
Daß er seine Lippen und nicht den Gaumen ihm neze.
Ach ein Kind noch blühender Eltern stößt ihn vom Gastmahl,

Schlägt

Schlägt ihn mit der Hand, und sagt ihm schmählich Worte:

Hebe dich weg! du siehst, es schmauset dein Vater nicht mit uns!

495 Weinend geht das Knäblein dann zur verwittweten Mutter,

Astianax, der ehemals auf den Knieen des Vaters,

Nur vom Fette der Lämmer und nur vom Marke sich nährte,

Der, so bald er ermüdet vom Spiel, des Schlafes begehrte,

Sanft auf Betten schlummerte, in den Armen der Amme,

500 Und in weichen Küssen, mit freuderfülletem Herzen.

Ach was wird er leiden, des theuren Vaters beraubet!

Er, den Astianax die Männer von Ilien nannten;

Denn du, Hektor, rettetest ihre Mauren und Thore.

Aber es werden dich nun bey den Schiffen, fern von den Eltern,

505 Rege Maden verzehren, wenn endlich die Hunde verlassen

Deine nackte Leiche. Du hast daheim im Palaste

Schimmernde, feine Gewande, gewebt von weiblichen Händen;

Aber ich will sie all' in loderndem Feuer verbrennen.

Denn was nüzen sie ferner? Sie werden dich nicht mehr bekleiden;

510 Aber flammend sollen sie dir zur Ehre gereichen!

Also sagte sie weinend; es seufzten Ilions Weiber.

V. 502. Astianax, Stadtbeherrscher.

Ilias.

Ilias.

Drey und zwanzigster Gesang.

Ilias.
Drey und zwanzigster Gesang.

Also seufzten Troia's Bewohner. Aber die Griechen,
Da sie hatten die Schiff' und den Hellespontos erreichet,
Gingen auseinander, zum Schiffe der Seinen ein jeder;
Nicht die Myrmidonen: es wehrte ihnen Achilleus,
5 Sich zu zerstreun, er sprach zu seinen tapfern Genossen:

Führer eilender Ross', ihr meine werthen Gesellen,
Löset von den Wagen noch nicht die stampfenden Rosse,
Sondern laßt mit Rossen und Wagen uns nahen der Leiche,
Zu beweinen Patroklos; das ist die Ehre der Todten.
10 Aber, so bald wir uns haben am traurigen Schmerze gesättigt,
Wollen wir lösen die Ross', und alle den Abendschmaus nehmen.

Also sprach er, sie jammerten nach dem Beyspiel Achilleus.
Dreymal trieben sie klagend ihre glänzenden Rosse
Um den Todten; Thetis erregte die Sehnsucht der Klage;
15 Thränen fielen herab auf den Sand, herab auf der Krieger
Rüstung; sie vermißten den schreckenverbreitenden Helden.
Päleus Sohn begann die herzliche Wehklag, legte
Seine mordenden Händ' auf die Brust des Freundes, und sagte:
Sey gegrüßt, Patroklos, auch in der Behausung des Aïdäs!
20 Alles werd' ich vollenden, was ich dir habe versprochen:
Hektorn schleif' ich her, ihn sollen die Hunde zerfleischen;

Und

Und zwölf edle Söhne der Troer werd' ich bey deinem
Scheiterhaufen ermorden; ob deines Todes noch zürnend.

Sprach's, und verübte schändlichen Frevel an Hektor dem edlen,
25 Streckt' ihn auf den Bauch, vor der Leiche des Menoitiaden
In den Staub. Nun legten die eherne glänzende Rüstung
Alle Krieger ab, und lösten die stampfenden Rosse,
Sezten sich dann beym Schiffe des rüstigen Aiakiden,
Zahllos; denn er ließ sie das prächtige Trauermahl halten.
30 Viele Stiere stöhnten unter dem mordenden Eisen,
Viele Schafe wurden geschlachtet, meckernde Ziegen,
Und weißzahnichte Säue, bedeckt mit glänzendem Fette,
An der bratenden Flamme Häfaistos ausgedehnet.
Blutige Ströme flossen rund um die Leiche Patroklos.

35 Aber es führten nun den rüstigen Päleionen
Zu dem göttlichen Agamemnon die Fürsten der Griechen,
Ueberredend mit Müh; er zürnte wegen des Freundes.
Als sie hatten das Zelt des Agamemnon erreichet,
Da befahl der König den Herolden, einen grossen
40 Dreyfuß auf Feuer zu sezen, ob sie vielleicht den Achilleus
Könnten bereden, den blutigen Staub von den Gliedern zu waschen;
Aber er weigerte des sich standhaft, mit kräftigem Eide:

Nein, bey Zeus dem höchsten und dem besten der Götter!
Nein es geziemet mir nicht, die Glieder in Bäder zu tauchen,
45 Eh' ich Patroklos habe verbrannt, ein Mahl ihm erheben,
Und geschoren mein Haupt! Nie wird ein ähnlicher Kummer
Wieder treffen mein Herz, so lang ich mit Sterblichen lebe.
Kommt, auf daß wir nun dem traurigen Gastmahl uns nahen!

Frühe

Frühe, wollest du morgen, o König der Menschen, befehlest,
50 Holz zusammen zu raffen, und herzubringen, wie billig
Unserm Todten gebühret, wenn er zu den Schatten hinabsinkt.
Unermüdetes Feuer müsse die Leiche Patroklos
Unsern Augen entziehn; dann rüsten die Völker sich wieder.

Also sprach Achill, die Fürsten der Griechen gehorchten.
55 Alle waren beschäftigt, das Mahl zu bereiten; dann schmausten
Alle, keinem gebrach die herzerfreuende Speise.
Aber da die Begierde des Tranks und der Speise gestillt war,
Legten sie sich zur Ruh, ein jeder in seinem Gezelte.

Tiefaufstöhnend lag, von Myrmidonen umringet,
60 Päleus Sohn, am Ufer des wogenrauschenden Meeres,
Auf der blossen Erde, wo Wellen das Ufer bespülten.
Nun ergriff ihn der Schlaf, und löste die Sorgen des Herzens,
Sanft um ihn gegossen. Er hatte die Glieder ermüdet,
Als er Hektor rund um die hohe Ilion jagte.

65 Siehe da kam zu ihm die Seele des armen Patroklos,
War an Grösse, war mit schönen Augen ihm völlig
Gleich, und an der Stimm', und in gleichen Gewanden gekleidet:
Diese stellte sich neben dem Haupt Achilleus, und sagte:

Ach du schläfst, und gedenkest mein nicht mehr, o Achilleus!
70 Zwar im Leben ehrtest du mich, den Todten versäumst du!
Auf begrabe mich, laß mich durchwandeln die Thore des Aidäs!
Denn es fernen die Seelen mich noch, die Schatten der Todten;
Jenseit des Stromes darf ich mich noch nicht unter sie mischen,
Sondern ich umirre des Aidäs hohe Behausung.

75 Gieb mir die Hand, ich beschwöre dich jammernd; ich kehre nicht wieder

Von

Von den Schatten zurück, so bald ihr die Leiche verbrannt habt.
Ach wir werden nicht mehr, von unsern Freunden gesondert,
Sitzen, um Rath zu halten; mich hat das grausame Schicksal,
Welches bey der Geburt mir schon bestimmt ward, ergriffen.

80 Sieh, es harret auch dein, du göttergleicher Achilleus,
Dir bey der Mauer der edlen Troer das Leben zu rauben.
Aber, Achilleus, noch eins; ich bitte, du wollest mich hören:
Laß nicht mein Gebein vom deinigen werden gesondert;
Sondern wie ich mit dir in eurem Palaste genährt ward,

85 (Seit mich, weil ich noch klein war, aus Opus Menoitios brachte,
Hin zu euch; er floh ob einer traurigen Mordthat;
Denn er hatte den Sohn des Amfidamas getödtet,
Wider Willen, zankend mit ihm, beym Spiele der Würfel;
Freundlich nahm mich auf der rossetummlende Päleus,

90 Und erzog mich mit Sorgfalt, und nannte mich deinen Gesellen:)
So laß einst die goldene Urne, welche dir deine
Edle Mutter gab, die Gebeine beyder umschließen!

Drauf antwortete ihm der Held mit fliegenden Füßen:
Warum bist du zu mir, o mein Geliebter, gekommen,

95 Mir das alles empfehlend? Ich werde alles erfüllen!
Komm! die vergönnten Augenblicke wollen wir beyd' uns
Zärtlich umarmen, uns an schnender Wehmut ergözen!

Also sprach er, und streckte nach ihm verlangende Händ' aus;
Ach umsonst! es sank die Seele zischend hinunter,

100 Wie ein Rauch; erschrocken hüpfrank dem Lager Achilleus,
Schlug die Hände zusammen, und sprach mit klagender Stimme:

Also sind denn gewiß auch im Palaste des Aidis

Seelen und Schatten, allein der Kräfte sind sie beraubet!
Ja es stand in der Nacht bey mir des armen Patroklos
105 Seele, klagend stand sie hier und Thränen vergiessend;
Vieles trug sie mir auf, und völlig war sie ihm ähnlich.

Also sprach er, Sehnsucht nach Schmerz bey allen erregend,
Weil sie noch den thränenwerthen Todten beklagten,
Kam die rosichte Morgenröthe. Agamemnon
110 Sandte Mäuler und Männer aus allen Gezelten des Lagers,
Holz zu hohlen; zugleich erhub sich der rüstigsten einer,
Märionäs, der Kriegsgenosse des Königs von Kräta.
Diese gingen, mit wohlgeflochtnen Stricken und scharfen
Beilen versehen; es wurden vor ihnen die Mäuler getrieben.
115 Also gingen sie auf und ab, in die Queer, in die Richte.
Als sie erreichten die Höhen des quellenströmenden Ida,
Hieben sie ämsig die hochgewipfelten Eichen mit scharfem
Erze, bis sie mit krachendem Lärme stürzten zur Erde.
Ihre Stämme spalteten dann die Söhne der Griechen,
120 Und beluden die Mäuler; mit heim verlangendem Gange
Schritten diese zum Lager zurück durch dichte Gebüsche.
Auch die Männer trugen Stämme; so hatte befohlen
Märionäs, der Kriegsgenosse des Königs von Kräta.
Reihenweis' entluden sie sich am Ufer; Achilleus
125 Hatte dort für Patroklos und sich die Grabstät' erkieset.

Als sie hatten zusammengebracht unendliches Brennholz,
Blieben sie bey einander, und sezten sich. Aber Achilleus
Gab Befehle den kriegrischen Schaaren der Myrmidonen,
Zu umgürten die Rüstung, und vor den Wagen zu spannen
130 Ihre Rosse; sie machten sich auf, und erschienen gerüstet.

S

Auf

Auf die Wagen stiegen Kämpfer und Führer der Rosse,
Diese fuhren voran; es folgte die Wolke des Fußvolks,
Zahllos; im mittelsten Haufen trugen Freunde die Leiche,
Jeder bedeckte mit abgeschornen Locken den Körper;
135 Traurig folgt', und hielt in den Händen das Haupt des Patroklos,
Päleus Sohn, den tadellosen Genossen bestattend.

Als sie die angewiesne Stäte hatten erreichet,
Sezten sie nieder die Bahr', und häuften ämsig das Holz auf.
Da beschloß noch etwas der Held mit fliegenden Füßen:
140 Bey dem Scheiterhaufen beschor er sein goldenes Haupthaar,
Dessen Locken waren dem Strom Spercheios gelobet;
Seufzend sprach er, und blickte hinab auf die Wogen des Meeres:

Spercheios, umsonst hat dir mein Vater verheissen,
Daß er, käm' ich wieder zum werthen Lande der Väter,
145 Wollte opfern mein Haar mit heiliger Hekatombe,
Und noch funfzig Widder an deinen Quellen dir schlachten,
Wo dir ein eigner Hain und duftender Altar geweiht ist.
So gelobte der Greis; du wirst sein Flehn nicht erhören!
Nun ich also nicht zum werthen Vaterland kehre,
150 Will ich weihen mein Haar zum Geleite des Helden Patroklos.

Also sprach er, und legte sein Haar in die Hände des theuren
Freundes; bey allen Genossen erregt' er sehnende Wehmut.
Und nun wäre die Sonne den Klagenden untergegangen,
Hätte nicht Päleus Sohn zu Agamemnon gesprochen:

155 Atreus Sohn, dir werden die Völker am ersten gehorchen.
Siehe, sie können immer hinfort nach Herzenslust klagen:

Aber

Aber nun sende sie weg vom Scheiterhaufen, und laß sie
Nun bereiten das Mahl; wir werden diesen besorgen,
Welche die Leiche angeht; auch müssen die Fürsten hier bleiben.

160 Sprach's, der König sandte das Heer zurück zu den Schiffen.
Leichenbesorger blieben, und häuften zum Scheiterhaufen
Auf einander das Holz, je hundert Fuß ins Gevierte;
Trauriges Herzens legten sie auf den Gipfel die Leiche;
Viele feiste Schafe und Stiere mit krummen Hörnern

165 Schlachteten sie vor dem Scheiterhaufen; mit ihrem Felle
Deckte von Haupt zu Fuß der edle Achilleus den Todten,
Häufte rund umher alsdann die geschlachteten Körper.
Ferner setzt' er grosse Gefässe voll Oeles und Honigs
Neben dem Leichenbette; vier hochgehalsete Rosse

170 Warf er tiefaufstöhnend und angestrengt auf den Haufen.
Täglich nährte Achill an seinem Tische neun Hunde;
Deren durchschnitt er zween die Kehlen, und warf sie auf's Brennholz.
Auch zwölf starke Söhne der edelmütigen Troer
Mordet' er mit dem Erze, grausame Rache verübend.

175 Endlich zündet' er an die allverzehrende Flamme,
Jammerte dann, und rief bey seinem Namen den Todten:

Sey, Patroklos, gegrüßt, auch in der Behausung des Aïdäs!
Sieh' ich vollend' es alles, was ich dir habe verheißen.
Auch zwölf starke Söhne der edelmütigen Troer

180 Soll zugleich das Feuer verzehren; den Priamiden
Hektor nicht, den geb' ich den Hunden, und nicht der Flamme.

Also sprach er dräuend. Doch blieben die Hunde von Hektorn;
Diese fernte von ihm Afroditä, die Tochter Kronions,

Tag und Nacht; sie salbete ihn mit himmlischer Rosen
185 Oele, daß auch schleifend ihn nicht Achilleus verletze.
Foibos Apollon umhüllt' ihn mit einem schwarzen Gewölke,
Welches hoch vom Himmel bis auf die Erde herab hing,
Und den Todten bedeckte; daß nicht die Hize der Sonne
Möchte dörren sein Fleisch an allen Gliedern und Nerven.

190 Aber es loberte nicht der Scheiterhaufen des Todten.
Des bedachte sich schnell der Held mit fliegenden Füssen;
Stellte sich seitwärts, und betend that er Gelübde den Winden,
Boreas und dem Zefür; gelobend heilige Opfer.
Flehend goß er heiligen Wein aus goldenem Becher,
195 Daß sie flammenwehend die Leiche möchten verzehren,
Und verbrennen das Holz; es hörte die eilende Iris
Seine Gelübde, und flog als Bote hin zu den Winden.
In des sausenden Zefürs Halle saßen sie eben
Alle beym Schmaus; es blieb die laufende Iris stehen
200 Auf der steinernen Schwelle. So bald sie die Göttin erblickten,
Standen sie alle auf, es nöthigte jeder sie zu sich;
Aber die Göttin weigerte des sich, und sagte zu ihnen:

Nein ich kann nicht; ich kehre zurück zu des Ozeans Fluten,
Zu dem Lande der Aithiopen, welche den Göttern
205 Hekatomben opfern, auf daß ich theile die Ehre.
Aber, Boreas und sausender Zefür, euch bittet
Päleus Sohn, und verheisset dazu noch heilige Opfer,
Anzuzünden den Scheiterhaufen, auf welchem Patroklos
Liegt, den allzumal die Männer Achaia's beseufzen.

210 Also sprach sie, und schied von ihnen. Wolkenwälzend

Machten

Machten sich Zefür und Boreas auf mit mächtigem Räuschen;
Sie erreichten blasend das Meer; da erhub sich die Woge
Unter ihrem gewaltigen Odem; sie kamen gen Troia,
Zu dem Scheiterhaufen; da sauste die wehende Lohe.
215 Während der ganzen Nacht erhuben sie wankende Flammen
Blasend; auch goß die ganze Nacht Achilleus mit rundem
Becher, aus einer goldenen Urne, Wein auf die Erde,
Unermüdet rufend der Seele des armen Patroklos.

Wie ein Vater jammert, wenn er verbrennt die Gebeine
220 Eines verlobten Sohns, der sterbend die Eltern betrübt hat;
Also jammerte Päleus Sohn, die Gebeine verbrennend,
Und umschlich den Scheiterhaufen mit steigenden Seufzern.

Als der tagverkündende Stern der Erde sich zeigte,
Und im Safranmantel Aeos die Wogen verschönte;
225 Da begann zu sinken und schwand almählig die Flamme.
Und die Winde machten sich auf, zur Heimat zu kehren,
Ueber's thrazische Meer; es stöhnte mit wütenden Fluten.

Päleus Sohn entfernte vom Scheitethaufen sich seitwärts,
Legte matt sich nieder, und süsser Schlummer umfing ihn.
230 Aber viele Griechen umgaben den Sohn des Atreus,
Deren Gang und Getöse den Schlummernden wieder erweckte;
Und er richtete sich empor, und sagte zu ihnen:

Hör', o Atreus Sohn, und hört, ihr Fürsten der Griechen!
Lasset dunkeln Wein auf den Scheiterhaufen uns gießen,
235 Wo die Flamme wütete; laßt uns dann die Gebeine
Von Patroklos, dem Menoitiaden, zusammen sammeln.

Wohl

Wohl sie unterscheidend; und diese sind leicht zu erkennen:
Denn in der Mitte des Haufens brannten sie, aber am Rande
Brannten untereinander vermischt die Männer und Rosse.
240 Laßt uns sein Gebein in eine güldene Urne
Legen, und mit Sorgfalt in doppeltes Fett sie wickeln,
Bis auch ich dereinst hinunter sinke zum Aidas.
Ein geziemendes Mal, kein hohes, laßt uns erheben;
Höher werdet ihrs einst vielleicht und größer uns bauen,
245 Wenn ich todt bin, und ihr noch bey den Schiffen zurück bleibt.

Sprach es; sie gehorchten dem rüstigen Päleionen,
Löschten mit rothem Wein den glimmenden Scheiterhaufen,
Wo nach der Flamme Verwüstung die Asche zusammen gestürzt war.
Weinend sammleten sie in einer goldenen Urne
250 Ihres Freundes Gebeine, mit doppeltem Fett sie umwickelnd,
Brachten sie ins Gezelt, und breiteten Leinwand darüber.
Sie bereiten den runden Platz des Grabmals, und legen
Um den Haufen den Grund, und schütten Erde darüber.

Alle wollten nun gehen von bannen. Aber Achilleus
255 Hielt das Volk zurück, und ließ es sitzen im Kreise,
Ließ aus seinen Schiffen bringen Preise der Kämpfe,
Dreyfüsse, Opferkessel; Mäuler, gewaltige Stiere,
Schöngegürtete Weiber, und blankgeglättetes Eisen.

Erst bestimmt er dem schnellsten der Wagenführer ein schönes
260 Tadelloses Weib, geübt in Werken der Hände,
Und noch einen grossen zwiefachgehenkelten Dreyfuß.
Eine ungezähmte und sechsjährige Stute,
Die ein Maulthier trägt im Leibe, soll werden dem zweyten.

Aber

Aber dem dritten ein Kessel, den noch kein Feuer berühret;

265 Glänzend war er und schön, vier Maaß an Gröffe enthaltend.
Zwey Talente Goldes soll der vierte bekommen;
Eine Schale der fünfte, die noch kein Feuer berühret hat.

Aufgerichtet stand Achill, und sprach zu den Griechen:
Hör', Atreidäs, höre, ihr schöngeweißerten Griechen!

270 Diese Preise stehen und harren der Führer des Wagens.
So wir einem andern zur Ehre kämpften um diese,
O so trüg' ich den ersten Preis nach meinem Gezelte;
Meine Rosse, das wißt ihr, sind von allen die beßten,
Auch sind sie unsterblich, es hat sie Poseidaon

275 Meinem Vater, und mir mein Vater Páleus verehret.
Aber ich bleibe zurück mit meinen stampfenden Rossen;
Denn sie haben den trefflichen Führer des Wagens verloren!
Freundlich salbte Patroklos mit glänzendem Oele die Mähnen,
Wenn er eben sie hatte mit klarem Wasser gewaschen.

280 Ach, sie stehn und vermissen ihn nun; von sinkenden Häuptern
Fließen bis zur Erde herab der Traurenden Mähnen.
Aber wohlauf zum eilenden Wettkampf, welcher der Griechen
Seinen schnellen Rossen und seinem Wagen vertrauet!

Also Páleus Sohn; es erhuben sich rüstige Helden,

285 Unter allen zuerst der König der Menschen Eumálos,
Sohn des Admátos, trefflich geübt in der Kunde des Wagens.
Túdeus Sohn nach ihm, der gewaltige Diomädás;
Dieser führte Troische Rosse, welch' er Aineias
Raubte, da Foibos Aineias aus seinen Händen befreyte.

290 Menelavs erhub sich dann mit goldenen Locken,
Atreus edler Sohn, mit schnellen trefflichen Rossen,

Seines

Seines Bruders Aithä und seinem eignen Podargos.
Jene hatt' Anchises Sohn Agamemnon gegeben,
Echepolos, daß er nicht müßte gen Ilion ziehen,
295 Sondern daheim, ergözet sich! könnte; mächtigen Reichthum
Hatte in der grossen Siküon Zeus ihm gegeben.
Diese Aithä sehnte sich sehr nach dem eilenden Wettlauf.
Antilochos, der treffliche Sohn des mutigen Nestors,
Machte sich bereit mit glänzenden Pülischen Rossen,
300 Diese waren eilend im Lauf; es stellte sich Nestor
Neben ihm mit Rath, wiewohl erfahren auch er war:

Sohn, dich haben die Götter, wiewohl du noch jung bist, geliebet,
Zeus und Poseidon, und die ganze Kunde des Wagens
Dich gelehrt; du bedarfst auch nicht, daß ich vieles dir sage.
305 Wohl weißt du zu lenken ums Ziel; allein im Laufe
Sind am schwersten deine Rosse; drum fürcht' ich den Ausgang.
Jener Rosse sind schneller, als deine; aber sie selber
Keineswegs erfahrner, als du, den Wagen zu führen.
Darum, liebes Kind, bewahre, was ich dir rathe,
310 Tief im Herzen, auf daß dir nicht entgehen die Preise.
Mehr vermag durch Rath der Fäller der Bäum', als durch Stärke;
Und der Steurer führet durch Rath auf den Wogen des Meeres
Sein von Winden geworfnes Schiff in eilendem Laufe;
Auch durch Rath führet einer den Wagen besser, als andre.
315 Denn wer, seinen Rossen und seinem Wagen vertrauend,
Unbesonnen weit umlenkt von Seite zu Seite,
Dessen Rosse irren umher, nicht weislich gerichtet.
Wer geringre Pferde führt, des Kampfes erfahren,
Schaut beständig aufs Ziel, und lenkt kurz um; auch weiß er
320 In derselben Richtung beständig die Zügel zu halten,

Und

Und schaut immerfort auf den, der vor ihm einherfährt.
Deutlich will ich das Ziel dir bezeichnen, du kannst's nicht verfehlen:
Einer Klafter hoch steht über dem Boden ein dürrer
Hölzener Pfahl, von Fichtenholz, oder vom Holze der Eiche,
325 Welcher nimmermehr vom Regen des Himmels verfäulet.
Grosser Steine stehen zween auf beyden Seiten,
In der engen Wendung, wo glatt die Bahn sich umherkrümmt;
Ob es ist ein Mal von einem vormals Erschlagnen,
Oder ob schon Männer der Vorzeit zum Ziel es bestimmten,
330 Weiß ich nicht; nun hats zum Ziel Achilleus gesetzet.
Trachte dicht hinan die Roff' und den Wagen zu treiben;
Beuge dich dort, und halte dich links auf dem Sessel des Wagens,
Mit nachschleffenden Zügeln und Dräuung und Streichen das rechte
Roß ermunternd; es drehe sich kurz das linke Roß um,
335 Daß da scheine die Arfe des wohlgerundeten Rades
Zu berühren das Ziel. Doch müffest du klüglich vermeiden,
Zu verwunden die Roff', und zu zerbrechen den Wagen;
Denn es würde solches zur Schmach dir selber, und andern
Nur zur Freude gereichen. Wohlan, bedenke das alles.
340 Haft du zuerst vorbey dem Ziele die Rosse getrieben,
O so wird dich keiner ereilen, keiner vorbey fliehn;
Ob er hinter dir auch triebe den edlen Areion,
Welcher göttlichen Ursprungs ist, das Roß des Adrästas,
Oder trieb' er die edlen Laomedontischen Rosse.

345 Also Nestor, Näleus Sohn, und sezte sich wieder,
Als er hatte den Sohn auf alles weislich bereitet.

Märion's

V. 342. Areion ist das Roß, welches Poseidaon hervorbrachte, da er die
Erde mit dem Dreyzack schlug.

Mérionés bereitete auch die glänzenden Rosse.
Alle bestiegen die Wagen, und warfen die Zeichen der Loose
In Achilleus Helm. Das Loos des Nestoriden
350 Kam zuerst, alsdann das Loos des Königs Eumálos,
Dann des speerberühmten Atriden Menelaos,
Mérionés nach ihm, und endlich von allen das lezte
Diomédés Loos; er war der stärkste von allen.
Alle stellten sich nun in Ordnung; es zeigte Achilleus
355 Ihnen auf dem Felde das Ziel in der Ferne; dann sezt' er
Zum Aufseher des Kampfs den Kriegsgenossen des Vaters,
Foinix den göttlichen, alles zu sehn, und zu sagen die Wahrheit.

Alle schwangen zugleich die Geissel über die Rosse,
Schlugen mit den Riemen, und schrieen ermunternde Worte,
360 Eifrig entflammt; es flogen die Rosse über's Gefilde.

Siehe schon waren sie fern von den Schiffen; Staub erhub sich
Wie ein Gewölk' um sie, als würd' er von Stürmen gewirbelt.
Aufwärts flatterten nun im Winde die Mähnen der Rosse;
Bald berührten die Wagen die allernährende Erde,
365 Und bald flogen sie hoch in die Luft; die Führer der Wagen
Standen vor den Sesseln, und jeglichem klopfte der Herzschlag
Siegbegehrend, jeder ermahnte schreyend die Rosse,
Welche mit stäubenden Sprüngen das lange Gefilde durchflogen.

Als die zwote Hälfte des Laufs die Rosse nun liefen,
370 Wieder zurück zum grauen Meer; da zeigte sich jedes
Rosses Kraft. Es erschienen zuerst des Férétiaden

Schnelle

V. 371. Eumálos war des Admétos Sohn, des Sohnes Féreus.

Schnelle Stuten; es kamen nach ihnen des Diomádás
Troische Hengste, nicht fern von jenen, nah bey Eumálos;
. Denn es schien, als würden sie seinen Wagen besteigen,
375 Und von ihrem Odem ward der Rücken Eumálos
Mit den breiten Schultern gewärmt; sie berührten ihn immer.
Und sie wären vorbey geeilet, oder sie hätten
Zweifelhaft für beyde gemacht die Ehre des Sieges,
Hätte nicht Foibos Apollon dem Diomádás gezürnet,
380 Und ihm aus den Händen die glänzende Geissel gerissen.
Sieh es stürzten Thränen aus des Zürnenden Augen,
Als er jene so weit voran, und der Geissel beraubet
Folgen sah die seinen. Der schadende Foibos entging nicht
Pallas Blicken; sie eilte schnell zum Hirten der Völker,
385 Gab die Geissel ihm wieder, und kräftigte seine Rosse.
Zürnend ging die Göttin nun zum Sohn des Admátos,
Und zerbrach der Rosse Joch; da liefen die Stuten
Hin und her auf der Bahn, es fiel die Deichsel zur Erde.
Neben dem Rade ward Eumál aus dem Wagen gewälzet;
390 Seine Ellenbogen wurden verwundet, die Nase
Und die Stirn und der Mund; es erfüllten Thränen sein Auge,
Und in seiner Kehle stockte ihm die Stimme.
Diomádás flog vorbey, mit eilenden Rossen,
Weit voraus vor den andern; es kräftigte Pallas Atháná
395 Seine Ross', und krönte den Helden selber mit Ehre.
Dann kam Menelaos der goldgelockte Atreidás.
Antilochos rief, und schalt die Rosse des Vaters.

Eilet, eilet, dehnet euch aus in fliegendem Laufe!
Ich begehre nicht, daß ihr noch kämpfet mit jenen
400 Rossen des kriegrischen Tüdeïden, welchen Atháná

Eben Schnelligkeit gab, ihn selber krönend mit Ehre;
Aber eilt zu erreichen die Rosse des Menelaos,
Eilet, daß euch nicht mit Schmach und Schande bedecke
Aithá, die Stute! Fort, ihr edlen! Was säumet ihr hinten?
405 Ich verkünd' euch zuvor, und traun es würde geschehen:
Keine Pflege würde hinfort beym Hirten der Völker,
Nestor, euer harren; er würd' euch mit schneidendem Eisen
Morden, so mir durch eure Schuld der Preise geringster
Würde. Darum lauft, was eure Kräfte vermögen!
410 Lasset mir die übrige Sorge; ihn immer betrachtend
Will ich, auch auf engem Wege, vorüber ihm eilen.

Also sprach er; es scheuten die Rosse die Dräuung des Jünglings,
Liefen angestrengter und schneller. Der Nestoride
Ward nun einer Enge gewahr in gehöhltem Wege,
415 Wo von einem Regengusse gesammletes Wasser
Hatte die Erde zerrissen, die ganze Stäte vertiefend;
Hier fuhr Menelaos, die andern Wagen vermeidend.
Antilochos richtete seine stampfenden Rosse
Ausser dem Wege neben ihm, kurzbeugend ihm folgend.
420 Des erschrack Menelaos, und rief zum Sohne des Nestors:

Schau, verwegen führst du den Wagen! Halte die Rosse
In der Enge des Wegs; du kannst mich nach diesem ereilen!
Hüte dich anzustossen, und beyde Wagen zu brechen!

Also sprach er; des trieb nur schneller der Jüngling die Rosse,
425 Mit dem Stachel sie reizend, als hätt' er nicht jenen gehöret.

Weit wie die Scheibe fliegt im mächtigen Schwunge des Armes,
Wenn

Wenn ein Jüngling ihn wirft, die Kräfte der Jugend versuchend,
Flogen die Hengste vorbey den Stuten des Menelaos;
Welcher mit Fleiß sie anhielt, daß die stampfenden Rosse
430 Nicht aneinander stoßen in dieser Höhlung des Weges
Möchten, und umstürzen die prächtigen Wagen, und werfen
Tief hinab in den Sand die siegbegehrenden Führer.
Aber scheltend rief der Held mit goldenen Locken:

Antilochos, schlimmer als du ist der Sterblichen keiner!
435 Geh, es rühmen dich nicht mit Recht die Achaier als weise!
Aber du sollst mir ohne zu schwören den Preis nicht gewinnen!

Also sprach er, dann rief er mit lauter Stimme den Rossen:
Weilet nicht, und stehet nicht still, wiewohl ihr betrübt seyd;
Jenen werden eher als euch die Glieder ermüden,
440 Denn sie haben beyde nicht mehr die Kräfte der Jugend.

Also sprach er, die Stuten fürchten den scheltenden König;
Liefen angestrengt, und kamen nah zu den andern.

Aber es saßen indeß im Kreise die Griechen, und schauten
Auf die Wagen, die stäubendes Rades die Ebne durcheilten.
445 Idomeneus erkannte zuerst die kommenden Rosse,
Denn er saß am höchsten von allen außer dem Kreise;
Dieser erkannte, wie fern er auch war, des Rufenden Stimme,
Und der Rosse eins, das kennbar war vor den andern;
Denn von Farbe war es ein Fuchs, und hatt' auf der Stirne
450 Eine gerundete weiße Bläße, ähnlich dem Monde.
Idomeneus erhub sich, und sagte zu den Argeiern:

O thr

O ihr Lieben, Führer und Fürsten Argeiischer Schaaren,
Kenne nur ich der kommenden Rosse, oder auch andre?
Nun sind andre Rosse voran, als eben noch waren,
455 Und ein andrer Führer erscheint. Die Stuten Eumálos
Wurden irre vielleicht auf der Ebne; sie waren die schnellsten,
Und ich sah sie zuerst ums Ziel sich drehen; nun kann ich
Sie nicht sehn, wie weit auch mein Auge die Ebne durchschauet.
Sind vielleicht die Zügel der Hand des Führers entfallen,
460 Bey dem Ziele? Hat er vielleicht nicht glücklich gelenket?
Denn ich meyn', er fiel aus dem Wagen; oder zerbrach ihn,
Und es liefen seitwärts die Rosse, wild und erschrocken.
Aber richtet euch auf und schaut, ich kann mit Gewisheit
Nicht erkennen: ich meyne zu sehn den Aitolischen Helden,
465 Welcher hohes Mutes führt die Argeiischen Schaaren,
Diomédes, den Sohn des rossetummelnden Tüdeus.

Aias erwiederte scheltend, der schnelle Sohn des Oileus:
Idomeneus, du warst beständig ein Schwätzer; es kommen
Mit hochfliegendem Füssen die Stuten Eumálos gelaufen!
470 Siehe du bist nicht der jüngste unter den Griechen,
Deine Augen sehen gewiß nicht schärfer als andre;
Aber schwazhaft bist du, notwohl es dir gar nicht gezïemet,
So zu plaudern; hier sind stärkre Krieger, als du bist!
Siehe noch sind die Rosse voran, die im Anfang es waren,
475 Und ich kann Eumálos von hier, den Führer erkennen.

Da erwiederte ihm der König von Kreta:
Aias, du Schmäher, im Zanke der größte, in jeglicher Tugend
Kleiner als die andern, und leicht zum Zorn zu bewegen!
Laß um einen Dreyfuß oder Kessel uns wetten,

480 Und Agamemnon Atreus Sohn zum Richter erliesen,
Welche Rosse voran sind, auf daß du es büssend erfahrest.

Sprach's, da erhub sich wieder der schnelle Sohn des Oileus,
Zürnend, und bereit zu erwiedern mit scheltenden Worten;
Und nun hätten sie beyde noch mehr gezanket, wofern nicht

485 Päleus Sohn mit diesen Worten erhoben sich hätte:

Wollet unter einander nicht wechseln zürnende Worte,
Idomeneus und Aias; es ziemet solches euch gar nicht;
Jeden andern würdet ihr schelten, welcher es thäte.
Aber bleibet sitzen im Kreis', und schaut auf die Rosse,

490 Welche des Sieges begehrend und schnell uns werden erreichen;
Dann wird jeder die ersten Roß' und die folgenden kennen.

Also sprach er; es kam der Tidelde nun nahe,
Schlug mit geschwungner Geissel die Schultern der Rosse; sie eilten
Ueber die Ebne, schnell mit hochauffliegenden Füssen,

495 Immer ihren Führer mit staubichtem Regen bedeckend.
Hinter den eilenden Rossen rollte der prächtige Wagen,
Welcher mit Zinn geschmückt war und Gold; in der staubichten Laufbahn
Blieb kein tiefes Gleis zurück von den Schienen der Räder,
Denn es eilten die Rosse mit leichthinschwebenden Füssen.

500 Mitten im Kreise hielt er still; von den Nacken der Rosse
Und von ihrer Brust rann heisser Schweis auf die Erde;
Selber sprang er vom schimmernden Wagen herab auf den Boden,
Lehnte dann die Geissel ans Joch. Sein tapfrer Genosse,
Stenelos, säumte nicht, den ersten Preis zu ergreifen;

505 Seinen wackern Gesellen übergab er das Mägdlein
Und den gehenkelten Dreyfuß; er löste selber die Rosse.

Antilochos

Antilochos kam alsdann; der Enkel des Nestors
War zuvorgekommen durch List dem Sohne von Atreus;
Dennoch trieb dicht hinter ihm Menelaos die Rosse.

510 Wie weit von dem Rade das Roß, das ausgedehnet
Eilet über die Ebne dahin mit rollendem Wagen;
Seines Schweifes äusserste Haare berühren die Schienen:
So weit war Menelaos vom trefflichen Nestoriden,
Da er einer Scheibe Wurf im Anfang entfernt war.

515 Und so nahe war er ihm bald gekommen; es wuchsen
Immer noch im Lauf die Kräfte der glänzenden Aithä.
Wäre länger gewesen die Bahn, so hätt' er gewonnen,
Oder zweifelhaft gemacht die Ehre des Sieges.

Eines Speerwurfs weit vom berühmten Menelaos,
520 War Marionäs, der Genosse des Königs von Kräta;
Seine schöngehaarten Rosse waren die schwersten;
Und des Wettlaufs war er selbst am wenigsten kundig.

Endlich kam von allen zuletzt der Sohn des Admätos,
Treibend seine Rosse mit nachschleppendem Wagen.
525 Sieh es jammerte sein den edlen schnellen Achilleus;
Und er sprach zu den Griechen diese geflügelten Worte:

Seht, es kommt zuletzt der beste Führer der Wagen;
Dennoch wollen wir ihm der Preise zweyten vergönnen,
Denn der erste gehört dem edlen Sohne des Tüdeus.

530 Also sprach Achill, und alle gaben ihm Beyfall.
Und nun hätt' er das Roß dem König Eumälos gegeben,
Hätte nicht Antilochos, der Sohn des mutigen Nestors,

Mit

Mit dem Päleiden Achilleus also geredtet:

O Achill, ich würde dir zürnen, so du erfülltest
535 Dieses Wort; du würdest ja mich des Preises berauben,
Weil des andern Wagen und Rosse wurden beschädigt.
Zwar er selber ist groß in der Kunde des Wagens; doch hätt' er
Sollen flehn zu den Göttern; so wär' er gewiß nicht der letzte.
So dich jammert sein, und so es dir also gefällig;
540 (Siehe du hast in den Zelten des Goldes viel und des Erzes,
Hast auch Vieh und Knecht' und Rosse mit stampfenden Hufen;)
O so kannst du ein größer Geschenk von dannen ihm geben,
Und gleich, wenn du willst, auf daß die Achaier dich preisen.
Aber die Stute laß ich nicht fahren; wen da gelüstet,
545 Der versuche drob mit mir im Kampfe zu fechten!

Sprach's; es lächelte ihm der edle schnelle Achilleus,
Sein sich freuend; er liebt' ihn, als seinen werthen Genossen,
Und erwiederte ihm mit diesen freundlichen Worten:

Antilochos, so du befiehlst, aus meinen Gezelten
550 Ein Geschenk Eumälos zu geben; so soll es geschehen.
Einen ehernen Panzer, geschmückt mit zinnenen Streifen,
Will ich ihm geben, ich hab' ihn von Asteropäos erbeutet;
Werth wird dieser seyn dem edlen Förätiaden.

Sprach's, und befahl dem lieben Genossen Automedon,
555 Aus dem Zelte den Panzer zu holen; er eilte und bracht' ihn,
Uebergab ihn Eumälos; der nahm ihn, und freute sich herzlich.

Menelaos erhub sich nun mit traurigem Herzen,

Heftig zürnend dem Nestoriden; es gab ihm ein Herold
In die Hand den Zepter, und schweigte rufend der Griechen
560 Menge; da begann der göttliche Mann zu reden:

Antilochos, weise vordem, was hast du begangen?
Meine Wagenkunde beschämt, die Rosse verhindert,
Deine durch Ränke treibend zuvor, die schlechter doch waren!
Aber, wohlan, ihr Führer, wohlan ihr Fürsten der Griechen,
565 Wollet nicht nach Gunst, nach Billigkeit wollet ihr schlichten;
Daß nicht sage einer der erzgepanzerten Griechen:
Menelaos hat Unrecht gethan dem Sohne des Nestor,
Und nun trägt er die Stute davon; zwar waren im Wettlauf
Seine Rosse geringer, doch mächtiger ist er und stärker.
570 Aber lasset selber mich richten; ich meyne, es werde
Mich nicht einer der Danaer tadeln, mein Spruch soll gerecht seyn.
Antilochos, Zögling Kronions, komm nach der Sitte,
Stehe vor deinen Wagen und Rossen, und halt in der einen
Hand die schwanke Geißel, die andre berühre die Rosse;
575 Also schwöre beym uferumgürtenden Erderschütterer,
Daß du meinen Wagen nicht habest mit Vorsatz gehindert.

Drauf erwiederte ihm der weise Nestoride:
Zürne nicht! du siehst, wie viel ich jünger als du bin,
König Menelaos, du bist viel älter und besser.
580 Aber du weißt, hochfahrend ist der Jünglinge Wesen,
Uebereilend ihr Herz, ihr Rath aus dünnem Gewebe;
Darum wollest du mir verzeihen. Ich will dir die Stute
Wiedergeben, die ich empfing; und soll ich was bessers
Dir aus meinen Gezelten noch geben, so thu' ich es lieber,
585 Als aus deinem Herzen zu fallen, Zögling Kronions,

Und ein schwerer Sünder zu werden gegen die Götter.

Also sprach der Sohn des edelmütigen Nestors,
Uebergebend das Roß; da freute sich Menelaos:
Wie wenn glänzender Thau sich über Aehren verbreitet,
590 Wenn die wachsende Saat in allen Aeckern emporstarrt;
Also ward dein Herz, o Menelaos, erheitert.
Und er sprach zum Jünglinge diese geflügelten Worte:

Antilochos, ich gebe dir nach, wiewohl ich noch eben
Zürnte. Thöricht bist du, und leicht gesinnet vordem auch
595 Nicht gewesen; es hatte dich dießmal die Jugend verleitet.
Siehe du wirst hinfort vermeiden, die Stärkern zu täuschen.
Traun es hätte mich schwerlich ein andrer Achaier erweichet;
Aber du hast vieles gethan und vieles gelitten
Meinetwegen, mit dir dein trefflicher Vater und Bruder:
600 Darum geb' ich dir Flehenden nach, und will dir die Stute
Geben, wiewohl sie mein ist; damit auch diese erkennen,
Daß nicht übermütig mein Herz, nicht unerbittlich.

Sprachs, und gab Noämon, des Nestoriden Genossen,
Wegzuführen das Roß. Er nahm den schimmernden Kessel.

605 Zwey Talente Goldes bekam in der Ordnung der vierte,
Märionäs. Es blieb der fünfte der Preise noch übrig,
Eine grosse Schale; die gab Achilleus dem Nestor,
Trug sie zu ihm hin durch den Kreis der Argeier, und sagte:

Nim die Schale, Greis, du müssest sie immer verwahren
610 Zum Andenken Patroklos; ihn wirst du unter den Griechen

Nicht

Nicht mehr sehen! nim dieß Kleinod, ohne zu kämpfen.
Denn du wirst mit Fäusten nicht fechten; wirst nicht ringen,
Weder schießen mit Pfeilen, noch mit flüchtigen Füßen
Laufen; denn es drücket dich schon die Bürde des Alters.

615   Also sprach er, und gab ihm die Schale; es freute sich herzlich
Nestor, und sprach zu Achilleus diese geflügelten Worte:

    Wohlgesprochen, o liebes Kind! es sind mir die Glieder
Aller Festigkeit beraubt, die Füß' und die Hände;
Schwer von den Schultern herab kommt meiner Arme Bewegung.
620 Wär' ich jung, wie ehmals, und stark in männlichen Kräften,
Wie ich in Buprasion war, beym Begräbniß des Königs
Amarynkeus: es setzen die Söhne Preise zum Kampf aus;
Und da war mir keiner gleich, der Epeier nicht einer,
Keiner der Pülier, keiner der hochgesinnten Aetoler.
625 Klytomädäs, Aenops Sohn, besiegt' ich mit Fäusten;
Pleurons Sohn, Ankaias, der gegen mich aufstand, im Ringen;
Ifiklos, wie schnell er auch war, besiegt' ich im Wettlauf;
Mit dem Wurfe des Speers den Polüdoras und Fileus.
Nur mit Wagen überwanden die Aktorionen,
630 Durch den Vortheil der Zahl; (sie begehrten eifrig des Sieges,
Diesem Kampfe waren die größten Preise gesetzet;)
Denn sie waren zween: der eine führte den Hügel,
Und es trieb der andre mit schwanker Geißel die Rosse.
So war ich vordem; nun mögen Jünglinge kämpfen!
635 Mir geziemet itzt, zu gehorchen dem traurigen Alter;
Ehmals war auch ich berühmt in Spielen der Helden!
Aber geh, und ehre des todten Freundes Gedächtniß
Wieder durch Kämpfe; die Schal' empfang' ich mit herzlicher Freude.

                                         Siehe

Siehe du weißt, wie sehr ich dich lieb'; auch denkst du immer
640 An die Ehre, die mir gebühret unter den Griechen.
　Dafür müssen dich die unsterblichen Götter belohnen.

　Also sprach er. Achilleus ging durch den Haufen der Griechen,
Als er hatte sein Lob vom Neliaden gehöret.
　Nun bestimmt' er die Preise des schrecklichen Kampfes der Fäuste.
645 Ein sechsjähriges, schwer zu zähmendes, starkes Maulthier
Bindet er fest; es sollte den Ueberwinder belohnen.
　Einen Becher setzet er aus für den Ueberwundenen.
Aufgerichtet stand er, und sprach zum versammleten Kreise:

　Atreus Söhne, und ihr wohlgerüsteten Griechen,
650 Ich ermahne nun zween Männer von mächtigen Kräften,
Mit geschwungnen Fäusten zu kämpfen. Welchem Apollon
　Augenscheinlichen Sieg vor allen Achaiern verliehet,
Soll in sein Gezelt das geduldige Maulthier führen;
Aber den runden Becher nehme der Ueberwundne.

655 Also sprach er; da erhub sich ein grosser und edler,
Dieses Kampfes kundig, der Sohn Panopeus, Epeios,
Legte seine Hand aufs geduldige Maulthier, und sagte:

　Näher komme, welcher des runden Bechers begehret!
Denn ich meyne, dass kein... wird keiner mit abgewinnen
660 Mit der Faust; ich bin in diesem Kampfe der Beste.
Ist's nicht genug, dass andere im Treffen stärker? Man kann nicht
Als der erste bestehn in der Kunde jegliches Kampfes.
Aber ich sag' es voraus, und werd' es wahrlich erfüllen:

T 3

Hart

Hart weil ich den Bogen bewunden; Sehne ihm brechen.
665 Leichenbesorger müssen hier stehn, daß sie ihn tragen
Aus dem Kreise, wenn er durch meine Hände gestreckt liegt.

Also sprach Epeos; sie aber alle verstummten.
Euryalos erhub sich allein, der göttergleiche
Sohn Mäkisteus, und des Königes Talaos Enkel,
670 Welcher nach Thebä vordem zu des schwerterschlagnen Oidipus
Epicedien kam, und alle Kadmeionen besiegte.
Diesen rüstete Tydeus Sohn, der Langenberühmte,
Stärkte ihn mit Worten, und wünscht ihm die Ehre des Sieges:
Einen Gürtel gab er ihm erst; dann gab er ihm ferner
675 Wohlgeschnittene Riemen von einem gewaltigen Stierfell.
Beyde traten, gegürtet hervor in die Mitte des Kreises,
Beyd' erhuben gegen einander mächtige Fäuste,
Schwangen sie dann mit schweren Gewicht gegen einander;
Fürchterlich knarret der Kampf an beyder Backen, und Schweiß floß
680 Aus den Gliedern. Nun schwang sich hervor der edle Epeos,
Schlug des um sich schauenden Wange, daß er nicht länger
Konnte stehn; es stürzten die schönen Glieder zu Boden.

Wie am meergradvollen Ufer, wenn Boreas wehet,
Aufspringt noch ein Fisch, ihn wieder die Woge bedecket;
685 So sprang auf der Geschlagne, und fiel. Ihn richtet Epeos
Bey den Häuben auf; es standen um ihn die Genossen,
Welche durch der Schauenden Kreis den wankenden führten.
Blut ausspeyend ginger, ihm hing das Haupt auf die Schulter;
Und sie setzen ihn zwischen sich nieder, betäubt und kraftlos;
690 Einige aber gingen, den runden Becher zu nehmen.

Aber

Aber den Danaern zeigete nun der Pelione
Neue belohnende Preise für Kämpfer im schweren Ringen:
Einen feuerausharrenden Dreyfuß dem Ueberwinder,
Welchen unter sich zwölf Stiere wehrt die Achaier
695 Schätzten; dem Ueberwundnen ein Weib, in mancherley Arbeit
Wohlgeübt, vier Stiere wehrt von den Griechen geschätzet.
Aufgerichtet stand Achill, und sprach zu den Griechen:

   Richtet euch auf, damit ihr dieses Kampfes versuchet.
Aias hub sich empor, der große Telamonide;
700 Dann Odüsseus der weise, reich an mancherley Listen;
Beyde traten gegürtet hervor in die Mitte des Kreises.
Jeder faßte mit mächtigen Händen die Arme des andern,
Sparren des hohen Hauses gleich, die ein trefflicher Zimmrer
Wohlgefugt hat, daß sie widerstehen den Winden.

705 Unter dem Streich der starken Hände knirschten die Rücken,
Und der nasse Schweiß lief von den Gliedern herunter,
Viele Striemen mit stockendem Blut entschwollen den Seiten
Und den Schultern; ein jeder wünschte den prächtigen Dreyfuß.
Weder konnte Odüss den andern stürzen zur Erde,
710 Noch auch Aias ihn, der aus allen Kräften sich wehrte.
Schon ermüdet der Anblick die fußgepanzerten Griechen;
Da erhub die Stimme der große Telamonide:

   Edler Laertiad', erfindungsreicher Odüsseus,
Einer hebe den andern; des übrigen walte Kronion.

715 Sprach's, und erhub ihn. Aber Odüss entsagte der List nicht,
Stieß ihn hinten ans Bein, erschütterte seine Glieder,
Und warf ihn auf den Rücken; es fiel der Laertiade

Auf

Auf die Brust; das sahen, und staunten des, die Achaier.
Nun erhub den andern der edle Dulder Odüsseus
720 Von der Erd' ein wenig; doch konnt' er nicht hoch ihn erheben,
Bog ihm aber das Knie; da fielen beyd' auf den Boden
Neben einander, und wurden beyde mit Staube besudelt.
Siehe, sie hätten das drittemal zum Kampf sich erhoben,
Hätte sie davon nicht zurückgehalten Achilleus:

725   Kämpfet nun nicht länger; ihr würdet zu sehr euch ermatten!
Da ihr habet beyde gesiegt, empfanget auch beyde
Gleiche Preise. Nun müssen kämpfen andre Achaier.

   Also sprach Achill; die beyden Helden gehorchten,
Wischten den Staub sich ab, und nahmen ihre Gewände.

730   Nun setzt Päleus Sohn die Preise des eilenden Wettlaufs.
Einen sechs Maaß haltenden künstlichen silbernen Becher
Bracht' er, der war schön vor allen Bechern der Erde;
Denn ihn hatten wackre Sidonier prächtig gezieret,
Und foinizische Männer über die Wogen geführet,
735 In den Hafen gebracht, und Thoas zur Gabe verehret;
Diesen hatte dem Helden Patroklos Eunäos gegeben,
Um Lükaon von ihm, den Priamiden, zu lösen;
Und Patroklos zur Ehre setzt ihn Achilleus zum Kampfpreis
Dem, der wäre der schnellste im Lauf der eilenden Füße.
740 Einen großen und feisten Stier bestimmt er dem zweyten;
Und ein halbes Talent an Gold soll werden dem dritten.
Aufgerichtet stand Achill, und sprach zu den Griechen:

   Mache sich auf, wer dieses Kampfs zu versuchen begehret!

Aias

Aias machte sich auf, der schnelle Sohn des Oileus,

745 Und der listenreiche Odüss, und der Nestoride
Antilochos, unter den Jünglingen war er der schnellste.
Siehe sie standen bereit; es zeigte der Päletone
Ihnen das Ziel; sie entliefen den Schranken. Der Oiläide
War voran; es folgte ihm Odüsseus der edle:

750 Wie dicht an der Brust des schöngegürteten Weibes
Fleugt das hin und her geworfne eilende Webschiff,
Wenn sie den Eintrag mit Faden bedeckt, und dicht an der Brust hält:
Eben so nahe war Odüss dem Aias, in seine
Stapfen tretend, eh wieder der Sand zusammen stürzte;

755 Seinen Odem hauchte Odüsseus stets auf des Aias
Haupt, in eilendem Lauf. Dem siegbegehrenden riefen
Laut die Griechen zu, und ermahnten noch mehr den entflammten.
Als sie liefen den letzten Theil des Laufes, da flehte
Zur blauäugigten Göttin in seinem Herzen Odüsseus:

760 Wollest, gute Göttin, mich hören, und hülfreich erscheinen!
Also sprach er betend; ihn hörte Pallas Athänä,
Seine Glieder machte sie leicht, die Füß' und die Hände.
Als sie eben nun die Preise sollten ereilen,
Da glitt Aias und fiel, ihn hinderte Pallas Athänä.

765 Von geschlachteten Stieren, welche Patroklos zur Ehre
Hatt' Achilleus getödtet, lag auf der Erde noch Unflat;
Hier fiel Aias, den Mund und seine Nase besudelnd.
Nun ergriff den Becher der edle Dulder Odüsseus,
Denn er kam zuvor; den Stier der schimmernde Aias,

770 Faßte ihn beym Horn, und speyte immer noch Koth aus,

Wandte

Wandte sich dann mit diesen Worten zum Kreis der Achaier:
Traun, mich hat die Göttin gehindert, welche beständig
Einer Mutter gleich Odüsseus hülfreich begleitet.

Also Aias; aber die Griechen lachten von Herzen.
775 Antilochos ergriff zulezt der Preise geringsten;
Lächelnd wandte er sich zum Kreis der Achaier, und sagte:

Was ich sagen werd', ihr Lieben, wisset ihr alle:
Euch' die unsterblichen Götter ehren die älteren Menschen.
Aias ist um einige Jahre älter, als ich bin;
780 Aber Odüsseus ist schon eines frühern Geschlechtes:
Alle müssen bekennen, wie frisch er noch ist; und es könnte
Keiner der andern schneller laufen; Achilleus nur kann es.

Also sprach er, und rühmte den schnellen Päleionen;
Da antwortete ihm mit diesen Worten Achilleus:

785 Antilochos, du hast mich nicht vergebens gerühmet,
Nimm ein halbes Talent an Gold noch ausser dem Kampfpreis.

Also sprach er, und reicht' es ihm dar; er freute sich herzlich.
Eine lange Lanze brachte der Päleione
Nun, und einen Helm und einen Schild in den Kampfplaz,
790 Welche Patroklos hatte von Sarpädon erbeutet;
Aufgerichtet stand er, und sagte zu den Argeiern:

Ich ermahne nun zween Männer, welche die stärksten

Sind,

Sind, in voller Rüstung mit scharfem Erz zu erscheinen,
Daß der eine des andern auf diesem Kampfplatz versuche.
795 Welcher von beyden zuerst den Körper des andern verletzet
Durch die Rüstung, und schwarzes Blut entlocket der Wunde,
Solchem geb' ich dieß schöne thrazische silbergezierte
Schwert; ich hab' es selber vorm Asteropäos erbeutet.
Aber die Waffen Sarpedons sollen beyde besitzen;
800 Auch bereit' ich ihnen ein Mahl in meinem Gezelte.

Sprach's. Da erhub sich Ajas, der grosse Telamonide;
Tydeus Sohn nach ihm, der starke Diomädes.
Diese sonderten sich vom Haufen, beyde sich rüstend,
Schritten kampfbegierig dann in die Mitte des Kreises,
805 Fürchterlich blickend; Staunen ergriff den Haufen der Griechen.
Als sie nahe waren an einander gekommen,
Stürmten sie dreymal mit Speeren gegen einander.
Ajas traf zuerst die runde Scheibe des Schildes,
Aber nicht den Körper; ihm wehrte der schützende Panzer.
810 Diomädes suchte mit seiner schimmernden Lanze
Zu berühren den Hals des Ajas, über dem Schilde;
Siehe da begannen die Griechen für Ajas zu fürchten,
Hiessen beyde vom Kampfe zu ruhn, und zu nehmen die Preise.
Päleus Sohn verehrte das grosse Schwert Diomädes,
815 Mit der Scheid' und mit dem schöngezierten Gehenke.

Eine grosse eiserne Scheibe brächte Achilleus,
Welche Aetion ehmals, der starke hatte geworfen;
Diesen hatte getödtet der schnelle edle Achilleus,

Und

Und die Scheib' in die Schiffe gebracht, mit der übrigen Beute,
820 Aufgerichtet stand er, und sagte zu den Argeiern:

Mache sich auf, wer dieses Kampfs zu versuchen begehret!
Wer die Scheibe gewinnt, wird nicht begehren des Eisens
In fünf Jahren zu laufen; und hätt' er gewaltige Aecker,
Er wird nicht des Eisens bedürftig senden den Pflüger,
825 Oder den Schäfer zur Stadt; er wird an andre verkaufen.

Sprach's. Es erhub sich der schlachtbeharrende Polüpoität;
Dann die mutige Kraft des göttergleichen Leonteus;
Aias dann, der Telamonid'; und Epeios der edle.
Als sie geordnet standen, ergriff Epeios die Scheibe,
830 Schwang und schleuderte sie; da lachten alle Achaier.
Dann warf sie der Sprößling des Aräs, der starke Leonteus;
Aias warf sie nun, der grosse Telamonide,
Mit gewaltiger Hand, und über die Zeichen der andern.
Endlich ergriff sie der schlachtbeharrende Polüpoität:
835 Weit, wie der Hirtenstab des küheweidenden Mannes
Aus geschwungner Hand die irrenden Rinder erreichet,
Flog die Scheibe über den Kampfplaz; es schrien die Achaier.
Da erhuben sich des mächtigen Polüpoität
Freund', und trugen hin zu den Schiffen den Kampfpreis des Königs.

840   Ferner setzte Preise den Bogenschüzen Achilleus:
Zehn zweyschneidige scharfe Beile, und zehn Aexte.
Eines schwarzen Schiffes Mastbaum ließ er errichten
In dem Sand, und hieß sie nach einer schüchternen Taube

Schleßen;

Schliessen; mit dünnem Faden war sie am Maste gebunden.
845 Welcher nun von beyden träfe die schüchterne Taube,
Sollte alle die Beile tragen nach seinem Gezelt;
Aber welcher träfe den Faden, des Vogels verfehlend,
Solcher sollte tragen die Aexte nach seinem Gezelte.

Sprach's. Es erhub sich in seiner Stärke Teukros der edle;
850 Märionäs nach ihm, der Genösse des Königs von Kreta.
Beyde nahmen aus ehernem Helme geschüttelte Loose;
Und das erste war Teukros Loos. Da spannt' er den Bogen
Stark; allein er vergaß, zu geloben Foibos Apollon
Eine stattliche Hekatombe von Erstlingslämmern.

855 Auch verfehlt' er den Vogel, ihm zürnte Foibos Apollon;
Aber dicht am Fusse der Taube durchschoß er den Faden.
Aufwärts schwang sich die Taub'; es hing der Faden herunter;
Und es jauchzten laut empor die schauenden Griechen.

Märionäs entriß der Hand des Teukros den Bogen,
860 Legte den Pfeil hinein, den er schon lange bereit hielt,
Und gelobete gleich dem Fernhintreffer Apollon
Eine stattliche Hekatombe von Erstlingslämmern.
Siehe, noch sah er unter den Wolken die schüchterne Taube;
Und er schoß ihr, mitten im Schwung, den kreisenden Flügel
865 Durch und durch; es fiel der Pfeil zurück auf die Erde,
Und blieb stecken im Boden, vor seinen Füßen. Der Vogel
Senkte sich auf den Mastbaum nieder, mit hangendem Haupte,
Breitete aus, und ließ die beyden Flügel sinken,
Fiel und flatterte; weit vom Mast verließ ihn die Seele.

870 Sieh

870 Sieh es staunte des der Kreis des schauenden Volkes.
Mörionäs gewann die zwiefachschneidenden Beile;
Teukros aber trug zu seinen Schiffen die Aexte.

Eine lange Lanze brachte der Päleione
Nun, und einen blumenverzierten Keffel, der eines
875 Stierrs werht war; er war noch nie im Feuer gewesen.
Da erhuben sich zum Wurffpießkampfe die Helden:
Atreus Sohn zuerst, der mächtige Agamemnon;
Mörionäs nach ihm, der Genoffe des Königs von Kräta.
Da begann zu reden der schnelle edle Achilleus:

880 Atreus Sohn, wir wiffen, du bist vor allen erhaben,
Und im Wurffpießkampfe bist du von allen der stärkste;
Darum gehe mit diesem Preise hinab zu den Schiffen.
Mörionäs dem Helden laß uns schenken die Lanze,
So es dir also gefällt; es scheinet solches mir billig.

885 Also sprach er, es stimmte ihm bey der König der Menschen.
Mörionäs bekam die eherne Lanze, Atreidäs
Uebergab Thaltübios den prächtigen Kampfpreis.

Ilias.

Ilias.

Vier und zwanzigster Gesang.

Ilias.

Vier und zwanzigster Gesang.

Aus einander ging die Versammlung; sie eilten nun alle
   Zu den Schiffen, den Abendschmaus zu bereiten, auf daß sie
Dann des süssen Schlafes genössen. Aber Achilleus
Weinte, eingedenk des lieben Freundes; ihn faßte
5 Nicht der allbezähmende Schlummer; auf und nieder
Wälzet' er sich, und gedachte des Muts und der Kräfte des Freundes,
Und wie viel er mit ihm gethan, wie manches erlitten
In den Kriegen und auf den wilden Fluten des Meeres:
Des gedachte Achilleus, heisse Thränen vergiessend;
10 Auf die Seite legt' er sich bald, und bald auf den Rücken,
Bald auf den Bauch, dann sprang er auf; voll trauriges Unmuts
Irrt' er am Gestade des Meers, als über den Wogen
Und den hohen Ufern die Morgenröthe sich zeigte.

   Vor dem Wagen spannte er nun die eilenden Rosse,
15 Band den Priamiden daran, auf daß er ihn schleifte.
Dreymal schleift' er ihn um das Grab des Menötiaden,
Und dann ruht' er in seinem Gezelte; aber im Staube
Ließ er auf dem Bauch den Helden liegen. Apollen
Jammerte sein, wiewohl er todt war; sorgsam erhielt er
20 Seines Körpers Schöne, mit goldnem Schilde ihn deckend,
Daß auch nicht die Haut im Schleifen würde verletzet.

So verübte Frevel Achill an Hektor dem edlen;
Dieses sahn, und erbarmten sich des, die seligen Götter.
Da gefiel den übrigen allen, den Mörder des Argos

25 Zu erregen, die Leiche des Hektors Achilleus zu rauben;
Hárá nur und Poseidon und Pallas Athaná
Widerstanden.   Dem heiligen Ilion waren sie immer
Noch gehässig, dem Volk und dem König, wegen des Frevels
Paris, als er in seinem Gezelte die Göttinnen schmähte,

30 Jener den Vorzug gebend, die seine Begierden ergözte.

Als die zwölfte Morgenröthe den Himmel verschönte,
Sagte zu den unsterblichen Göttern Foibos Apollon:

Hart seyd ihr und ungerecht, ihr Götter! Hat nimmer
Hektor erlesner Rinder und Ziegen Lenden geopfert?

35 Daß ihr seine Leiche sogar nicht retten, nicht gönnen
Wollet dem Weibe, der Mutter, dem Kind', ihn noch einmal zu sehen,
Und dem Vater Priam und seinem Volke? Sie würden
Dann ihn schnell verbrennen, und Ehre dem Todten erweisen.
Alles gewähret ihr dem verderblichen Päleionen,

40 Dessen Herz unbillig ist, und starr sein Vorsaz!
Wütend wie ein Löwe ist er, welchen die Wildheit
Gegen die Heerden antreibt, daß er den Hunger sich stille.
Kein Erbarmen kennet Achilleus, kennet die Scham nicht,
Welche so oft dem Menschen schadet, so oft ihm nüzet.

45 Mag doch mancher mehr, als seinen Genossen, verlieren,
Seinen eignen leiblichen Bruder, oder sein Söhnlein;
Endlich wird der Weinende doch dem Jammer entsagen,

Denn

V. 24. Hermes.

Denn das Schicksal gab den Menschen geduldige Herzen.
Dieser, nachdem er hat den edlen Hektor getödtet,
50 Bindet ihn an den Wagen, und schleift ihn rund um das Grabmal
Seines Freundes. Das ziemt ihm nicht, und wird ihm nicht frommen;
Denn wir mögen, so tapfer er ist, wohl dennoch ihm zürnen,
Daß er in seinem Grimme die todte Erde mißhandelt.

Ihm erwiederte zürnend Hárá mit weissen Armen:
55 Ja du hättest Recht, o Schüze mit silbernem Bogen,
Wären Achilleus und Hektor gleicher Würde Genossen.
Hektor ist sterblich, und sog die Brust des sterblichen Weibes;
Aber Achilleus ist Sohn der Göttin, welche ich selber
Nährte, erzog und gab zur Bettgenossin dem Manne
60 Páleus, welcher werht ist aller unsterblichen Göttern.
Wart ihr Götter nicht all' auf seiner Hochzeit? Du schmaustest
Auch, in der Hand die Leyer, du falscher Geselle der Bösen!

Nun erhub die Stimme der Wolkensammler Kronion:
Hárá, zürne nicht so sehr den unsterblichen Göttern!
65 Hektors Würde bleibt immer geringer; aber auch Hektor
War den Göttern werht vor allen Menschen in Troia.
So auch mir; er versäumte nimmer, Geschenke zu bringen;
Nimmer hat mein Altar des Opfermahles ermangelt,
Nimmer des Tranks und des Fettes, wodurch die Menschen uns ehren.
70 Dennoch wollen wir nicht die Leiche des muthigen Hektors
Heimlich dem Páleionen entreissen; auch wär' es nicht möglich,
Denn es kommt die Mutter zu ihm des Nachts und des Tages.
Aber so der Götter einer riefe die Thetis,
Wollt ich weisen Rath ihr geben, auf daß Achilleus
75 Möchte Geschenke nehmen von Priam, und geben die Leiche.

Also

Also sprach er; Iris erhub sich auf Füßen des Windes;
Zwischen Samos und der felsenzackichten Simbros
Sprang sie hinab in die blauen Wogen; es scholl die Tiefe:
Gleich an dem runden Bley, das an dem Horne des Stieres
80 In die Tiefe fährt, den Fischen Untergang bringend.
Iris fand die Göttin in einer gewölbten Halle;
Ihre Schwestern umgaben sie häufig; sie saß und weinte
Ihres trefflichen Sohnes Schicksal, welchem bestimmt war,
Fern vom Vaterland' in Troia's Fluren zu sterben.
85 Nahe stellte sich ihr die Göttin mit schwebenden Füßen:

Auf, es ruft dich der Gott, der ewige Rathschlüsse heget.
Drauf antwortete ihr die silberfüßige Thetis:

Was befiehlt der große Gott? Zwar werd' ich mit Scheu mich
Unter die Götter mischen, es haben mich Schmerzen umgeben;
90 Dennoch geh' ich; kein Wort soll ihm vergebens entfallen.

Also die edle Göttin. Einen dunklen Schleyer
Nahm sie; kein Gewand ist jemals schwärzer gewesen;
Und sie ging, es führte die Göttin mit Füßen des Windes.
Ihnen öffneten sich die getrennten Wogen des Meeres;
95 Sie bestiegen das Ufer, und schwangen sich beyde gen Himmel.
Allda fanden sie Zeus, den schrecklichen Donnrer; es standen
Rund um ihn herum die seligen ewigen Götter.

Aber Kronion setzte sich Thetis, es wich ihm Athene.
Einen schönen goldenen Becher reichte ihr Hera,
100 Freundlich sie begrüßend; sie trank, und gab ihn ihr wieder.
Da begann zu reden der Vater der Götter und Menschen:

~~Zum Olympos liefst du, welches berufend, gekommen,~~
Unvergeßlichen Gram im Herzen während; zwar weißt du,
Dennoch will ich dir sagen, warum ich dich habe berufen.

105 Seit neun Tagen entzweyen sich die unsterblichen Götter,
    Wegen Hektors Leiche; dem Städteverheerer Achilleus
    Diese zu stehlen, ermahnten sie den Mörder des Argos;
    Aber Achilleus gönn' ich die Ehre, zu geben die Leiche;
    Denn ich werde dich immer achten, immer dich lieben.

110 Eile, Thetis, ins Lager, mit deinem Sohne zu reden;
    Sage, daß ihm zürnen die unsterblichen Götter,
    Aber vor allen ich, weil er mit wütendem Herzen
    Hektorn bey den Schiffen zurückhält, nicht lösen ihn lässet.
    Wenn er mich noch scheuet, so muß er geben die Leiche.

115 Zu dem edelmütigen Priam send' ich die Iris,
    Daß er geh' zu den Schiffen der Griechen, Hektor zu lösen,
    Und Achill Geschenke zu bringen, die ihn erfreuen.

    Also Zeus; es gehorchte die silberfüßige Göttin;
    Eilend entschwang sie sich den Gipfeln des hohen Olümpos,
120 Kam bald zum Gezelte des Sohnes. Immer seufzend
    Fand sie ihn; es waren um ihn die werthen Genossen
    Mit dem Frühmahl beschäftigt; es ward nun eben geschlachtet
    Im Gezelte ein großes Schaf mit zottichter Wolle.
    Nahe setzte sich die erhabne Mutter dem Sohne,
125 Streichelte mit der Hand ihn, und sagte freundliche Worte:

    Liebes Kind, wie lange willst du seufzend und klagend
    Dir verzehren das Herz, des Trankes und der Speise vergessend,
    Und des Schlafs? Es wäre dir gut, ein Mägdlein zu herzen!
    Siehe du wirst nicht lange mehr leben, sondern es nahet

130 Dir naht jetzt die Stunde des Todes, des harten Schicksals.
    Aber vernim mich nun, ich komm ein Bote Kronions.
    Sohn, er spricht, dir zürnen die unsterblichen Götter,
    Er vor allen am meisten; daß du mit wütendem Herzen
    Hektor bey den Schiffen zurückhältst, nicht lösen ihn lässest!
135 Darum gieb ihn los, und nim die Lösung der Leiche!

       Drauf antwortete ihm der Held mit fliegenden Füßen:
    Einer müsse kommen, und lösen und nehmen die Leiche,
    Wenn des Olümpiers ernster Wille also gebietet.

       Also sprachen Mutter und Sohn bey den Schiffen Achilleus
140 Manches untereinander, mit schnellgeflügelten Worten.

       Aber zur heiligen Ilion sandte Kronion die Iris:
    Schnelle Iris, eile, verlaß den Sitz des Olümpos,
    Und gebiete nun dem edelmütigen Priam,
    Seinen lieben Sohn bey den Schiffen der Griechen zu lösen,
145 Gaben bringend Achilleus, die seine Seele erfreuen;
    Er allein, es gehe mit ihm der Troer nicht einer;
    Nur ein alter Herold mag ihn begleiten, zu führen
    Seine Mäuler und rollenden Wagen, und heimzubringen
    Nach der Stadt den Todten, welchen Achilleus erwürgt hat.
150 Furcht des Todes müsse ihn nicht und Schrecken ergreifen;
    Denn ich geb ihm zum Gefährten den Mörder des Argos,
    Daß er ihn geleite, bis er Achilleus erreichet.
    Hat ihn Hermäs erst ins Zelt Achilleus geführet;
    Wird ihn dieser nicht tödten, und des die andern verhindern.
155 Er ist nicht unsinnig, nicht unbesonnen, nicht frevelnd,
    Wird mit einem flehenden Manne säuberlich fahren.

II   Also

Also sprach er; und erhub sich auf Füßen des Windes, und
Kam zu Priams Palast; da fand sie Wehklag' und Trauer.
Rund um ihren Vater saßen im Hofe die Söhne,
160 Ihre Gewande mit Thränen netzend; der Greis in der Mitte
Wär in einen Mantel gehüllet, der Nacken des Alten
War, es war sein Haupt mit Staub und Unrat besudelt,
Den er, sich wälzend, hatte mit Händen auf sich gestreuet.
Im Palaste klagten die Töchter, es klagten die Schnüre,
165 Deren gedenkend, welche so viel an der Zahl und tapfer
Lagen, durch die Hände der Griechen des Lebens beraubet.

Neben Priam stellte sich die Bote Kronions,
Leise redend; Beben ergriff die Glieder des Alten.

Sey getröst, o Dardanide, wollest nichts fürchten!
170 Denn ich komme nicht zu dir, ein Uebel verkündend,
Sondern günstige Botschaft bringend, gesandt von Kronion,
Welcher, fern von dir, dein waltet, dein sich erbarmet.
Sieh' es befiehlt der Olimpier, Hektor den edlen zu lösen,
Gaben Achilleus bringend, die seine Seele erfreuen;
175 Du allein, es gehe mit dir der Troer nicht einer,
Nur ein alter Herold mag dich begleiten, zu führen
Deine Mäuler und rollenden Wägen, und heimzubringen
Nach der Stadt den Todten, welchen Achilleus erwürgt hat.
Furcht des Todes müsse dich nicht und Schrecken ergreifen;
180 Denn dich wird als Gefährte begleiten der Mörder des Argos,
Daß er mit dir gehe bis ans Zelt des Achilleus.
Hat dich Hermäs erst ins Zelt des Achilleus geführet,
Wird dich dieser nicht tödten, und des die andern verhindern.
Er ist nicht unsinnig, nicht unbesonnen, nicht frevelnd,

185 Mich mit einem siebenden Maher säuberlich fahren.

    Also sprach und schied von ihm die eilende Iris.
Aber der Greis befahl den Söhnen, die Mäuler zu schirren
Vor den Wagen, und dann das Verdeck auf den Wagen zu binden.
Selber ging er hinein ins wohlgezimmerte Zimmer,

190 Welches, hochgewölbt, mit Zedernholze getäfelt,
Manches edle köstliche Kleinod des Königs vermehrte,
Hekabä rief er alsdann, sein Weib, ins Zimmer, und sagte:

    Jammernde, vom Olümpier sind mir Befehle gekommen,
Unsern lieben Sohn bey den Schiffen der Griechen zu lösen.

195 Gaben Achilleus bringend, die seine Seele erfreuen.
Aber sage mir, Weib, was du zu solchem gedenkest;
Denn es reizet mich sehr mein Mut, es treibt mich mein Herz an,
Zu den Schiffen zu gehn ins grosse Lager der Griechen.

    Also sprach er. Das Weib erwiederte lautaufweinend:

200 Wehe mir! wo ist aus deiner Weisheit gewandert,
Welche war berühmet bey Fremden und deinen Beherrschten?
Sprich, wie willst du wandeln allein zu den Schiffen der Griechen,
Wie erscheinen vor dem, der schon so viele, so tapfere
Deiner Söhne ermordete? In dein Herz ist von Eisen!

205 Hat er dich in seiner Gewalt, und sieht dich mit Augen:
O so wird sich nicht dein der treulose, harterbarmen,
Nicht dein, Alter, scheuen! Laß uns in der Ferne beweinen
Hektorn, in unserm Palast; ihm hat das grausame Schicksal
Schon bey seiner Geburt die harte Bestimmung gewebet,

210 Fern von seinen Eltern die schnellen Hunde zu nähren,
  Bey dem wilden Mann! O könne' ich hangen mit Zähnen

An der Leber des Wütrichs! Ich wollt' ihm alles erstatten
Für den Sohn! Er schlug ihn ja nicht als einen Feigen;
Für die Troer, für ihre Weiber mit wallenden Brüsten
215 Stritt mein Sohn, verschmähend die Flucht, im Kampfe beharrend!

Drauf antwortete Priam ihr, der göttliche Alte:
Helaba, halte mich nicht zurück, und sey mir im Hause
Nicht ein unglückdeutender Vogel; ich kann dich nicht hören.
Hätte der Erdbewohnenden einer solches geheissen,
220 Ein Wahrsager, ein Opferkundiger, oder ein Priester;
Siehe, so würd' ich vor Lügen es halten, und des mich weigern.
Aber nun, (denn ich hörte die Göttin, und sah ihr ins Antlitz!)
Geh' ich; vergebens befahl sie mir nicht! Und heißt mich das Schicksal
Bey den Schiffen der erzgepanzerten Griechen zu sterben;
225 Bin ich bereit, es mag der Pälcione mich tödten,
Wenn ich umfasse den Sohn, und stille die Sehnsucht des Herzens!

Also sprach der Greis, und öffnete schöne Kasten.
Sieh, er nahm heraus zwölf schöne Schimmergewande,
Zwölf einfache Mäntel, und zwölf Teppiche; ferner
230 Zwölf Leibröcke, eben so viele Obergewande;
Wog auch zehn Talente Goldes ab zum Geschenke;
Nahm dazu zween schimmernde Dreyfüße und vier Kessel;
Einen prächtigen Becher endlich, den thrazische Männer
Ihm als einem Gesandten zum grossen Geschenke gegeben;
235 Dennoch schonte nicht sein der Greis; er wünschte so herzlich,
Seinen Sohn zu lösen. Aus der Halle des Vorsaals
Trieb er alle Troer, und schalt mit schmählichen Worten:

Weg, Elende! Schmachbedeckte! Fehlt es euch selber

Etwa

Etwa daheim an Trauer, und wollt ihr noch mehr mich bekümmern?
240 Achtet ihr klein den Jammer, den mir Kronion gegeben,
Einen solchen Sohn zu verlieren? Ihr werdet es fühlen!
Leichter seyd ihr nun zu ermorden den Söhnen der Griechen,
Da er todt ist! Aber ich will, eh ich Ilion sinken
Sehe, sehe Troia verheeret, wandeln hinunter
245 Zu der dunkeln Behausung der Schatten, hinunter zum Aïdäs.

Sprach's, und trieb die Männer mit einem Stecken; sie wichen
Aus, dem eifernden Greise, der seine Söhne nun scheltend
Rufte: Helenos, Agathon den edlen, und Paris,
Pammon, Antifonos, den schlachtgeübten Politäs,
250 Däifobos und Hippothoos, und Dios den edlen,
Neun an der Zahl; es rief sie der Greis mit scheltender Stimme:

Machet euch auf, ihr trägen Kinder! O daß ihr alle
Wärt an Hektors Statt bey den schnellen Schiffen gefallen!
Ach ich unglückseliger! Tapfre hab' ich gezeuget,
255 Deren ist in Troia nicht einer übrig geblieben!
Nestor den göttlichen, Troilos furchtbar im Wagengemenge,
Hektor; unter Sterblichen war er ein Gott, und er schien nicht
Eines Sterblichen; schien der Sohn von einem der Götter!
Arës tödtete sie! Zur Schmach nur ließ er mir diese,
260 Lügner, Gaukler, nur in Reigentänzen geübte,
Welche schlemmend rauben die Lämmer und Kizlein des Volkes.
Werdet ihr nicht schnell mir meinen Wagen bereiten,
Und das alles hinein thun, daß ich fahre von hinnen?

Also sprach er: es scheuten die Söhne den scheltenden Vater,
265 Brachten eilig herbey den schönen rollenden Wagen,

Welcher neu war; sie banden nun auch das Verdeck auf den Wagen;
Nahmen das hängende Maulthierjoch vom Nagel herunter,
Welches von Buchsbaumholz, und wohl mit Ringen versehn war;
Brachten auch die Stränge, die elf Ellen lang waren,
270 Und befestigten sie an der wohlgeglätteten Wage,
Schlugen dann durch die Wag' und Deichsel den haltenden Nagel;
Dreymal banden sie fest an beyden Seiten die Stränge.
Aus den Gemächern häuften sie nun auf den zierlichen Wagen
Für die Leiche des Helden unendliche Lösungsgeschenke;
275 Banden die starkgehuften Mäuler dann an einander,
Welche die Müser dem Priam zum edlen Geschenke verehrten.
Aber die Rosse führten sie vor den Wagen des Alten;
Ihrer pflegte selber der Greis an der glatten Krippe.
Diese spannten vor, in der hohen Wölbung des Thores,
280 Priam und der Herold, mit Weisheit beyde begabet.

　　　Hekabä nahte sich ihnen beyden mit traurigem Herzen,
Haltend herzerfreuenden Wein mit der Rechten, in einem
Goldnen Becher, auf daß sie opfern möchten den Göttern;
Vor dem Wagen stand sie, und sprach zum Könige Priam:

285　　Nim, und opfre Vater Zeus; er lasse dich lebend
Kehren von den Feinden zurück, da die Seele dich antreibt,
Wider meinen Willen, zu gehn zu den Schiffen der Griechen.
Darum flehe nun dem dunkelumwölkten Kronion,
Welcher hoch vom Jda herab auch Ilions waltet;
290 Bitt' ihn, daß er sende den schnellen Vogel, der ihm auch
Ist vor allen Vögeln der liebste, der stärkste von allen,
Daß er uns rechts erschein', und du, gestärkt durch das Zeichen,
Mögest gehen getrost zu den Schiffen der kriegrischen Griechen.

Se

So der laute Donnrer dir diesen Boten nicht sendet,
295 O so mag ich auch nicht ermahnen, wie sehr auch dein Herz dich
Antreibt, nun hinab zu den Schiffen der Griechen zu fahren!

Drauf antwortete ihr der götterähnliche Priam:
Weib, ich werde mich des, das du mich heissest, nicht weigern;
Denn es ist gut, um Erbarmung zu Zeus die Hände zu heben.

300   Also sprach der Greis, und rufte die Schaffnerin, daß sie
Klares Wasser ihm auf die Hände gösse; da kam sie,
In den Händen haltend das Becken zugleich und die Kanne,
Und es wusch sich der Greis; dann nahm er den Becher vom Weibe,
Flehte in der Mitte des Hofs, goß heiligen Wein aus;
305 Schaute dann gen Himmel mit diesen betenden Worten:
Vater, herrschend vom Ida herab, du mächtigster, bester,
Laß mich Gunst vor Achilleus, laß Erbarmung mich finden!
Wollest zur Vorbedeutung den schnellen Boten mir senden,
Der dir vor allen Vögeln der liebste, der stärkste von allen;
310 Daß er mir rechts erschein', und ich, gestärkt durch das Zeichen,
Möge gehen getrost zu den Schiffen der triegrischen Griechen!

Also sprach er betend; ihn hörte Zeus Kronion.
Einen schwarzen raubenden Adler sandt' er vom Himmel,
Welchen sie Perknos nennen, die sicherste Vorbedeutung.
315 Breit, wie die Thüre des Zimmers im hochgewölbten Palaste
Eines Reichen, waren die ausgebreiteten Flügel.
Rechts erschien er über der Stadt; sie sahen ihn schweben,
Und es wurden mit Freude die Herzen aller erfüllet.

Eilend bestieg der Greis den wohlgeglätteten Wagen,

320 Trieb

320 Trieb aus dem Hofe, trieb durch die hallende Wölbung die Rosse.
Vor ihm zogen Mäuler den andern rollenden Wagen,
Welche der weise Idaios führte. Hinter den Mäulern
Führte der Greis die Rosse mit der schwirrenden Geißel
Eilend durch die Stadt, es folgten von fern ihm die Freunde,
325 Heftig weinend, als ging zum gewissen Tode der Alte.

Als sie hatten verlassen die Stadt, und die Ebne betraten,
Gingen die Söhn' und die Eidame wieder gen Ilion rückwärts.
Jener aber gedachte der laute Donnrer Kronion,
Welche die Ebne durchfuhren; es jammerte Zeus des Alten.
330 Seinem Sohne rief er, dem werthen Hermäs, und sagte:
Hermäs, denn dir war es immer ein süßes Geschäfte,
Dich zu gesellen zu Menschen, und, wen du willst, zu erhören;
Eile nun, und geleite zu den Schiffen der Griechen
Priam, daß ihn keiner sieht, sein keiner gewahr wird
335 Aller Danaer, bis er den Päleionen erreichet.

Sprach's; es gehorchte der himmlische Bote, der Mörder des Argos.
An die Füße band er alsbald die geflügelten Solen,
Die, unalternd und golden, ihn tragen über die Wogen,
Ueber die ungemeßne Erde mit Eile des Windes.
340 Dann ergriff er den Stab, der Sterblicher Augen bezaubert,
Wenn er will, und wieder die Eingeschläferten aufweckt.
Diesen hielt und flog der starke Mörder des Argos;
Bald erreicht' er das troische Land und den Hellespontos.
Wie ein Jüngling ging er einher, der hohes Stammes
345 Mit aufsprossendem Barte blüht in lieblicher Jugend.

Jene waren vorbei dem Mal des Ilos gefahren,

Hielten

Hielten die Mäuler an und die Rosse, sie trinken zu lassen
In dem Strom; schon schwebte die Dämmrung über der Erde
Siehe, da sah in der Nähe der Herold den kommenden Hermäs,
350 Und er wandte sich mit diesen Worten zu Priam:

Dardanide, merk auf, denn nun bedürfen wir Weisheit!
Dort kommt her ein Mann, der wird uns, fürcht' ich, ermorden!
Auf, laß mit den Rossen uns fliehen, oder auch flehend
Ihm zu Füssen fallen, ob er sich unser erbarme!

355   Spricht's, und erschüttert die Seele des Greisen; er fürchte sich
herzlich,
Aufgerichtet erhuben sich seine Haar' auf dem Haupte,
Und erschrocken stand er; da kam der Mehrer des Reichthums
Näher, faßte sanft die Hand des Alten, und fragte:

Vater, wo willst du hin mit deinen Rossen und Mäulern,
360 Während der heiligen Nacht, wenn andre Sterbliche schlafen?
Fürchtest du etwa nicht die kriegsmuthathmenden Griechen,
Deine nahen, so feindlich gesinnten, Widersacher?
So dich einer säh in dunkeln eilenden Stunden
Solche Schäze führen, wie würde dir werden zu Mute?
365 Siehe du bist nicht jung, es ist ein Greis dein Begleiter,
Und du könntest schwerlich dich wehren, wenn einer dich anfiel.
Aber ich will kein Leid dir anthun, will dich beschüzen
Gegen andre; du gleichest meinem ehrwürdigen Vater.

Drauf antwortete Priam, der götterähnliche Alte:
370 Wohlgesprochen, o liebes Kind; es ist, wie du sagest!
Aber es waltet mit schüzender Rechte einer der Götter

Mein,

Nein, der hat mit dich zum guten Gefährten gesendet,
Dich mit schöner Gestalt und wunderbar lieblichem Antlitz
Und mit Weisheit geschmücket! Deine Eltern sind selig!

375   Ihm antwortet der himmlische Bote, der Mörder des Argos:
Nach der Wahrheit hast du, o Greis, das alles gesprochen!
Aber sage mir eins, und wollest nichts mir verhehlen:
Sprich, wo sendest du hin die vielen prächtigen Gaben?
Etwa zu Fremden, um dieses zum wenigsten noch zu erhalten?
380 Oder wollt ihr die heilige Ilion alle verlassen,
Weil ihr den tapfersten habt von euren Kriegern verloren,
Deinen Sohn, im Kampf den edelsten Griechen zu gleichen?

  Drauf antwortete Priam, der götterähnliche Alte:
Ach wer bist du, Bester, von welchen Eltern geboren,
385 Der du so ehrenvoll des Sohnes Tod mir erwähntest?

  Drauf antwortet der himmlische Bote, der Mörder des Argos:
Prüfe mich nur, o Greis, und forsche nach Hektor dem edlen;
Denn ich hab' ihn oft in der heldenehrenden Feldschlacht
Mit den Augen gesehn, wenn er, bis hin zu den Schiffen
390 Treibend die Argeier, sie mit dem Erze verfolgte.
Staunend sahen wir zu; uns wehrte damals Achilleus
Mit zu kämpfen, er zürnte nach dem Atreionen.
Sieh ich bin ein Schiffgenosse des Päleiden,
Bin ein Myrmidon'; es heißt mein Vater Polúktor,
395 Reich an Gütern, ein Greis, und dir, o Priamos, ähnlich!
Unter meinen Brüdern bin ich der siebente jüngste,
Und es fiel mir das Loos mit dem Päleionen zu ziehen.
Itzt bin ich von den Schiffen hieher gegangen; es wollen

                                             Früh

Früh die schwarzgeaugten Achaier das Treffen beginnen.
400 Denn es verdreußt die Streiter der langen Muße; die Fürsten
Halten kaum noch zurück die kampfbegierigen Schaaren.

Ihm antwortete Priam, der götterähnliche Alte:
So du ein Kriegsgenosse des Pälionen Achilleus
Bist, so kannst du mir die ganze Wahrheit erzählen:
405 Ob mein Sohn noch liegt bey den Schiffen, oder Achilleus
Hat die Glieder Hektors vorgeworfen den Hunden.

Ihm antwortet der himmlische Bote, der Mörder des Argos:
Greis, es haben ihn nicht die Hund' und Vögel gefressen;
Sondern er liegt noch immer beym Schiffe des Pälionen
410 Im Gezelte, unverwest; ihn fressen nicht Maden,
Welche sonst die schlachterschlagnen Menschen verzehren.
Zwar er schleift ihn noch immer ums Mal des wehrten Genossen,
Grausam, wenn die heilige Morgenröthe sich zeiget;
Dennoch entstellt er ihn nicht. Du würdest staunend ihm nahen;
415 Er liegt frisch, wie bethaut, mit abgewaschenem Blute,
Sauber, und alle Wunden haben sich wieder geschlossen,
Deren ihm viele das Erz der Griechen hatte gegeben.
Also walten auch nach dem Tode, die seligen Götter
Deines Sohnes; sie haben ihn immer herzlich geliebet.

420 Sprach's. Da freute sich, und redte wieder der Alte:
Liebes Kind, es ist gut, den unsterblichen Göttern zu geben
Ihre gebührende Gaben! Mein Sohn hat nimmer versäumet,
Im Palaste zu opfern allen olympischen Göttern;
Darum denken sie sein auch nun sogar nach dem Tode.
425 Aber du wollest nehmen den schönen Becher, und wollest

Unter

Unter der Götter Beystand mich ferne führen und schützen,
Bis wir kommen ans Zelt des Päleionen Achilleus.

Drauf antwortet der himmlische Bote, der Mörder des Argos:
Greis, du versuchst mich, den Jüngling, und wirst mich doch nicht
                                bereden,
430 Sonder Willen des Päleionen Gaben zu nehmen;
Denn ich fürcht' ihn sehr, und würde dessen mich scheuen,
Ihn zu berauben; es möchte mir das in Zukunft nicht frommen.
Dich möcht' ich bis hin zur berühmten Argos geleiten,
Mich im Schiffe zu dir, zu die auf dem Wege gesellend;
435 Keiner sollte, den Führer verachtend, Hand an dich legen.

Also Hermäs, und schwang sich auf den Wagen behende,
Faßte schnell alsdann mit den Händen Zügel und Geissel,
Und beseelte mit starken Kräften die Ross' und die Mäuler.
Als sie die Mauer der Schiffe nun und den Graben erreichten,
440 Wo beym nächtlichen Mahle die griechischen Hüter noch schmausten,
Goß auf ihre Augen Schlummer der Mörder des Argos,
Oeffnete dann mit zurückgestoßnen Riegeln die Thore,
Und ließ Priam hinein mit seinen schönen Geschenken.

Nun erreichten sie das Gezelt des edlen Achilleus.
445 Ihrem Könige hattens die Myrmidonen errichtet
Aus gezimmerten Tannen, und oben mit Binsen bedecket,
Welche sie ämsig hatten in feuchten Auen geschnitten.
Ein Gehege hatten sie auch dem Gezelte gegeben,
Aus umhergereiheten Pfählen; ein tannener Riegel
450 Wehrte dem Eingang; es schoben ihn vor drey Männer des Heeres,
Und drey Männer des Heeres schoben auch täglich ihn rückwärts;

                        X   Nur

Nur Achilleus vermocht' ihn ohne Hülfe zu schieben.
Nun eröffnete ihn der Mehrer des Reichthums dem Greise.
Ließ mit seinen prächtigen Gaben ihn ein ins Gehege,
455 Sprang von Priams Wagen herab auf den Boden, und sagte:

Greis, der Unsterblichen einer bin ich vom Himmel gekommen,
Hermäs; es hat mich dir zum Begleiter der Vater gesendet.
Und nun kehr' ich wieder von hinnen; der Päleione
Soll mich nicht sehn; es geziemet nicht den unsterblichen Göttern,
460 Einen sterblichen Mann so offenbar zu befreunden.
Aber gehe hinein, und umfasse die Kniee Achilleus,
Flehe, bey seinem Vater, bey der schönlockichten Mutter
Ihn, und seinem Kinde beschwörend; so rührst du vielleicht ihn.

Hermäs sprach's, und kehrte zurück zum hohen Olümpos.
465 Priam aber sprang vom Wagen herunter zur Erde;
Bey den Rossen ließ er und bey den Mäulern Idäos,
Und ging grade hinein in die Wohnung des Lieblings Kronions.
Diesen fand er gesondert von seinen Genossen; doch waren
Zween bey ihm, und bedienten Achilleus: der Sprößling des Aräs
470 Alkimos, und mit ihm der rüstige Automedon.
Eben hatten die Helden gegessen, es stand noch der Tisch da.
Ungesehn trat Priam herein, der grosse; nun war er
Nah, umfaßte die Kniee, und küßte die Hände Achilleus,
Ach die schrecklichen Hände, seiner Söhne Verderber!

475 Wie wenn seiner Heimat ein Mann, nach begangenem Mordthat,
Muß entflüchten; er kommt, in einem fremden Gebiete,
Hin zu eines Mächtigen Haus; man sieht ihn erstaunt an:
Also staunte Achill, den göttlichen Priam erblickend;

Auch die andern erstaunten, und sahn einander ins Antlitz.
480 Aber Priam erhub zu ihm die flehende Stimme:

Deines Vaters gedenk, o göttergleicher Achilleus!
Auch ihr Greis, wie ich, auf der äussersten Schwelle des Lebens!
Ach es drängen vielleicht den alten Päleus die Nachbarn,
Und kein Sohn ist zugegen, von ihm das Unrecht zu fernen;
485 Aber dennoch hört er von dir, und freuet sich herzlich,
Und von einem Tage zum andern labt ihn die Hoffnung,
Seinen geliebten Sohn von Troja kommen zu sehen.
Ich nur bin ganz trostlos! Ich hab' in der mächtigen Troja
Tapfre Helden gezeuget, und deren ist keiner mehr übrig.
490 Funfzig Söhne hatt' ich, als ihr von Griechenland herzogt,
Deren waren neunzehn von einer Mutter gebohren,
Und die andern hatt' ich mit Nebenfrauen gezeuget;
Vielen von diesen löste die Glieder der stürmende Ares.
Einen hatt' ich, er war der Brüder und Ilions Bollwerk;
495 Den erschlugst du neulich, indem er fürs Vaterland kämpfte,
Hektorn! Seinetwegen komm' ich zu den Schiffen der Griechen,
Und ich bring', ihn zu lösen von dir, unendliche Gaben.
Wollest scheuen die Götter! wollest mein dich erbarmen,
Deines Vaters gedenkend! Mich drückt ein schwererer Jammer!
500 Ach ich leide, was nimmer der Erdebewohnenden einer
Litt; ich küsse die Hände, die meine Söhne vertilgten!

Sprach's, und erregte beym Helden nach seinem Vater die Sehnsucht;
Dieser faßte den Greis bey der Hand, und stieß ihn gelinde
Von sich. Es weinten beyde mit heissen Thränen: den edlen
505 Hektor weinte der Greis, gewälzt zu den Füssen Achilleus;
Aber es weinte bald der Päleione den Vater,

Bald

Bald Patroklos; das Zelt erscholl von ächzendem Jammer.

Als Achilleus hatte des Grames Sehnsucht gestillet,
Und aus seiner Brust die schmerzende Regung geflohn war,
510 Sprang er empor, und richtete auf bey der Hand den Mann;
Seines grauen Haupts und grauen Barts sich erbarmend,
Sprach er freundlich zu ihm, mit diesen geflügelten Worten:

Unglückseliger, mußt schon vieles haben erlitten;
Sprich, wie hieltest du aus, allein zu den Schiffen zu wallen,
515 Und zu treten vor's Antlitz des Mannes, der viele und edle
Deiner Söhn' ermordete? Ja dein Herz ist von Eisen!
Aber komm, und seze dich nieder hier auf den Sessel;
Laß den Kummer ein wenig ruhen, wiewohl wir betrübt sind;
Denn es frommet ja nicht der niederdrückende Jammer.
520 Sieh, den mühebeladnen Sterblichen haben die Götter
Traurige Tage bestimmt, sie aber selber sind sorglos.
Denn es stehn zwo Urnen vor der Schwelle Kronions,
Voll von Gaben: von bösen die eine, die andre von guten.
Wen der Donnerergöte aus beyden Urnen beschenket,
525 Dem wird wechselweise begegnen Unglück und Freude;
Wen er nur aus der bösen beschenkt, dem folget Verachtung,
Und auf der heiligen Erde verfolgt ihn nagender Jammer,
Daß er umherirrt, weder von Menschen geehrt, noch von Göttern.
Edle Geschenke haben die Götter dem Päleus gegeben
530 Bey der Geburt, und ihn vor allen Menschen mit Gütern
Und mit Reichthum begabt: die Myrmidonen beherrscht er,
Und dem Sterblichen legten sie die Göttin ins Bette.
Aber auch Unglück hat ihm Gott gegeben: er hat ihm
Künftigherrschende Söhn' in seinem Palaste versaget.

535 Einen

535 Einen gab er ihm nur, frühzeitigem Tode bestimmten;
Fern vom Vaterlande kann ich des Alten nicht pflegen,
Und bin hier, um dich und deine Kinder zu grämen.
So auch hab' ich, o Greis, von deinem Reichthum gehöret:
Was des Makars Sitz und Lesbos in sich umschliessen,
540 Frügten hier und dort der unendliche Hellåspontos,
Hast du alles, o Greis, mit deinen Söhnen besessen.
Aber nun haben dir Unglück gegeben die Himmelsbewohner,
Haben dich mit Schlachten umringt und Menschenermordung.
Dennoch duld', und jammre nicht unabläffig im Herzen;
545 Denn was kann der Harm ob deinem Hektor dir frommen?
Kannst ihn doch nicht erwecken, und neuen Kummer dir zuziehn!

Drauf antwortete Priam, der götterähnliche Alte:
Laß mich auf dem Seffel nicht sitzen, Zögling Kronions,
Weil im Zelte Hektor gestreckt liegt! Laß mich ihn lösen,
550 Daß ich mit Augen ihn sehe! Nimm die vielen Geschenke,
Die ich dir bringe; du müssest ihrer geniessen. Und glücklich
Wiederkehren zur Heimat, dieweil du das Leben mir schenktest,
Und mir länger vergönntest das Licht der Sonne zu sehen!

Zürnend schaute auf ihn; und sprach der schnelle Achilleus:
555 Reize mich nicht fürder, o Greis! Ich habe beschloffen,
Hektors Leiche zu geben; Kronion hats mich geheissen,
Meine Mutter sendend, die Tochter des alternden Meergotts.
Auch erkenn' ich wohl in meinem Herzen, o Priam,
Daß dich einer der Götter zu den Schiffen geführt hat;
560 Denn kein Sterblicher würd' es wagen, und wär' er auch Jüngling,
Herzukommen; ihn würden die Hüter bemerken, die Riegel
Unsrer Thüre würde so leicht wohl keiner eröffnen.

X 3

Aber

Aber reize mir nicht mit deiner Klage die Seele;
Daß ich nicht, o Greis, dich selbst in meinem Gezelte,
565 Und an dir, du Flehender, Zeus Befehle verleze.

Sprach's; da furchte sich der Greis, und gehorchte der Reda.
Einem Löwen gleich entsprang Achill dem Gezelte,
Nicht allein; es folgeten ihm zween Kriegsgenossen,
Automedon der Held, und Alkimos, die er am meisten
570 Unter den Freunden liebte, nach dem todten Patroklos.
Diese löseten nun die Ross' und die Mäuler vom Joche;
Führten ins Gezelt den beredten Herold des Greisen,
Und sie baten ihn niederzusizen. Vom glänzenden Wagen
Nahmen sie des Königs unendliche Lösungsgeschenke;
575 Aber der Mäntel liessen sie zween, und ein künstlich gewebtes
Kleid, um Hektors Leiche in Gewande zu hüllen.
Ferner rief Schill die Mägde, daß sie die Leiche
Wüschen und salbten, doch so, daß Priam der keines vernähme:
Daß ihm nicht der Zorn beim Anblick des Sohnes ergriffe;
580 Daß er nicht das Herz des Peleionen erregte,
Ihn zu tödten, und Zeus Kronions Befehl zu verlezen.
Als ihn nun die Mägde hatten gewaschen, gesalbet,
Und ihn in das Kleid und in den Mantel gehüllet;
Hub Achilleus selbst auf Leichenbetten den Todten,
585 Und die Genossen legten ihn dann auf den glänzenden Wagen.
Aber Achilleus seufzte, und rief dem werthen Patroklos:

Zürne mir nicht, o Freund, wofern du etwa vernähmest,
Tief im Aidás, daß ich die Leiche des göttlichen Hektors
Uebergebe dem Vater! Er gab mir würdige Gaben,
590 Deren will ich auch die, o mein Patroklos, verehren!

Also sprach er, und ging ins Gezelt, Achilleus der edle;
Sezte sich auf den Sessel, den er hatte verlassen,
Priam gegenüber, und also sprach er zum Alten:

Greis, nach deinem Wunsch ist Hektors Leiche gelöset,
595 Und auf Betten liegt er. Früh mit der Röthe des Morgens
Wirst du scheidend ihn sehn; nun laß uns des Mahles gedenken.
Auch die schöngelockte Niobá aß nach dem Kummer,
Die zwölf Kinder hatt' in ihrem Palaste verloren,
Blühender Töchter sechs, und auch sechs blühende Söhne.

600 Diese erschoß mit silbernem Bogen Foibos Apollon,
Ihre Töchter erschoß die pfeilespendende Göttin.
Beyde zürnten Niobá, weil sie sich hatte verglichen
Ihrer Mutter, Látó der Göttin mit rosichten Wangen:
Diese habe nur zwey, sie viele Kinder geboren:

605 Siehe darum erlegten die zwey die vielen aus Rache.
Ach neun Tage lagen sie auf dem Boden, und Niemand
Grub sie ein; es hatte Kronion die Völker versteinert.
An dem zehnten begruben die himmlischen Götter die Leichen;
Und es aß nun wieder die thränenermattete Mutter.

610 Aber sie ist in einsamen Bergen, unter den Felsen,
Auf Sipúlon, wo die Hallen der Nümfen sich wölben,
Die in Reigen das Acheloïsche Ufer umtanzen,
Auch ein Fels geworden, und fühlet dennoch den Kummer.
Drum wohlan, o göttlicher Greis, laß uns auch der Speise

615 Wieder gedenken; du magst nachher des innniggeliebten
Sohns dich wieder härmen, denn viele Thränen verdient er.

Also spricht er, richtet sich auf, und schlachtet ein weißes
Schaf; es ziehn die Freunde das Fell herunter, und haben

X 4   Dann

Dann in Stücken das Fleisch, und stecken an Spiesse die Stücke.
620 Automedon vertheilte aus wohlgeflochtenen Körben
Ihnen das Brot; das Fleisch vertheilte neuvelo Achilleus.
Von den dargereichten Speisen assen die Helden.

Als der Speise Hunger, der Durst des Weines gestillt war,
Schaute der Dardanide Priam Achilleus, den edlen
625 Staunend an; es glich den unsterblichen Göttern Achilleus.
So auch schaute der Päleione dem göttlichen Priam
Staunend ins edle Gesicht, und horchte der Rede des Greises.
Als sie beyde sich hatten beschaut nach Herzensgelüsten,
Redte Priam zuerst, der götterähnliche Alte:

630 Sende mich nun zur Ruh, Kronions Zögling, damit wir
Beyde wieder mögen des süssen Schlummers geniessen.
Unter den Wimpern hat sich nicht mein Auge geschlossen,
Seit ich habe den Sohn durch deine Hände verloren;
Sondern ich habe mich immer dem seufzenden Jammer ergeben,
635 Und mich auf dem Staub' in meinem Hofe gewälzet.
Endlich hab' ich wieder gegessen, wieder getrunken
Rothen Wein; ich hatte seitdem der Speise gekostet.

Sprach's; Achilleus befahl den Mägden und den Genossen,
Betten unter der Halle mit schönen purpurnen Decken,
640 Und geschmückt mit zottichten Teppichen, auszubreiten.
Aus dem Zelte gingen alsbald mit Fackeln die Mägde,
Aemsig bereiteten sie den beyden Fremdlingen Betten.
Aber scherzend sprach der Held mit fliegenden Füssen:

Schlafe draussen, du guter Alter, daß nicht der Griechen,

645 Deren

645 Diesen ... kommen ... ...

Einen ... in ... ...

... Hermes, ...

Solches möchte vielleicht ... Leiche-Lösung ...

Aber sage mir eins, und ... der Wahrheit ...

650 Wie ... brauchst du, ... Sohn, zur ... ?

Daß ich selber so lang' und die Schaaren rasten vom Kriege.

... ...

Drauf antwortet Ihm der ... Alte: ...

Willst du, daß ... Feyer dem edlen Hektor bestatt ...

(Eine ... ... mit ...

655 Siehe so ... ... und ...

... ... vom Gebirge!, und die Trojer sind bange.

Im Palaste möchten wir ihn neun Tage beweinen,

... zehnten begrabend, dann Volk das Leichenmal geben,

An dem ... ihm den Hügel ...

660 Und am ... ..., sofern die Noth es gebietet, ...

Drauf antwortete Ihm der schnelle edle Achilleus:

Nun es sey denn also, o Greis; nach deinem Begehren

Sollen sich diese Tage der Schmerzen des Krieges enthalten.

Also ... ... und faßte ... Greises ...

665 Rechte beym Geleite; daß er die Furcht ihm benähme.

... ...

Und nun legten sich im Vordersaal des Zeltes ...

Priam und der ..., mit ... beyde begabet ...

Aber Achilleus schlief im Winkel seines Zeltes, ...

Und Briseïs neben ihm mit rosichten Wangen.

... ...

670 Alle Götter und listige Kämpfer im Wagengetümmel
Schliefen die ganze Nacht, vom weichen Schlafe bezwungen.
Hermäs nur, den Mehrer des Reichthums, faßte der Schlummer
Nicht; er bedacht' im Herzen, wie er Priam, den König,
Sonder Wissen der Hüter von den Schiffen entfernte;

675 Und er stellte sich über das Haupt des Alten, und sagte:

Unbekümmert schlummerst du unter feindlichen Männern,
Greis, nachdem dich hat der Päleione verschonet,
Du den Sohn gelöst, und viele Gaben geschenkt hast?
Für dich Lebenden würden die Söhne, die du zurückließest,

680 Dreymal mehr noch bieten, als diese Lösungsgeschenke,
So Agamemnon hier und die andern Griechen dich wüßten.

Also sprach er; der Greis erschrack, und weckte den Herold.
Vor den Wagen spannt' Hermäs die Rosse und die Mäuler,
Eilend fuhr er einher; es merkte sie keiner der Griechen.

685 Als sie die Furth des lautertwallenden Xantos erreichten,
Xantos, den der unsterbliche Zeus Kronion gezeugt hat,
Kehrte Hermäs wieder zurück zum hohen Olümpos.

Siehe, über die ganze Erde verbreitete schimmernd
Ihren Safranmantel die goldene Morgenröthe.

690 Jene trieben die Rosse, mit vielen klagenden Seufzern;
Und die Mäuler zogen den Todten. Keiner der Männer
Ilions sah sie, keine der schöngegürteten Weiber;
Nur Kassandrá, ähnlich der goldenen Afrodítá,
Stieg auf Pergamos Burg, und kannte den lieben Vater,

695 Stehend auf dem Wagen, und mit ihm Herold Idaios.

Ach im andern Wagen sah sie die liegende Leiche,
Und sie weinte, und schrie mit stadtdurchdringender Stimme:

Kommt hervor, ihr Troer und Troerinnen, zu schauen
Hektorn, die ihr euch sonst des Wiederkehrenden freutet
700 Aus der Feldschlacht, wenn ihn des Volks Getümmel umrauschte.

Also rief sie: Es blieb von allen Männern nicht einer
In der Stadt, kein Weib; von tiefer Trauer ergriffen
Liefen sie dicht vor den Thoren der Leiche Hektors entgegen.
Sein geliebtes Weib und seine ehrwürdige Mutter
705 Stürzten voran; sie rissen sich aus dem Scheitel die Haare,
Dann berührten sie beyde das Haupt des göttlichen Hektors,
Alle weinten. Es hätte bis zur sinkenden Sonne
Vor den Thoren das Volk den Priamiden bejammert,
Hätte nicht aus dem Wagen der Greis zu dem Volke gerufen:

710 Lasset erst mit den Mäulern mich durch; ihr möget nach diesem
Klagen nach Herzenslust, wenn seine Leiche daheim ist.

Also sprach er; da trennten sie sich, und wichen dem Wagen.
Als der Todte nun die hohen Paläste erreichte,
Legten sie ihn auf prächtige Betten, und ordneten Sänger
715 Neben ihn hin; die sangen klagende Leichengesänge,
Und es stöhnte dazwischen das Seufzen jammernder Weiber.
Andromacha mit weissen Armen begann die Klage,
Haltend in ihren Händen das Haupt des schrecklichen Hektors:

Mann, du bist in der Blüthe gestorben! Eine Wittwe
720 Lässest du mich daheim mit meinem stammelnden Söhnlein,

Das

Das wir, gleichuhselige, zeugten; welches wohl schwerlich
Wird des Jünglings Alter erreichen! Troja wird früher
Stürzen in den Staub; du bist, ihr Hüter, gefallen,
Der du die keuschen Weiber und zarten Kinder beschütztest!
725 Ach bald werden sie all' zu hohlen Schiffen entführet,
Unter ihnen auch ich! Mein Kind, dann wirst du mir dorthin
Folgen, Dienstbarkeit und Schmach in Argos erdulden,
Unter einem harten Gebieter, oder der Griechen
Einer faßt dich, und schmettert dich schleudernd vom Thurme herunter,
730 Zürnend ob seinen Bruder vielleicht, den Hektor erwürgte,
Oder den Vater, oder den Sohn. Denn viel der Achäier
Haben durch Hektors mordende Hände die Erde gebissen;
Schonend war dein Vater nicht in wütender Feldschlacht;
Darum weinen ihn auch die Bürger auf Ilions Straßen.
735 Unaussprechlichen Kummer hast du den Eltern gegeben,
Hektor, aber vor allen mir die bittersten Schmerzen,
Hast mir sterbend nicht die Hand vom Bette gereichet,
Mir kein zärtliches Wort gesprochen, dessen ich immer
Eingedenk bey Tag und bey Nacht beweinen dich könnte!

740 Also sagte sie weinend; es seufzten die übrigen Weiber.
Hekaba aber begann nach ihr die traurige Klage:
. . . .
Hektor, mir bey weitem von meinen Kindern der liebste!
Weil du lebtest, liebten dich die unsterblichen Götter;
Darum haben sie dein auch nach dem Tode gewaltet!
745 . . . . . . Söhne verkaufte der schnelle Achilleus,
Sandte sie über die unfruchtbaren Wogen des Meeres,
Hinnach Lämnos' der unwirtbaren, nach Samos und Imbros;
Aber nachdem er dir mit dem Erze die Seele geraubet,

Hat

Hat er dich geschleift ums Ehrenmal des Patroklos,
750 Seines Freundes, den er doch nicht zu erwecken vermochte.
Dennoch liegst du frisch, wie bethauet, nun im Palaste,
Gleich als hätte dich, mit sanften Pfeilen beschleichend,
Foibos Apollon, der Gott des silbernen Bogens, getödtet.

Also sprach sie weinend, heftige Schmerzen erregend.
755 Aber Helena kam, und erneute die laute Klage:
Hektor, mir bey weitem von meinen Schwägern der liebste!
Denn nun ist mein Gemahl der götterähnliche Paris,
Welcher gen Troia mich führte; o wär' ich früher gestorben!
Siehe seitdem sind schon zwanzig Jahre verflossen,
760 Seit ich, meine Heimat verlassend, in Ilion ankam;
Dennoch hab' ich von dir nicht einen Vorwurf gehöret.
Ja wenn einer der Schwäger oder der Schwiegerinnen,
Oder meiner Schwäger Weiber mit langen Gewanden,
Oder die Schwieger mich schalt; (der Schwäher ist väterlich milde;)
765 O so ermahntest du immer die scheltenden, Mildgesinnter!
Warst mir immer gütig, und redetest freundliche Worte!
Dich und mich bewein' ich zugleich mit traurigem Herzen!
Nun hab' ich nicht einen Freund in Ilion übrig;
Alle wenden sich weg, und schaudern, wenn sie mich sehen!

770 Also sprach sie weinend; es seufzten die Haufen des Volkes.
Aber Priam, der Greis, befahl den Männern von Troia:

Bringet Holz in die Stadt, o Männer; ihr müßt die Argeier
Nun nicht fürchten; es hat, als ich von den Schiffen zurückging,
Mir Achill versprochen, so lange der Stadt zu verschonen,
775 Bis am Himmel erschiene die zwölfte Morgenröthe.

Also

Also sprach er; es spannten die Männer Mäuler und Stiere
Vor Lastwagen, und sammleten sich vor Ilions Mauern;
Und neun Tage fuhren sie Holz ein, unablässig.
Als der tagverkündende zehnte Morgen sich zeigte,
780 Trugen sie weinend heraus die Leiche des mutigen Hektors,
Legten sie auf den Scheiterhaufen, und zündeten Feur an.

Als die frühgebohrne Morgenröthe sich zeigte,
Sammlete sich das Volk um den Scheiterhaufen des Edlen;
Und nun gossen sie rothen Wein auf die glimmende Stäte,
785 Wo das Feuer hatte gewütet. Seine Brüder
Sammleten dann, und seine Genossen, die weissen Gebeine,
Klagend; helle Thränen entstürzeten ihren Wangen.
In ein goldnes Kästlein legten sie Hektors Gebeine,
Und umhülleten sie mit weichen purpurnen Decken;
790 Legten in einen hohlen Graben sie nieder, und häuften
Grosse, dichtgelegte Steine über einander;
Bald erhub sich der Ehrenhügel; es sassen Späher
Rund umher, daß nicht sie überfielen die Griechen.
Als sie hatten das Grabmal vollendet, kehrten sie wieder
795 Heim, und versammleten sich, zum prächtigen Leichenschmause,
Im Palaste des himmelbegünstigten Königes Priam.

Also ward bestattet der rossetummlende Hektor.

Neue Pränumeranten.

Herr Aichbichler, Weltpr. in München.
— Graf von Arco, churfürstl. Kämmerer und Forstmeister in Neumarkt.
— Arnold, Rentkammerrath in Amberg.
— Arnold, Präf. im Sem. zu Eichstädt.
— Aschenbrenner, Rhetor in Regensburg.

B.

Herr Beck, Kapellan in Ohrenberg.
— Graf v. Berchem, Hoflakner in Neumarkt.
— Graf von Berchem, Akad. in Ingolst.
— von Berglas in Leutmeritz.
— Clemens von Branka, und
— Max von Branka, beyde Akadem. in Ingolstadt.
— Braun, Rep. publ. in Ingolstadt.
— Bucher, Pfarrer i. Engelrechtsmünster.
— Buckingham, Hauptm. in Neumarkt.

D.

Herr Demuth, Professor in Leutmeritz.
— Sebast. Dichl, zu Niederalteich.
— Dietz, Rhetor in Regensburg.
— Dürck, Hofrath und geheimer Sekretär in München.
— Dischler, Professor in Leutmeritz.

E.

Herr Bar. von Egdorf, Rhet. in Regensb.

F.

Herr Finsterer, Lieut. aufm Rothenberg.
— Forster, Rhetor in Regensburg.
— Frisch, Beneficiat in Neumarkt.
— Frisch, Professor in Leutmeritz.
— Fessl, zu Burghausen.

Herr Gerhardinger, der churfürstl. oberpf. Schulen Rector zu Amberg.
— Gilch, Buchdruckergesell in München.
— Gleber, Prof. der Theol. zu Heidelberg.
— Baron von Gobel, Kammerherr, und Landrichter in Amberg.
— Baron von Gobel, Hauptmann und Hofcavalier zu Würzburg.
— von Göhl, Student zu Burghausen.
— von Griennagel, Regierungsrath in Amberg.
— Baron von Griesenbeck, Akademicus zu Ingolstadt.
— Grueber, k. k. Ingenieur Hauptmann zu Eger.
— Bar. von Guttenberg, Oberamtmann und Kammerherr zu Würzburg.

H.

Herr Halbritter, Hauptmann und Truchseß zu Würzburg.
— Hauser, Oberlieut. in Neumarkt.
— Hermann, Lieut. zu Mannheim.
— Herold, Feldscherer in Neumarkt. —
— Hinterhuber, Rhetor in Regensb.
— Hinterobermayer, Student in Burgh.
— Hübner, Student in Burghausen.
— von Hutten, Hauptmann, und Kammerherr zu Würzburg.

J.

Herr Jansens, Benedikt. Direktor des Collegiums in Altenötting.

K.

Herr Kapler, Student in München.
— Max Kern, vom Kloster Metten.
— Kimmer, churpfalzbair. Legations-Secretär in Regensb.
— von Klez, in München.
— Knebel, Fürstbischöfl. Regensb. Hofrath und Pfleger zu Hohenburg.
— Kosent, Kapellan zu Lohma.
— Bar. von Kostelez, Stud. i. Münch.
— Krück, Postverwalter in Salzbach.

L.

Herr Lehner, Advocat in Amberg.
— Thadd. Liebl, von Niederaltaich. —

M.

Herr Mahl, Akadem. in Ingolstadt.
— Mayer, Stadtwes. in Neumarkt.
— von Mayer, Student in München.
— Mayer, Rhet. in Regensb.
— Mebel, Gerichtsschreiber in Neumarkt.
— Meindl, Kastengegenschreiber in Neumarkt.
— Mettinger, Coop. zu Höhenmos. —
— von Müller, Landrichter zu Eggenfeld.
— Müller, Oberbereiter zu Würzburg.

N.

Herr Nagl, Benefic. in Marching.

O.

Herr Oehl, Student in Regensb.

P.

Herr Pach, Rentamtsprotocolist i. Straubing.
— Baron von Pauli, Hoflakner zu Kemnath.
— Pauli, Weltpriester zu Altenötting.
— von Pecher, Canonic. in Straubing.
— Pettinger, Student in München.
— Pesserl, Rhetor in Regensburg.

Herr Pezl, Student in München.
— Pöckl, Rhetor in München.
— von Pösel, Auditor in Straubing.
— von Pölniz, Obristjägermeister und geheimer Rath in Würzburg.
— Prabl, Rhetor in Regensburg.
— Pressel, Student in München.

Q.

Herr Qualzata, Priester in München.

R.

Herr Reininger, Professor in Regensb.
— Reisacker, Rhetor in Regensb.
— Reußen, Rhetor in Regensb.
— Reuter, Student zu Burghausen.
— Rickl, Student zu Burghausen.
— Riedl, Quardian in Eger.

S.

Herr Sabald, Student zu Burghausen.
— Schaller, Med. Doctor in Neumarkt.
— von Schelf, Akadem. zu Ingolstadt.
— Schiesbäck, Akadem. zu Ingolstadt.
— Schiffer, Tuchscherer zu München.
— Schirmer, Schulrector zu Leutmeriz.
— von Schmid, Akadem. zu Ingolstadt.
— Schmid, Beneficiat zu Neumarkt.
— Schruuk, Universitäts-Syndicus zu Würzburg.
— Schürer, Regierungs-Advocat zu Würzburg.
— Schuman, Capellan zu Lautterhofen.
— Schwögele, zu Straubing.
— Seidl, Buchdruckerey-Factor zu Sulzbach.
— Seiler, Professor in Ingolstadt.
— Semmer, Akadem. zu Ingolstadt.
— Graf v. Seyboltstorf, Akad. in Ingolst.
— Sigert, Weltpriester zu Amberg.
— Silbernagl, Rhet. in Regensb.

Herr Singer, Student in Regensb.
— von Stadler, Rentkammerrath und Stiftkastl. Administrator zu Amberg.
— Stadler, Rhet. in Regensb.
— Stahl, d. b. R. Cand. zu Würzburg.
— Stefelbauer, Student in Landshut.
— Stegmayer, Student in Landshut.
— Steidl, Student in München.
— Steinberger, Coop. in Rottersdorf.
— Stein, Congr. Präses in Landshut.
— Steinmayer, Akadem. in Ingolstadt.
— Stigler, Beneficiat in Neumarkt.
— Stock, Hofkellermeister in München.
— Stollreiter, Student zu Burghausen.
— Stransky, Professor in Leutmeriz.

T.

Herr Baron von Tänzl, Akad. zu Ingolst.

V.

Herr von Velhorn, Regierungsrath, und Schultheiß zu Neumarkt.
— Vogl, Regierungs-Sekretär zu Würzb.
— Ein Ungenannter von Straubing.

W.

Herr Wagner, d. b. R. Lic. zu Würzb.
— Wedel, Prof. zu Amberg.
— von Weichmar, Rhet. zu Amberg.
— von Werneck, Hofrath und Hofcav. zu Würzburg.
— Bar. von Wimmer, Rhet. in München.
— Wimmer, Rhet. in Regensb.
— von Würzburg, Oberamtmann und Kammerherr in Würzb.

Z.

Herr von Zech, Student in München.
— von Zeller, k. k. Feldkriegs-Commiss. in Eger.
— Baron von Zobel, Hofrath und Hofcavalier zu Würzburg.